MIMI SEWALSKI

Nachhaltig leben
JETZT

Hintergründe verstehen, Fakten checken,
Gewohnheiten etablieren

Liebe Susanna,
ich wünsche ganz
viel Spaß beim Lesen!
Liebe Grüße aus Hamburg,
mimi

KNESEBECK

Inhalt

02 Kosmetik

03 Ernährung

04 Wohnen

05 Internet, Arbeit und Geld

06 Mobilität und Reisen

Schluss

12,36

Tonnen CO_2 verursacht
jeder Deutsche durch-
schnittliche pro Jahr

7,41

Tonnen ist die weltweite
CO_2-Emission im Durch-
schnitt pro Person

Vorwort

Mein CO_2-Fußabdruck liegt bei jährlich 10,13 Tonnen. Ich messe ihn jedes Jahr, immer in der Hoffnung, dass ich die Menge an CO_2, die ich durch meine Lebensweise verursache, etwas verringern konnte. Der CO_2-Fußabdruck lässt sich online sehr einfach bestimmen, beispielsweise mit dem WWF-Klimarechner. Innerhalb von zehn Minuten und nach 35 beantworteten Fragen weiß man nicht nur, wo man klimatechnisch steht, sondern bekommt auch eine leise Ahnung davon, an welchen Stellen man zu viel verursacht.

10,13 Tonnen. Was hat das mit einem Buch über Nachhaltigkeit zu tun? Die Zahl steht symbolisch gleich für mehrere Aspekte des Themas Nachhaltigkeit. Erstens: Die wenigsten Menschen wissen, ob 10,13 Tonnen viel oder wenig ist. Zweitens: Wir sind uns alle der Konsequenzen unseres Verhaltens und unseres Konsums für den Planeten nur in geringem Maße bewusst. Und drittens: Nachhaltigkeit ist für manche ein schwieriges Thema. Es kommt nicht leicht dahergeflogen, sondern bringt gefühlt eher Einschränkungen, Resignation und seit kurzer Zeit auch Angst mit sich. Das möchte ich ändern.

Beim Thema Nachhaltigkeit lässt sich selten „schwarz-weiß" argumentieren oder Empfehlungen mit einem klaren „Ja" oder „Nein" aussprechen. Meist lauten seriöse Antworten: „Es kommt darauf an!" Das ist aber prinzipiell nicht schlimm, sondern hilft uns, herauszufinden, was uns wirklich wichtig ist. Eine in Plastik verpackte Biogurke beispielsweise kann sinnvoll sein, denn das Plastik trägt dazu bei, dass die

Gurke länger hält und dadurch weniger Gurken weggeworfen werden. Wer nachhaltiger leben möchte, kann für viele dieser Dilemmata einfache Richtlinien finden, denn die Lösung liegt im Verstehen der Zusammenhänge. Wir sind es so gewohnt, auf Werbung und Markenversprechen zu vertrauen, und haben verlernt, Dinge zu hinterfragen. Wir kaufen Kleidung, weil wir die Marke kennen. Aber wir wissen nicht, wo oder von wem sie genäht wurde. Wir essen Schokoriegel, weil wir die Werbung gut finden, lesen aber nicht, was drin ist. Wir kaufen teure Kosmetik, wissen aber nicht, welche Nebenwirkungen die Inhaltsstoffe für uns oder die Umwelt haben. Das wird sich ändern, je mehr wir wissen und hinterfragen.

10,13 Tonnen CO_2 sind übrigens weniger als der deutsche Durchschnitt, denn der liegt bei 12,36 Tonnen CO_2-Ausstoß pro Person und Jahr. Ich ernähre mich vegetarisch, habe kein Auto, aber dafür mehrere Fernreisen in den letzten fünf Jahren unternommen. Allein das Fliegen schlägt in meinem Fußabdruck mit 2,1 Tonnen CO_2 zu Buche, auch wenn ich die Flüge kompensiert habe. Immerhin 1,3 Tonnen fallen auf das Heizen meiner 70 m² großen Wohnung zurück. Ich wohne in einer Mietwohnung mitten in der Großstadt Hamburg und heize mit Erdgas von einem Öko-Anbieter. Öffentliche Dienstleistungen, also Krankenhäuser, allgemeine Infrastrukturen, Schulen und so weiter, die bei der Bestimmung des CO_2-Fußabdrucks pauschal mit einberechnet werden, machen bei mir etwa 0,82 Tonnen aus. Ich würde mich selbst als jemanden mit relativ nachhaltigem Lebensstil einschätzen, denn ich kaufe viele meiner Produkte nachhaltig, unverpackt und bio ein. Interessant ist, dass ich mit meiner Einschätzung, nachhaltig zu leben, ziemlich falsch liege: Der weltweite durchschnittliche CO_2-Fußabdruck liegt bei 7,41 Tonnen, also wesentlich niedriger als mein eigener. Das liegt daran, dass es einen direkten Zusammenhang zwischen Wohlstand und Konsum gibt. Als Teil der Mittelschicht gehöre

ich hinsichtlich meines Konsums und meines CO_2-Verbrauchs leider allein deswegen zur CO_2-Oberschicht. Trotz nachhaltigen Lebensstils lebe ich somit auf großem Klima-Fuß, einfach weil ich einen gewissen Wohlstand genieße, der gar nicht unbedingt nur mit meinem Einkommen zu tun hat. Wollen wir die Erde für zukünftige Generationen erhalten, dürften wir pro Kopf und Jahr nur 2 Tonnen CO_2 verbrauchen. Wenn alle Menschen meinen Fußabdruck hätten, bräuchten wir nach dem WWF-Klimarechner 2,46 Planeten.

Wir leben über unsere Verhältnisse. Wenn wir nicht bald etwas ändern, kommen wir an den »point of no return«, den Punkt, an dem es zu spät sein wird, den Planeten noch zu retten. Die CO_2-Emissionen müssen bis 2030 halbiert werden, um die Erderhitzung zu reduzieren, sagt die Wissenschaft. Das sind nicht einmal mehr zehn Jahre. In den letzten zwei Jahren hat sich auch gezeigt, dass die Wissenschaftler die Konsequenzen des Klimawandels seit Jahren richtig vorausgesagt, jedoch das Tempo unterschätzt haben. Alles, was die Wissenschaftler prognostiziert haben, passiert – nur viel schneller als angenommen. Spätestens bei dieser Erkenntnis stellt sich bei vielen Menschen eine Art Schock ein. Manche sprechen auch von „Eco Anxiety", einer Angst oder sogar Panik angesichts der vom Menschen herbeigeführten Klimakatastrophe.

Wollen wir die Erde für zukünftige Generationen erhalten, dürften wir pro Kopf und Jahr nur 2 Tonnen CO_2 verbrauchen.

Die Situation ist ernst. Wir können nicht länger so tun, als wäre nichts. Ich erinnere mich gut daran, dass in meiner Grundschulzeit vom Waldsterben und vom sauren Regen die Rede war. Das ist über 30 Jahre her. Was haben wir die ganze Zeit getan? Warum ist so wenig passiert? Die letzte Frage kann und möchte ich in diesem Buch nicht beantworten. Ich möchte jedoch versuchen, Orientierung zu geben und nachhaltiges Handeln zu erleichtern, damit endlich etwas passiert. Manchmal braucht es nur ein paar Fakten und Hintergründe, um aus weit verbreitetem Halbwissen, wie beispielsweise dem Vorurteil „Müll trennen macht ja gar keinen Sinn, es wird sowieso alles zusammengeworfen", Handlungssicherheit und konstruktive Verhaltensänderungen zu generieren. Müll trennen macht sehr viel Sinn, wenn man weiß, wie. Eine berechtigte Frage an dieser Stelle könnte sein: »Was soll das noch helfen, wenn ich meinen Joghurtbecher in den richtigen Mülleimer werfe, angesichts der großen Umweltprobleme in dieser Welt?« Ich glaube, wir haben keine Wahl. Wir müssen alles probieren, was in unserer Macht steht, denn tatsächlich haben wir noch eine Chance, und es ist zu früh, um zu resignieren. Dass wirklich jeder Schritt zählt und dass viele kleine Maßnahmen Großes bewegen können,

zeigt das Beispiel Ökostrom in Deutschland: 2019 gab es mehr Ökostrom im deutschen Netz als je zuvor, sodass 50 Millionen Tonnen CO_2 weniger ausgestoßen wurden als noch im Vorjahr. Ein Rieseneffekt, herbeigeführt von vielen einzelnen Verbrauchern, die jeweils zehn Minuten ihrer Zeit investiert haben, um zu einem Ökostrom-Anbieter zu wechseln.

Ein nachhaltiger Lebensstil ist längst keine Einschränkung mehr. Es macht Spaß, die Lösungen auszuprobieren und grüne Marken und Ideen zu unterstützen.

Der beste Konsum ist der, der nicht stattfindet. Weil es aber unrealistisch ist, dass alle von heute auf morgen nichts mehr konsumieren, brauchen wir Lösungen. Die gute Nachricht: Es gibt so viele Möglichkeiten und Alternativen, ein nachhaltiger Lebensstil ist längst

2,46 PLANETEN

bräuchten wir nach dem WWF-Klimarechner,
wenn alle Menschen meinen Fußabdruck hätten

keine Einschränkung mehr. Es macht Spaß, die Lösungen auszuprobieren und grüne Marken und Ideen zu unterstützen. Es sieht gut aus für uns Verbraucher, es wird immer leichter werden, nachhaltiger zu leben: Die Zahl der Unverpackt-Läden wächst, ebenso die Anzahl der grünen und sozialen Unternehmensgründungen, Bio boomt, und Minimalismus ist der wahre Luxus. Produkte wie Mehrweg-to-go-Becher oder Bambuszahnbürsten gab es zwar früher schon, aber jetzt sind sie sogar trendy. Warum nutzen wir diese Möglichkeiten nicht häufiger? Weniger konsumieren und dafür besser! Ein Schritt führt zum nächsten, denn wir können nicht unser komplettes Leben sofort umstellen. Wir sollten weiterhin von Politik und Industrie Veränderung fordern, aber wir dürfen uns selbst als wichtigen Faktor nicht vergessen: Auch wir als Verbraucher können mit einem Umdenken wirklich viel bewirken. Wir sind viele, und all die kleinen Veränderungen von vielen Menschen werden zu Einfluss und einer Marktmacht. Was uns als Konsumenten oft fehlt, sind Transparenz und Wissen, um bessere Entscheidungen treffen können. Dieses Buch will Hintergründe verstehbar machen und Fakten an die Hand geben, sodass es einfach wird, Nachhaltigkeit zu leben und in den Alltag zu integrieren. Ein nachhaltiger Lebensstil ist definitiv ein Prozess, aber einer, der sofort starten kann, der immer leichter wird und zuletzt sehr befriedigend ist, weil man schnell merkt, dass man das Richtige tut. Nicht zuletzt ist das, was wir für die Umwelt tun, auch oft gut für uns.

Du kannst die Kapitel dieses Buchs einzeln lesen, je nach Bedarf und Interesse. Sie bauen nicht aufeinander auf, ergänzen sich aber inhaltlich. Weil Nachhaltigkeit ein komplexes Thema ist, bin ich inhaltlich nicht immer so tief gegangen, wie es theoretisch möglich wäre. Mein Ziel ist es, einen guten Überblick zu geben. Das Buch will komplexe Zusammenhänge möglichst klar darstellen und dazu inspirieren, sich bei bestimmten Themen noch weiter zu informieren. Dafür findest du im Serviceteil nützliche Adressen und Quellenangaben. Ich freue mich über jeden Menschen, der aus diesem Buch zumindest ein paar Anregungen mitnimmt und durch kleine Verhaltensänderungen insgesamt Großes bewirkt.

Was hat Avocadostore mit diesem Buch zu tun? Seit fast zehn Jahren arbeite ich bei Avocadostore. In dieser Zeit habe ich viel über grüne Produkte, Eco Fair Fashion, die Branche, Nachhaltigkeitskriterien, Siegel, Herstellungsprozesse, nachhaltige Lebensweise und Hürden bei Familie, Freunden und bei mir selbst gelernt. Dass die Komplexität des Themas auch eine Riesenchance ist, versuche ich mit diesem Buch zu zeigen.

An dieser Stelle ein großes Dankeschön an das Avocadostore-Team, das immer wieder neue Dinge entdeckt, die richtigen Fragen stellt, im richtigen Moment Nein sagen kann und immer offen und interessiert ist, wenn es darum geht, neue Wege und Lösungen auszuprobieren.

Mimi Sewalski

Nachhaltigkeit und Avocadostore

Avocadostore wurde 2010 gegründet. Von Anfang an war es die Idee, eine Onlineplattform zu schaffen, auf der Kunden für jedes herkömmliche Produkt eine nachhaltige Alternative finden. Auf dem Marktplatz verkaufen inzwischen über 900 Anbieter, darunter Designer, grüne Start-ups und bekannte Label, ihre nachhaltigen Produkte – mittlerweile immerhin 200 000. Jedes Produkt, das bei Avocadostore verkauft wird, muss mindestens einem der zehn Nachhaltigkeitskriterien von Avocadostore entsprechen. Welches Kriterium erfüllt ist und warum, wird direkt am Produkt angezeigt. Außerdem können Kunden direkt am Produkt Rückfragen an den Anbieter stellen.

Warum nennt sich ein nachhaltiger Marktplatz nach einer Frucht, die für ihren hohen Wasserverbrauch im Anbau und ihre langen Transportwege bekannt ist? Als Avocadostore gegründet wurde, wusste kaum jemand, dass die Avocado keine sehr klimafreundliche Frucht ist. Sie war damals die Symbolfrucht der Ökobewegung in den USA, denn sie ist aufgrund ihrer »guten Fette« sehr gesund und eignet sich perfekt für eine vegane Ernährung, die wiederum gut fürs Klima ist. Übrigens wusste 2010 auch kaum jemand in Deutschland, was „vegan" bedeutet. Die Avocado ist außerdem eine sehr sympathische Frucht, die außen und innen grün ist und einen ziemlich harten Kern hat. Deswegen haben wir sie zur Namensgeberin auserkoren.

Zugegeben, wir würden Avocadostore heute vielleicht anders nennen. Aber gerade weil die Avocado aufgrund ihrer Klimabilanz in einem Widerspruch zum Nachhaltigkeitsgedanken steht, ist sie ein großartiges Beispiel dafür, dass Nachhaltigkeit ein sehr komplexes Thema und daher immer ein Diskurs ist. Je nach Wissen und Komplexität der Fakten kann sich eine Beurteilung schnell verändern. Erst wenn man die nötigen Informationen hat, versteht man das große Ganze. Aus diesem Grund wird Avocadostore auch weiterhin so heißen, denn Avocadostore führt diesen Diskurs gerne. Unsere Mission ist es, dem Verbraucher Transparenz und Orientierung zu geben und zu zeigen, dass es viele tolle Ideen gibt, die uns ein nachhaltigeres Leben wirklich einfach machen.

01

—

Mode

Fast Fashion ist wie Fast Food – zu schnell und meist zu viel

10 KG

neue Kleidung kauft
jeder pro Jahr

60

neue Kleidungsstücke

8%

des weltweiten CO_2

Dieses Kapitel startet mit einer beeindruckenden Zahl: 10 kg neue Kleidung kauft jeder Verbraucher in Deutschland durchschnittlich pro Jahr, das sind ungefähr 60 neue Kleidungsstücke. Die Modeindustrie ist für acht Prozent der weltweiten Kohlenstoffemissionen verantwortlich. Die Tendenz ist stark wachsend, vor allem wegen der großen Textilketten, die in jeder Fußgängerzone und online zu finden sind. Wir konsumieren immer mehr Mode, denn es wird uns leicht gemacht: Neben dem Sommer- und Wintersale gibt es nun auch mehrmals im Jahr einen Mid Season-Sale. Die Vielfalt ist groß, die Preise sind niedrig. In Zahlen heißt das: Seit dem Jahr 2000 haben sich die Textilumsätze mehr als verdoppelt, im Jahr 2014 wurden zum ersten Mal mehr als 100 Milliarden Kleidungsstücke neu produziert. Greenpeace spricht bereits von einem »Konsumkollaps durch Fast Fashion«. »Fast Fashion« kann man im Wesentlichen so zusammenfassen: Das Angebot wird immer größer, wir kaufen immer mehr und steigern somit wiederum die Nachfrage. Die großen Textilketten produzieren in rasender Geschwindigkeit die Trends der Laufstege nach, sodass die Mode zu einem möglichst günstigen Preis erhältlich ist. So schaffen es H&M, Zara, KiK, Asos und all die anderen, in wenigen Wochen neue Modelle in die Ladengeschäfte zu bringen, acht oder mehr Kollektionen im Jahr sind keine Seltenheit. Was nicht verkauft wird, wird gegen neue Ware ausgetauscht. Die unverkaufte Ware wird vernichtet, da das billiger ist, als sie zu lagern.

Im Jahr 2014 wurden das erste Mal mehr als 100 Milliarden Kleidungsstücke neu produziert.

Was daraus folgt, kennen wir alle: Wir haben zu volle Kleiderschränke. Manche Teile tragen wir noch nicht einmal. Wir kaufen zu viel und haben laut Greenpeace inzwischen viermal mehr im Schrank als noch 1980. Da bei der schnellen Produktion die Qualität leidet, werfen wir gleichzeitig auch mehr weg als früher. Die günstigen Klamotten von heute sind der Müll von morgen. Aber es gibt noch zwei weitere große Nachteile von Fast Fashion: Bisher ist nicht einheitlich geregelt, unter welchen Bedingungen Kleidung produziert werden darf. Textilien werden in Bangladesch, China oder anderen fernen Ländern hergestellt, die nichts mit dem deutschen Arbeitsrecht zu tun haben.

BLEED CLOTHING

Eco Fair Fashion unterscheidet sich optisch längst nicht mehr von herkömmlicher Mode.

PINQPONQ

Wir wissen meist nicht, wie fair die Arbeiter und Arbeiterinnen behandelt werden, die unsere Kleidung herstellen. Fakt ist, dass die Textilproduktion in Asien um ein Vielfaches weniger kostet, weil dort die Mindestlöhne wesentlicher geringer sind als beispielsweise in Deutschland. Der zweite Nachteil an Fast Fashion ist, dass wir nicht wissen, wie viel schädliche Chemie in unserer Kleidung steckt. Die Textilproduktion ist ein sehr chemieintensiver Prozess. Die Arbeiter und Arbeiterinnen sind den Chemikalien meist ohne ausreichenden Schutz ausgesetzt. Und auch wir kommen mit den Chemikalien in Berührung, wenn wir die Kleidung auf unserer Haut tragen. Darüber hinaus führt die Textilproduktion in den Herstellungsländern häufig zu Umweltverschmutzungen. In China haben die Flüsse oft die Farben der nächsten Saison, da die Abwässer der Textilfabriken auch in den Flüssen landen.

Es gibt also viele Gründe, unser Einkaufsverhalten bei Kleidung zu überdenken und nur noch ökologisch und fair produzierte Mode zu kaufen. Bei Naturmode denken jedoch viele leider immer noch an beigefarbene Wallekleider aus kratzigen Stoffen. Das liegt natürlich auch an den Begriffen selbst: »Ökomode«, »Naturmode« oder »Biomode« klingt tatsächlich nicht besonders attraktiv. Ganz anders hört sich dagegen »Slow Fashion« oder »Eco Fashion« an. Doch woher kommen die Begriffe eigentlich und wofür stehen sie?

Slow Fashion, Eco Fashion und Fair Fashion – worum geht es eigentlich?

Die Slow-Fashion-Bewegung sieht sich als Gegenbewegung zur Fast Fashion und ihrer schnelllebigen Massenware. Hierzu zählt nicht nur der bewusste (Nicht-)Konsum, sondern auch ein achtsamer Umgang mit Textilien. Durch gute Pflege, Reparatur, Recycling oder Tausch von Textilien soll Kleidung beispielsweise möglichst lang genutzt werden. Man kann hier sehr gut die Analogie zum Thema Essen ziehen: In den 1970er- und 80er-Jahren waren Fertiggerichte, Fast Food und Convenience-Food im Trend. Sie galten als Ausdruck von Freiheit und modernem Lebensstil. Man hat das alles konsumiert, weil man die Produkte aus der Werbung kannte, den Marken vertraute und einfach noch nicht wusste, welche Auswirkungen die künstlichen Inhaltsstoffe auf den Körper haben können. Je mehr wir über E-Nummern, Zusatzstoffe, Allergien, Dickmacher oder Lebensmittelskandale erfahren haben, desto mehr hinterfragen wir Lebensmittel.

Analog zur Slow-Food-Bewegung geht es bei Slow Fashion darum, nicht blind zu konsumieren, sondern den Weg des Produkts zu kennen und entsprechend zu handeln. Jeder Kauf ist ein Stimmzettel, das ist uns oft gar nicht so bewusst. Es ist wichtig zu wissen, dass das T-Shirt für 2,99 Euro eine lange Produktionskette hinter sich hat, an der nicht nur Maschinen, sondern auch viele Menschen beteiligt sind. Wer sich das vor Augen hält, versteht sofort, warum ein T-Shirt nicht 2,99 Euro kosten kann. Wenn wir neue Kleidung so günstig kaufen, hat jemand anderes meist einen hohen Preis dafür gezahlt – im schlimmsten Fall Menschen und die Umwelt.

Die Begriffe Slow Fashion, Eco Fashion und Fair Fashion sind zwischen 2005 und 2010 entstanden. Seitdem dringen sie immer stärker in das Bewusstsein von uns Verbrauchern. Natürlich gab es schon früher faire Mode oder auch Naturmode. Große Pioniere sind in diesem Bereich beispielsweise hessnatur, Deerberg und Maas Natur, aber auch alle Reformhäuser und Weltläden. Mit der Verbreitung von Internet und Social Media wechselte das Image der Naturmode. Die Interessenten für Eco Fashion sind oft jünger als die früheren Naturmodepioniere.

Es geht vor allem darum, nicht blind zu konsumieren, sondern den Weg des Produkts zu kennen und dementsprechend zu handeln.

Seit 2008 entstehen mehr und mehr junge und moderne Marken, die zu Beginn vor allem sportliche Mode produziert haben. Oft haben diese Labels ihren Ursprung im Skater-, Surf- und Yogabereich, also bei Menschen, die global orientiert und digital gut vernetzt sind und die Auswirkungen unseres Konsums oft direkt erfahren haben. Wenn der sonst saubere Traumstrand auf Bali sich plötzlich nicht mehr fürs Surfen eignet, weil er voller Plastikmüll ist, entsteht schnell das Bedürfnis, etwas verändern zu wollen. Viele Labels entstanden zunächst relativ unbedarft in Hinterhöfen oder kleinen Büros, und oft begann es einfach mit bedruckten Shirts und Hoodies aus Bio-Baumwolle in kleinen Stückzahlen. Das Problem war damals, dass Konsumenten oft gar nicht wussten, wo und wie man die Produkte kaufen konnte. Jetzt, gut zehn Jahre später, sind diese Labels bekannte Marken, die professionelle und auch nicht mehr nur sportliche Kollektionen anbieten. Sie können ohne Weiteres mit herkömmlichen Modemarken mithalten und sind oft sowohl in konventionellen Geschäften zu finden als auch in Shops für Eco Fashion.

MILAVERT

Vergiss alles, was du über »Ökomode« gehört hast

Die Begriffe Slow Fashion, Eco Fashion und Fair Fashion sind nicht scharf voneinander zu trennen, aber sie meinen dasselbe: fair produzierte Mode, die frei von Schadstoffen und dabei modern, hochwertig und stylish ist. Ich verwende den Begriff Eco Fair Fashion, weil er sowohl die Materialien und deren umweltschonende Verarbeitung umfasst als auch die faire Produktion. Wer noch nie Eco Fair Fashion gekauft hat, lässt sich vielleicht noch von den typischen Vorurteilen abhalten. Es ist an der Zeit, diese aus der Welt zu räumen.

1 Eco Fair Fashion ist langweilig und es gibt wenig Auswahl

Neue Materialien und Techniken erlauben es, dass auch in der Eco-Fair-Fashion-Branche inzwischen viele Styles, Schnitte und Farben möglich sind. Der beste Beweis dafür ist, dass viele nachhaltige Brands auch in herkömmlichen Shops verkauft werden und zwischen herkömmlichen Marken hängen, ohne dass es auffällt. Viele Marken haben sich vom ursprünglichen T-Shirt-Label zu richtigen Modemarken entwickelt und bieten eine große Bandbreite an Styles an.

2 Eco Fashion ist teuer

Es kommt darauf an, wie man den Preis betrachtet. Wenn wir mehr darüber wüssten, warum herkömmliche Mode so günstig ist, würden wir verstehen, warum Eco Fair Fashion nicht teuer ist. Hinzu kommt, dass viele Menschen bereit sind, für Markenprodukte viel Geld auszugeben, nicht aber für eine faire Marke, die transparent kommuniziert, wofür

sie steht. Und es gibt noch ein drittes Argument gegen dieses Vorurteil. Die nachhaltige Modebranche ist in den letzten Jahren stark gewachsen und hat sich derart professionalisiert, dass größere Stückzahlen produziert werden können. Dies wirkt sich positiv auf die Preise aus. Sie können zwar nicht mit der Preisgestaltung der großen Ketten mithalten (das sollen sie auch gar nicht), aber es gibt wie in der Fast Fashion auch bei der Slow Fashion günstige und teure Marken sowie Sale-Angebote. Gerade Basics überzeugen durch doppelt faire Preise, da der Verbraucher wesentlich bessere Qualität für sein Geld bekommt.

3 Eco Fashion ist schwer zu bekommen

Es gibt nicht in jeder Stadt einen Eco-Fair-Fashion-Laden, das ist sicherlich richtig. Aber wenn man anfängt zu suchen, findet man nicht nur in Großstädten eine gute Auswahl, sondern auch in vielen kleineren Städten. Die Anzahl der Läden, die vegane und/oder nachhaltige Mode anbieten, wächst. Labels wie KnowledgeCotton Apparel, Armedangels oder People Tree werden auch in herkömmlichen Modegeschäften und großen Modehäusern verkauft. Am besten fragst du beim Verkaufspersonal nach, das häufig stolz darauf ist, auch nachhaltige Marken anbieten zu können. Auch Onlineshopping ist eine gute Alternative und übrigens für die Umwelt gar nicht so schlecht, wie oft gedacht. Gerade auf dem Land, wo man Einkäufe mit dem Auto erledigt, kann ein Onlinekauf eine echte Alternative darstellen, sofern man nicht viel retourniert (siehe S. 183).

Gründe, die für nachhaltige Mode sprechen

Eco Fair Fashion ist also inzwischen in großer Auswahl und in verschiedensten Styles, Größen, Farben und Preisen sowie über zahlreiche Quellen erhältlich. Aber es gibt noch mehr Gründe, die für nachhaltige Mode sprechen:

Sie ist umweltfreundlicher, weil bei der Herstellung weniger Chemikalien verwendet werden.

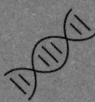

Bio-Baumwolle darf nicht mit genmanipuliertem Saatgut angepflanzt werden.

Die Herstellung ist wassersparender, weil der Anbau von Bio-Baumwolle weniger Wasser verbraucht.

Man unterstützt faire Arbeitsbedingungen.

Sie ist ein Gegenpol zur Fast-Fashion-Industrie.

Ihre bessere Qualität macht sie länger haltbar.

Nicht jeder Trend wird abgebildet, daher entsteht weniger »Unverkäufliches«, das weggeworfen werden muss.

Es ist Kleidung, die uns auch noch nächstes Jahr gefällt.

Sie besteht aus angenehmen Materialien, die einen hohen Tragekomfort haben.

Nachhaltigkeit liegt im Trend.

Man unterstützt oft junge Unternehmen oder Familienbetriebe und nicht große Konzerne.

Dein T-Shirt reist wahrscheinlich mehr als du

Wenn wir uns ein Kleidungsstück kaufen, tun wir das oft spontan und nicht immer überlegt und bewusst. Wir sehen vielleicht einen verlockenden Preis oder ein gut dekoriertes Schaufenster mit einem tollen Outfit und spüren meist schneller ein Begehren, als unser Gehirn reflektiert, was genau gerade passiert.

finden oft nicht mehr im Herkunftsland der Baumwolle statt, sondern beispielsweise in der Türkei (2). Anschließend reist das gesponnene Garn nach Taiwan, wo es zu Stoff verarbeitet wird (3). Von dort geht es nach Polen, wo der Stoff gefärbt wird (4). Zugeschnitten und genäht wird das T-Shirt in Bangladesch (5). Von dort aus tritt das fertige Shirt seinen Weg zu uns nach Deutschland an (6). Und wenn es bei uns in der Altkleidersammlung landet, geht es anschließend erneut auf eine oft Tausende Kilometer lange Reise (7) nach Osteuropa oder Afrika (siehe S. 64).

Dies ist beispielhaft der Weg eines einfarbigen T-Shirts ohne Knöpfe oder Taschen.

1 Anbau und Ernte der Baumwolle

2 Kämmen (kardieren) der Baumwolle und Spinnen zu Garn

3 Verarbeitung des Garns zu Stoff (oft mit einer Strickmaschine)

4 Färben

5 Konfektion (Zuschneiden und Nähen)

6 Konsum (Endverbraucher tragen das T-Shirt)

7 Verwertung

Der weite Weg eines günstig produzierten T-Shirts.

Im Moment des Kaufs haben wir nicht vor Augen, wie viele Schritte notwendig sind, um beispielsweise aus Baumwolle ein T-Shirt zu machen. Dies ist aber sehr wichtig, um ein besseres Gefühl für Preise zu bekommen und Kleidungsstücke mehr wertzuschätzen. Um zu verstehen, wie aufwendig die Produktion unserer Kleidung ist und warum ein fairer Preis für ein T-Shirt nicht 2,99 Euro sein kann, ist es unerlässlich, sich die Produktionskette in der Textilherstellung genauer anzusehen.

Baumwolle wird häufig in Indien oder Afrika angebaut und geerntet (1). Bereits das Kämmen der Baumwolle und auch das Spinnen zu Garn

Schon bei der Jeans oder bei einem Kleid ist der Produktionsweg bereits wesentlich komplizierter, da zusätzlich beispielsweise Knöpfe und Reißverschlüsse hergestellt und eingearbeitet werden müssen. Das einfache Beispiel zeigt aber das Problem an der textilen Produktionskette: Die meisten Schritte finden nicht im selben Land statt, und falls doch, dann auf jeden Fall an unterschiedlichen Orten und in unterschiedlichen Fabriken. Warum ist das so? Jedes der genannten Länder ist in einem Bereich der Textilproduktion besonders spezialisiert und günstig. Textilunternehmen lassen ihre Produkte häufig an den billigsten Produktionsstandorten herstellen, um uns ein T-Shirt so günstig wie möglich anbieten zu können. Qualität hat dabei nicht immer den höchsten Stellenwert. Und auch der hohe CO_2-Ausstoß, den die vielen Transporte verursachen, stellt leider für die Hersteller zunächst einmal kein Problem dar. Der Aufwand scheint sich finanziell immer noch zu lohnen und ist wohl auch der Grund dafür, dass es fast keine Textilproduktion mehr in Deutschland gibt.

In den einzelnen Ländern spüren die Baumwollbauern und Fabriken den Preisdruck und versuchen dementsprechend, ihre Leistungen immer günstiger anzubieten, um den nächsten Großauftrag zu bekommen. Dies hat Folgen für die Arbeitsbedingungen und Sicherheitsvorkehrungen vor Ort. Der Druck auf Textilarbeiter und -arbeiterinnen ist hoch, gleichzeitig bekommen sie geringe Stundenlöhne (je nach Land zwischen acht und 18 Cent) und haben wenige oder keine Sicherheiten.

Sieht man sich die Kalkulation eines einzelnen Shirts an, das im Laden beispielsweise für 29 Euro verkauft wird, kann man ungefähr annehmen, dass nur circa 3,40 Euro (12 Prozent) für das Material gerechnet werden und lediglich 0,18 Euro (0,6 Prozent) als Lohn an die Arbeiterin geht. Die Fabrik macht einen Gewinn von 1,15 Euro (4 Prozent). Den größten Anteil bekommt der Einzelhandel, der von den knapp 17,00 Euro (59 Prozent) pro T-Shirt nicht nur seine Ladenmiete, sondern auch Strom und Personal bezahlt. Interessant ist, dass der komplizierte Transport durchschnittlich nur mit circa 2,19 Euro (8 Prozent) ins Gewicht fällt. Sind Zwischenhändler involviert, bekommen diese circa 1,47 Euro (4,9 Prozent). Der zweitgrößte Posten sind das Marketing und auch der Gewinn der Marke selbst. Mit nur 3,61 Euro (12 Prozent) ist es dennoch weniger, als man denkt. Das erklärt, warum viele Eco-Fashion-Brands noch nicht so bekannt sind. Aufgrund der höheren Kosten (etwa durch fairere Löhne) bleibt die Marge geringer, die sie ins Marketing investieren können.

Rechnet man die Kalkulation nicht für ein Shirt mit einem Verkaufspreis von 29 Euro, sondern für ein T-Shirt, das für 4,95 Euro im Laden verkauft wird, was ja nicht selten bei den großen Ketten der Fall ist, liegt der Lohn der Näherin meist viel niedriger, vielleicht bei höchstens acht Cent. Große Hersteller können ihre Ware nur über Massenproduktion, globale Lieferketten mit hohem Preisdruck und sehr niedrige Lohnkosten zu diesen Preisen anbieten.

Mit jedem Kauf eines sehr günstigen Kleidungsstücks fördern wir Verbraucher die umweltschädliche Produktion mit schlechten Arbeitsbedingungen für die Arbeiter und Arbeiterinnen. Bei einem T-Shirt-Preis von unter zehn Euro sollten wir Verbraucher misstrauisch sein.

Ein faires und nachhaltig produziertes Shirt sollte daher mindestens 20 Euro kosten. Wenn es günstiger ist, können das nur die erfolgreichen, fairen Eco-Fashion-Marken leisten, die höhere Stückzahlen produzieren. Bei einem Originalpreis unter zehn Euro sollten wir Verbraucher misstrauisch sein und gegebenenfalls nachfragen. Uns sollte außerdem bewusst sein, dass wir mit jedem Kauf eines sehr günstigen Shirts die Billigspirale und somit eine umweltschädliche Produktion mit schlechten Arbeitsbedingungen für die Arbeiter und Arbeiterinnen fördern. Informiere dich bei Kleiderlabels über die Produktionsketten, frage nach und zeige damit, dass es dir wichtig ist.

Was kostet mein T-Shirt?

Gesamtpreis circa 29 Euro

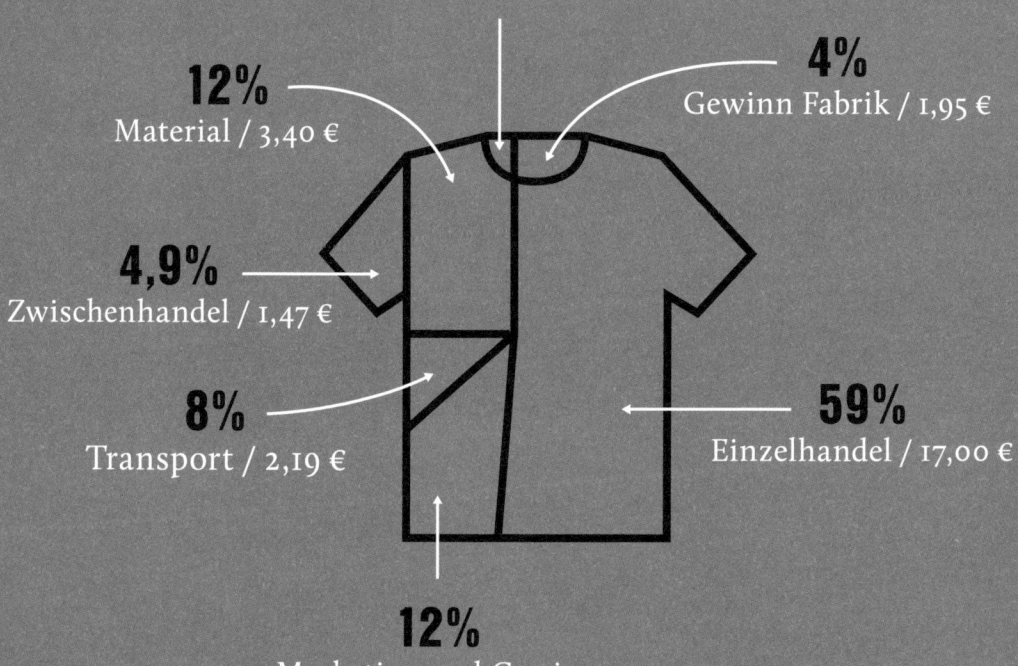

0,6 %
Lohnanteil / 0,10 €

4 %
Gewinn Fabrik / 1,95 €

12 %
Material / 3,40 €

4,9 %
Zwischenhandel / 1,47 €

8 %
Transport / 2,19 €

59 %
Einzelhandel / 17,00 €

12 %
Marketing und Gewinn
der Marke / 3,69 €

Folgen unseres Fast-Fashion-Konsums

Spätestens seit am 24. April 2013 in Bangladesch ein achtstöckiger Fabrikkomplex namens Rana Plaza eingestürzt ist, wobei 1136 Menschen ums Leben gekommen sind und über 2000 Menschen verletzt wurden, gibt es eine weltweite Debatte über die globale Textilproduktion. Im Rana Plaza wurden Textilien produziert, die für den Export bestimmt waren, also auch Kleidungsstücke für europäische Ketten wie Primark, Zara, KiK, C&A, Mango, Benetton oder deren Zulieferer. Das Unglück von Rana Plaza macht uns deutlich, dass wir indirekt für die schlechten Arbeitsbedingungen mitverantwortlich sind, wenn wir Fast Fashion kaufen.

Schlechte Arbeitsbedingungen, das bedeutet viel zu niedrige Löhne, eine zu hohe Arbeitsstundenzahl, Kinderarbeit, keine Versicherungen, kein Brandschutz, ungeschützter Umgang mit Chemikalien und vieles andere mehr. Ich glaube fest daran, dass eigentlich niemand möchte, dass Menschen für die eigene Kleidung unter solchen Bedingungen arbeiten müssen. Vielmehr wären wir alle bereit, mehr für unsere Kleidung zu bezahlen, wenn wir wüssten, dass die Herstellung keine schädlichen Auswirkungen auf Menschen und die Umwelt hat. Die Tatsache, dass darüber immer häufiger in den Medien und auch von Bloggern berichtet wird, erklärt vielleicht auch, warum immer mehr Menschen sich für Eco Fair Fashion entscheiden.

> **FASHION REVOLUTION WEEK**
> Im Gedenken an den Fabrikeinsturz in Bangladesch am 24. April 2013 gibt es jedes Jahr in der letzten Aprilwoche Aktionen, Kampagnen, Events, Workshops und Veranstaltungen zum Thema »Who made my clothes?«. Mehr Infos unter:
> **www.fashionrevolution.org**

BLEED CLOTHING

Jette Ladiges
World Fair Trade Organisation

Jette Ladiges ist Expertin für fairen Handel. Sie hat einige Jahre in einem Modeunternehmen und später bei Trade Aid (einem WFTO-Mitglied) gearbeitet. Seit 2017 Partnerships Managerin bei der World Fair Trade Organisation (WFTO). Im Interview erklärt sie, was genau fairer Handel ist, nach welchen Prinzipien er funktioniert und wo dessen Stärken liegen.

Was macht die WFTO?

Die World Fair Trade Organization (WFTO) ist eine Gemeinschaft von über 400 sozialen Unternehmen und Organisationen, die Fairen Handel betreiben und unterstützen. Um Mitglied zu werden, muss ein Unternehmen nachweisen, dass es bei allem den Menschen und die Umwelt an erste Stelle stellt. Mit unserem Garantiesystem überprüfen wir, dass unsere Mitglieder wirklich Fair-Handels-Unternehmen sind. Dies bedeutet, dass sie die zehn Grundsätze des fairen Handels in ihren Betrieben und Lieferketten verankert haben. Hierbei geht es darum, ein Unternehmen ganzheitlich mit einer sozialen Mission im Kern aufzubauen. Als wirtschaftlich tragfähige Unternehmen sind unsere Mitglieder natürlich auf Einkünfte aus dem Handel angewiesen. Ihre Priorität bleibt aber immer der Nutzen für Arbeitnehmer, Landwirte, Handwerker und die Umwelt, nicht die Gewinnmaximierung.

Was ist der Unterschied zwischen der WFTO und dem Fairtrade-Siegel?

Die Fair-Trade-Bewegung hat verschiedene Systeme aufgebaut, um ihre Vision einer fairen Wirtschaft zu verfolgen. Gemeinsam sind wir alle der Charta des Fairen Handels verpflichtet und setzen uns gemeinsam für die Umgestaltung des globalen Handels ein. In unserer Bewegung gibt es Systeme, die sich auf Rohstoffe wie Kakao, Kaffee und Baumwolle konzentrieren. Insbesondere Fairtrade International hat damit die Nachhaltigkeit der Lieferkette neu definiert. Fairtrade International konzentriert sich also auf Rohstoffe, nicht auf Unternehmensmodelle. Das bedeutet, dass jedes Unternehmen ein einzelnes Produkt oder einen einzelnen Rohstoff von Fairtrade International zertifizieren lassen kann.

Daneben gibt es das Fair-Handels-Unternehmensmodell, das durch die WFTO verifiziert wird. Es handelt sich um ein soziales Unternehmenssystem der Fair-Trade-Bewegung. Ein Modell, das sich auf die Mission, die Struktur und die Praktiken von Unternehmen konzentriert. Diese Unternehmen müssen den Fairen Handel ganzheitlich, in ihrem gesamten Unternehmen und mit allen ihren Lieferanten praktizieren. Sie können die Praktiken des Fairen Handels nicht auf einige wenige Produktlinien oder Zutaten beschränken. Das bedeutet, dass wir das einzige internationale Verifizierungsmodell haben, das überprüft, ob die Interessen der Arbeiter, Bauern und

Handwerker im kompletten Unternehmens-modell an erster Stelle stehen. Der wichtigste Unterschied ist, dass unsere Mitglieder Mensch und Umwelt vor Profit und Gewinnmaximierung stellen. Somit haben unsere Mitglieder ein Unternehmensmodell, das in krassem Gegensatz zu einem Mainstreamunternehmen steht.

Gibt es ein Beispiel für ein WFTO-Mitglied im Modebereich? Und was macht dieses Unternehmen besonders?

People Tree war eines der ersten Modeunternehmen, die unser Verifizierungssystem durchlaufen haben und unser Label »Guaranteed Fair Trade« verwenden. Es ist Pionier in Sachen nachhaltiger und fair gehandelter Mode und hat sich dazu verpflichtet, in der gesamten Wertschöpfungskette 100 Prozent fair zu handeln. Seit mehr als 20 Jahren arbeitet People Tree mit Handwerkern und Bauern in Entwicklungsländern zusammen. Dabei wird oft auf den Einsatz von Maschinen verzichtet, um Arbeitsplätze und traditionelle Fertigkeiten zu bewahren. Außerdem hat People Tree es sich zur Aufgabe gemacht, umweltverantwortliche Initiativen innerhalb des Unternehmens zu fördern. Stoffe per Hand zu weben beispielsweise erhält nicht nur Arbeitsplätze und traditionelle Fertigkeiten, sondern ist auch CO_2-neutral. Mit dem Unternehmensmodell beweist People Tree, dass Unternehmen unsere gesellschaftlichen Herausforderungen mit innovativen und zukunftsgerichteten Lösungen ganzheitlich angehen können.

Warum ist der faire Handel zukunftsfähig?

Die Welt befindet sich in einer ökologischen und ökonomischen Krise. Millionen von Menschen leiden Hunger, die Armut bleibt weltweit tief verwurzelt. Ungleichheit wächst – auch hier in Deutschland –, und die Auswirkungen des Klimawandels werden immer verheerender. Die Gründe dafür sind vielfältig. Vor allem ist es aber der Wirtschaft nicht gelungen, die Gewinne angemessen zu verteilen. Und trotzdem feiern wir weiterhin das Wirtschaftswachstum als Allheilmittel und handeln, als ob die Kapazitäten unseres Planeten unendlich wären.

Der konventionelle Handel lässt aber auch die Verbraucher im Stich, die immer wieder ihre Empörung über Modelle äußern, die zu Ausbeutung führen. Fair-Handels-Unternehmen machen Handelsketten transparent, sodass die Menschen ihre Kaufentscheidungen ihren Prinzipien entsprechend treffen könnten. Ich denke, dass der faire Handel ein Lösungsansatz ist, den man nutzen kann, um diesen Problemen entgegenzuwirken. Momentan sind in der Wirtschaft das Wohlergehen der Menschen und des Planeten der Gewinnmaximierung und dem Wirtschaftswachstum untergeordnet. Das muss und kann sich ändern. Die Welt braucht dringend neue und einfallsreiche Unternehmensmodelle, die von Grund auf neu gedacht werden müssen.

PEOPLE TREE

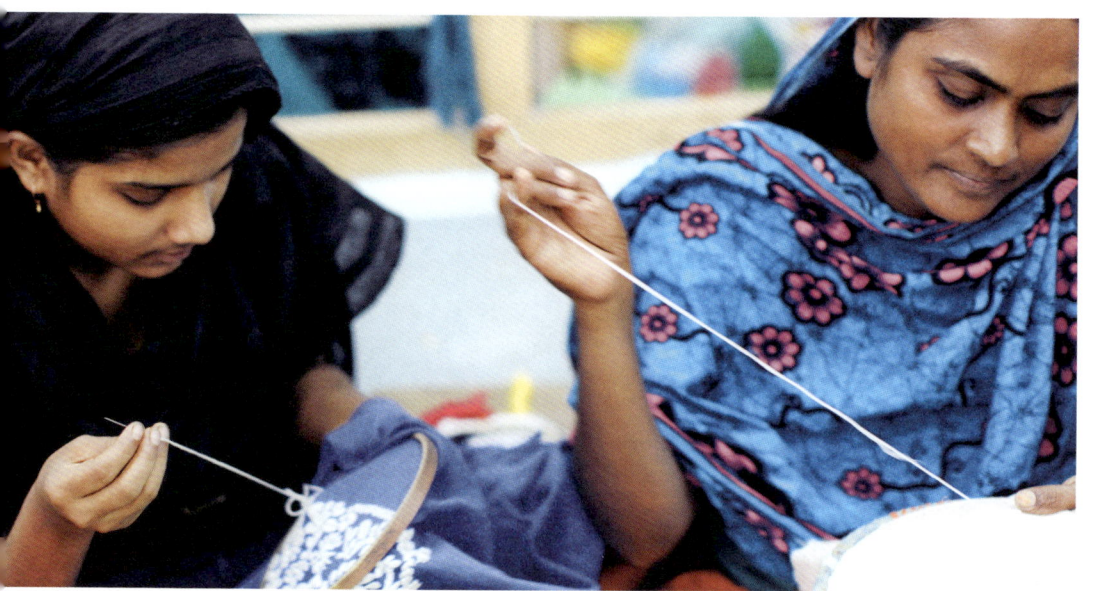

Zum Glück fangen wir nicht bei null an. Unsere Mitglieder haben sich von der Zwangsjacke des Mainstreams befreit, haben Wege gefunden, mit sozial- und umweltverträglichen Produkten und Praktiken zu handeln und gleichzeitig erfolgreich zu wirtschaften. Dabei sind sie viermal so widerstandsfähig wie Mainstreamunternehmen. Die Mehrheit unserer Mitglieder hat über viele Jahre hinweg einen stabilen Umsatz. Dies zeigt, dass die Verfolgung sozialer und ökologischer Ziele die Fähigkeit eines Unternehmens, auf einem wettbewerbsorientierten Markt zu operieren, nicht beeinträchtigt. Im Gegenteil, langfristig gesehen sind sie oft widerstandsfähiger.

Wie erkenne ich Fairtrade-Produkte und wo finde ich sie?

Die WFTO hat das »Guaranteed Fair Trade«-Label und das »First Buyer«-Label. Viele unserer Mitglieder nutzen diese Label. Finden kann man die Produkte in Supermärkten, Boutiquen, Weltläden und natürlich online im Avocadostore.

**GUARANTEED
FAIR TRADE
ORIGIN**

This product has
been sourced from
Members Name,
a WFTO Guaranteed
Fair Trade Enterprise.

climate
neutral
SympaTex®

Sind Textilsiegel die Lösung?

Inzwischen gibt es einige grüne Textilsiegel. Doch wir Konsumenten sind oft überfordert von der Vielzahl der verschiedenen Siegel, und oft wissen wir nicht, wofür sie stehen. Manche sind auch nicht immer so »grün«, wie sie auf den ersten Blick erscheinen. Dass man sich nicht blind auf Textilsiegel verlassen kann, macht den Einkauf nachhaltiger Mode nicht leichter. Doch es ist im Grunde ganz einfach. Mit wenig Hintergrundwissen bekommt man schnell den Durchblick und lernt, Pseudosiegel von echten zu unterscheiden.

Diese Punkte helfen bei der Orientierung:

- Manche Siegel beziehen sich nur auf die Chemikalien bzw. Schadstoffe, die in der Produktionskette verwendet werden.
- Manche Siegel prüfen nur die fairen Arbeitsbedingungen.
- Nur zwei Siegel (GOTS und IVN Best) beziehen sich sowohl auf die Chemikalien als auch die fairen Arbeitsbedingungen in Kombination und über die gesamte Lieferkette.
- Siegel, die von großen Konzernen erfunden werden, um ihre eigenen Produkte als »grün« zu kennzeichnen, sind prinzipiell eher kritisch zu beurteilen und müssen gründlich hinterfragt werden; das gilt auch für Siegel außerhalb der Modebranche.

Siegel für Umwelt und faire Arbeitsbedingungen

Die zwei wichtigsten unabhängigen Siegel sind IVN Best und GOTS. Sie prüfen den gesamten Produktionsprozess, also sowohl Umweltaspekte wie auch faire Arbeitsbedingungen. MADE IN GREEN by OEKO-TEX und Der Grüne Knopf prüfen ebenfalls sowohl die Umweltaspekte als auch die Sozialstandards. Noch sind sie aber nicht sehr etabliert und kommen auch noch nicht an das GOTS- oder IVN-Best-Siegel heran, aber man wird sie künftig sicher öfter sehen.

IVN Best

Das IVN-Siegel (Internationaler Verband der Naturtextilwirtschaft) geht auf die gesamte Produktionskette ein. Vom Anbau der Faser bis zum fertigen Produkt sind hier alle Schritte einbezogen. Das IVN-Best-Siegel erlaubt nur Naturfasern, die aus 100 Prozent biologischem Anbau (kbA) oder biologischer Tierhaltung (kbT) stammen. Synthetische Fasern oder Mischfasern sind nicht zertifizierbar. Das erklärt, warum man dieses Siegel bisher so selten findet. Das Siegel hat hohe Sozialstandards, die über die Regeln der International Labour Organization (ILO) sogar noch hinausgehen. So gibt es beispielsweise weitere Sonderurlaubsregelungen und Pausenregelungen für die Arbeiter und Arbeiterinnen. Das Siegel findet man häufig bei Produkten der Naturmodepioniere. Es gibt auch eine Siegelvariante für Lederprodukte.

GOTS

Das GOTS-Siegel (Global Organic Textile Standard) ist wohl das bekannteste und eingängigste faire Textilsiegel. Als es eingeführt wurde, diente das IVN-Siegel als Vorbild. Das GOTS-Siegel soll die Nachhaltigkeit einer breiteren Käuferschicht öffnen, was aus meiner Sicht gut geglückt ist. Auch das GOTS-Siegel geht auf die gesamte Produktionskette ein, ist dabei aber bei den Materialien etwas weniger streng. Ein Produkt muss nur zu 70 Prozent aus Naturfasern bestehen. Diese wiederum müssen wie bei dem IVN-Best-Siegel aus kontrolliert biologischem Anbau oder biologischer Tierhaltung sein. Die restlichen Fasern können zum Beispiel auch aus konventioneller Baumwolle oder Recyclingfasern sein. Kunstfasern oder Regeneratfasern dürfen höchstens zu zehn Prozent verwendet werden. Die sozialen Mindeststandards werden ebenfalls überprüft. In den letzten Jahren konnten sich immer mehr junge Label mit diesem Siegel zertifizieren lassen, sodass man es mittlerweile nicht mehr nur bei großen Herstellern findet.

MADE IN GREEN by OEKO-TEX

Dieses Siegel ist nicht zu verwechseln mit seinem älteren Verwandten 100 by Oeko-Tex (siehe S.32). Es ist relativ neu und noch nicht sehr bekannt. Es richtet sich nach dem Nachhaltigkeitsprogramm »Sustainable Textile & Leather Produktion« (SteP) und achtet auf Chemikalieneinsatz über Umweltschutz bis hin zur Arbeitssicherheit. Da die Anforderungen des »MADE IN GREEN« wesentlich höher sind als beim eher bekannten Oekotex-Siegel (siehe unten), gibt es noch nicht so viele Firmen, die zertifiziert sind. Häufig findet man es bei größeren Herstellern, unter anderem von Arbeitskleidung.

Grüner Knopf

Der Grüne Knopf ist das erste staatliche Siegel und soll laut Bundesministerium für wirtschaftliche Zusammenarbeit und Entwicklung dem Verbraucher Orientierung beim Kauf geben. Deswegen ist der Grüne Knopf auch direkt am Produkt zu sehen. Interessant bei diesem Siegel ist, dass es sowohl Anforderungen an das Produkt hat (26 Mindeststandards) als auch an das herstellende Unternehmen als Ganzes (Nachweis von 20 Kriterien) stellt. Geprüft wird von unabhängigen Prüfstellen (zum Beispiel TÜV). Die staatliche Deutsche Akkreditierungsstelle stellt einen unabhängigen Prüfungsprozess sicher. Das alles mit dem Ziel, Mensch und Umwelt in der textilen Lieferkette zu schützen.

Das Siegel hat schon vor seiner Einführung im September 2019 für viel Kritik gesorgt. Zwar stimmt es, dass der Verbraucher sich mehr Einheitlichkeit und Orientierung wünscht. Fraglich bleibt aber zum einen, warum man nicht ein vorhandenes Siegel wie GOTS oder IVN weiter ausgebaut hat. Zum anderen wäre ein EU-weites Siegel sinnvoller, denn der Grüne Knopf stellt nur noch ein weiteres Siegel neben vielen anderen dar und ist daher keine übergreifende Lösung. Experten kritisieren darüber hinaus auch das Prüfverfahren als zu undurchsichtig. Hinzu kommt, dass während der zweijährigen Einführungsphase nicht die gesamte Lieferkette geprüft wird, sondern lediglich zwei Bereiche. Dies kann für nicht aufgeklärte Verbraucher irreführend sein. Bisher haben noch nicht sehr viele Unternehmen die Zertifizierung beantragt.

Ob mit oder ohne
Zertifikat: Eco
Fair Fashion Label
achten auf faire und
umweltfreundliche
Produktion.

1. Patagonia
2. Veja
3. Hafendieb
4. Avocadostore x
KnowledgeCotton
Apparel
5. Sandqvist

Umweltsiegel

100 by OEKO-TEX

Dieses Siegel muss man streng von dem Siegel MADE IN GREEN by OEKO-TEX unterscheiden. Denn leider haben die beiden nicht viel gemeinsam. Man findet das oft in großen Discountern. Das Siegel prüft lediglich die Schadstoffrückstände und geht nicht auf die Produktionskette oder die Sozialstandards ein. Da es aber immer wieder neu bearbeitet wird, bleibt zu hoffen, dass die Standards für dieses Siegel noch besser werden.

Bluesign

Dieses Siegel zeichnet meist Sport- und Outdoorbekleidung aus. Es beurteilt alle Faserarten und geht vor allem auf die Chemikalienverwendung in der Produktionskette ein. Hierbei werden Hunderte Chemikalien berücksichtigt. Es wird jedoch nur die Produktion unter die Lupe genommen, nicht das Abwasser oder die Umweltbelastung. Die erlaubten Grenzwerte sind nicht besonders streng, hier gibt es noch Optimierungspotenzial. Gerade im Bereich Outdoor- und Funktionskleidung werden viele bedenkliche Substanzen verarbeitet, wie per- und polyfluorierte Chemikalien (PFC), deren Verwendung noch strenger reguliert werden sollte. Dafür ist das Siegel ein guter Anfang.

Cradle to Cradle

Im Wesentlichen geht es bei diesem Siegel um die Kreislauffähigkeit eines Produkts. »Cradle to Cradle« bedeutet »von der Wiege zurück zur Wiege« und ist im Sinne eines Kreislaufs zu verstehen. Dahin, wo es herkommt, kann es auch wieder zurück. Dieser Anspruch ist sehr hoch, denn es bedeutet im Grunde, dass das Produkt sowohl technisch als auch chemisch abbaubar ist. Je besser dies möglich ist, desto höher ist die Zertifizierungsstufe. Wenn ein Produkt also das Siegel trägt, weiß man, dass bereits bei der Entstehung des Produkts an eine möglichst optimale Entsorgung gedacht wurde, dass das Produkt kreislauffähig ist und umweltfreundlich.

Der Blaue Engel

Dieses Siegel ist eines der bekanntesten. Es ziert beispielsweise Klopapier oder Schulhefte. Der Blaue Engel legt besonderen Wert auf die chemischen und umwelttechnischen Aspekte, aber auch auf die Sozialstandards beispielsweise bei der Rohstoffgewinnung. Im Textilbereich gibt es leider bisher noch nicht sehr viele Lizenznehmer. Ziel ist es, in der Zukunft verschiedene Arten von Fasern zu zertifizieren: Naturfasern, chemische Fasern, aber auch regenerierte Zellulosefasern wie Modal, Lyocell oder Viskose.

GRS (Global Recycle Standard)

Das Ziel des Global Recycled Standard (GRS), verwaltet von Textile Exchange, ist den Anteil an recycelten Materialien in einem Produkt zu erhöhen. Der Standard ermöglicht es Unternehmen den genauen Anteil an recyceltem Material in einer Ware zu erfassen und durch die Produktionskette weiter zu verfolgen. Der GRS enthält zudem Anforderungen zu den verwendeten Zusatzstoffen bei GRS Produkten sowie Richtlinien zu Umweltmanagement und sozialer Verantwortung im Unternehmen. Die Rückverfolgbarkeit von Waren sowie die Transparenz in der Produktionskette geschieht mithilfe des übergeordneten Content Claim Standard (CCS). Das GRS Siegel darf verwendet werden, wenn ein Produkt zu einem Anteil von mindestens 20 Prozent aus recycelten Materialien besteht.

Sozialsiegel

Bei fairer Mode hoffen die meisten Konsumenten, dass niemand für die Herstellung der neuen Lieblingsjeans unter prekären Bedingungen arbeiten musste. Auch wenn seit dem Einsturz der Textilfabrik in Bangladesch das Thema mehr Aufmerksamkeit erhält und sich einiges verbessert hat, müssen wir uns immer darüber im Klaren sein, dass in den Produktionsländern die meisten Sozialstandards wenig mit unseren europäischen zu tun haben. Bis dahin ist es noch ein weiter Weg. Es gibt jedoch Siegel und Initiativen, die auch für eine Verbesserung der Sozialstandards sorgen. Das heißt meist:

- eine faire (existenzsichernde) Bezahlung
- geregelte Arbeitszeiten
- Verbot von Zwangs- und Kinderarbeit
- Arbeitnehmerrechte
- keine Diskriminierung
- Arbeits- und Gesundheitsschutz

Fairtrade Certified Cotton / Fairtrade Textile Production

Das Fairtrade-Siegel ist eines der bekanntesten Siegel in Deutschland. Wir denken dabei meist an Kaffee, Schokolade und Weltläden. Aber Fairtrade hat nicht nur ein Siegel für die Baumwolle selbst (Fairtrade Certified Cotton, seit 2005), sondern auch das Fairtrade Textile Production Label (seit 2016). Es umfasst die gesamte Lieferkette und sorgt für existenzsichernde Löhne. Auch wenn es eher ein Siegel für soziale Standards ist, hat es auch ökologische Kriterien.

Fair Wear Foundation

Die Fair Wear Foundation ist eine Initiative, die viele Organisationen vereint. Dazu zählen Wirtschafts- und Handelsverbände, Nichtregierungsorganisationen (NGO), aber auch Gewerkschaften. Auch hier geht es um existenzsichernde Löhne und bessere Arbeitsbedingungen in den Fabriken. Das Zeichen der Fair Wear Foundation findet man direkt am gekauften Kleidungstück. Nur Firmen, die über einen Zeitraum von mindestens einem Jahr erfolgreich bewertet werden, dürfen es an ihren Produkten anbringen. Oft findet man das Zeichen auch in Kombination mit anderen Siegeln.

Die meisten der genannten Siegel stellen auf ihren Internetseiten sehr transparent dar, welche Standards für eine Zertifizierung gelten. Auch kann man fast immer nach Marken suchen oder sogar eine Liste mit den zertifizierten Marken einsehen. Es lohnt sich auch, auf den Seiten zu stöbern und sich beispielsweise näher über die Sozialstandards zu informieren. Es ist erstaunlich, dass vieles, was für uns selbstverständlich ist, in anderen Ländern als Standard geprüft werden muss. Viele Siegel aktualisieren ihre Standards von Zeit zu Zeit, wobei die Anforderungen meist noch strenger werden. Auch das kann man dann auf den Webseiten nachlesen.

Ein Siegel zu bekommen ist für Marken ein aufwendiger und auch teurer Prozess. Deswegen ist es besonders wichtig, kleineren Eco-Fashion-Marken eine Chance zu geben, selbst wenn sie noch kein Siegel haben. Wer unsicher ist, kann die Labels direkt kontaktieren. Meist freuen sich die Verantwortlichen darüber und geben gern Auskunft, an welchen Stellen sie bereits nachhaltig sind, in welchen Bereichen noch nicht und ob sie sich schon im Prüfprozess für die Siegelvergabe befinden.

Slow Fashion – wie fange ich an?

Auch wenn sich das Angebot in den letzten Jahren stark vergrößert hat, findet man Eco Fair Fashion leider meist noch nicht in den Fußgängerzonen deutscher Städte. Darüber hinaus sind viele Eco-Fair-Fashion-Marken nicht so bekannt wie die großen Textilketten. Wer sich einen fairen Kleiderschrank einrichten möchte, wird dies nicht von heute auf morgen schaffen. Aber du kannst viele kleine Schritte gehen, die am Ende einen großen Schritt ergeben. Und das schon, bevor du dir etwas Neues kaufst.

Du möchtest etwas Neues kaufen?

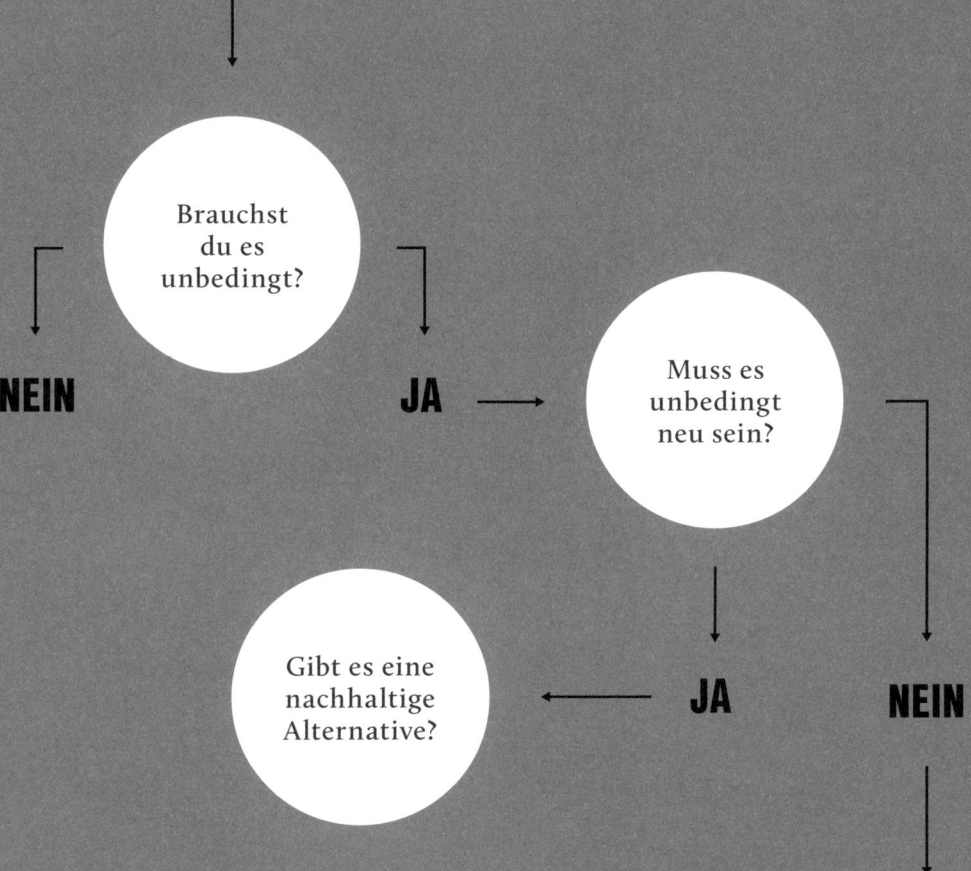

Brauchst du es unbedingt?

NEIN

JA →

Muss es unbedingt neu sein?

Gibt es eine nachhaltige Alternative?

JA

NEIN

Flohmärkte, Kleider-Sharing, Do it yourself, Upcycling, Tauschbörsen oder schau doch mal in den Kleiderschrank deiner Freunde

118

Kleidungsstücke
besitzen Frauen
im Durchschnitt

73

Teile besitzen
Männer im
Durchschnitt

Drei Schritte zum fairen Kleiderschrank

Hand aufs Herz: Wir haben alle mehr als volle Kleiderschränke. Wir »brauchen« nicht wirklich oft neue Kleidungsstücke. Laut einer Greenpeace-Studie ist außerdem jedes fünfte Kleidungsstück in unseren Schränken ungetragen. Frauen besitzen im Durchschnitt 118 Kleidungsstücke, Männer 73 Teile, wobei Unterwäsche und Socken nicht mitgerechnet sind. Bevor wir uns also etwas Neues kaufen, sollten wir uns zunächst einmal den Inhalt unseres Kleiderschranks genauer anschauen.

1 Capsule Wardrobe: Der Traum von einem übersichtlichen Kleiderschrank

Wir wissen manchmal gar nicht so genau, was sich in unserem Kleiderschrank befindet. Es hilft sehr, öfter einmal auszumisten, um sich einen Überblick zu verschaffen. Was wird noch getragen? Was trage ich nie? Was ist kaputt und kann repariert werden? Anschließend ist es sinnvoll, sich eine sogenannte Capsule Wardrobe aufzubauen. Sie besteht aus einer geringen Anzahl von Kleidungsstücken und enthält einerseits gut kombinierbare Basics wie beispielsweise Jeans, eine schwarze Hose, einfarbige T-Shirts, Tops, Pullis und Blusen, ein schwarzes Kleid, Strickjacke, Mantel, Sneaker, Stiefeletten und Sandalen sowie andererseits einige wenige Statement-Stücke wie beispielsweise eine Bluse aus fließendem Stoff, eine gemusterte Jacke, hohe oder bunte Schuhe und auffällige Accessoires. Diese wenigen auffälligen Teile können geschickt mit den neutraleren Basics kombiniert werden, sodass verschiedene Stilvarianten leicht zu verwirklichen sind. Ein weiterer Vorteil der Capsule Wardrobe: Man behält immer den Überblick im Kleiderschrank.

2 Reparieren, umstylen, upcyceln und DIY

Manche Kleidungsstücke fristen ein Schattendasein im Kleiderschrank oder werden weggeworfen, nur weil sie ein Loch oder einen Fleck haben. Doch Reparieren ist einfacher, als man denkt. Und wenn du es nicht selbst machen möchtest oder kannst, findest du sicher einen Schneider, der die Stelle flicken kann. Vor allem bei Kinderkleidung lohnt sich das Umstylen. Dabei wird die fehlerhafte Stelle versteckt, indem man einen Flicken, Perlen oder etwas anderes darübernäht, sie bestempelt oder bedruckt oder Bügelbilder aufbringt. Auch für Erwachsene gibt es in diesem Bereich kreative Ideen. Und wenn gar nichts mehr hilft, kann man das alte T-Shirt immer noch zerschneiden und als Putzlappen oder Staubtauch verwenden oder aus der Jeans oder dem T-Shirt einen Beutel nähen. Im Internet findest du viel Inspiration und zahlreiche Anleitungen.

3 Secondhand, Kleidertausch oder Leihkleidung

Vor allem in Großstädten wimmelt es nur so von Secondhandläden, in denen man oft gut erhaltene Kleidung zum kleinen Preis findet. Dort kannst du genauso gut deine eigenen Klamotten, die dir nicht mehr gefallen oder passen, verkaufen. Auch online gibt es inzwischen viele Plattformen, auf denen man Kleidung verkaufen oder gebraucht kaufen kann wie etwa eBay, Kleiderkreisel, Mamikreisel oder auch lokale Facebook-Gruppen.

Das Tauschen von Kleidung ist eine großartige Möglichkeit, den Kleiderschrank von ungetragenen Sachen zu befreien und diese gleichzeitig gegen Kleidung zu tauschen, die man wirklich braucht und trägt. Der Vorteil am Tauschen: Man bekommt Abwechslung in den Kleiderschrank, ohne dass man zu viele Klamotten ansammelt. Auch neue Marken kann man auf diese Weise in Ruhe testen. Das lohnt sich besonders bei teureren Marken, die man sich sonst vielleicht nicht leisten würde. Besonders viel Spaß machen Kleidertauschpartys mit Freunden, da man dabei immer schon ahnen kann, was einen erwartet. Auch groß organisierte Partys haben ihren Vorteil, da dort die Auswahl sehr vielfältig ist. Übrigens muss man zu solchen Veranstaltungen nichts mitbringen, wenn man nicht möchte, und nicht getauschte Kleidung wird bei den meisten Kleidertauschpartys gespendet.

Darüber hinaus kann man Kleidung auch leihen. In Köln und Freiburg gibt es beispielsweise die »Kleiderei«, bei der man sich Kleidung im Laden aussuchen und für einen bestimmten Zeitraum gegen eine Gebühr leihen kann. Aber auch online gibt es Plattformen, die Leihkleidung anbieten, zum Beispiel Re-nt, Stay Awhile, Myonbelle, Dresscoded, Chic by Choice oder auch Tchibo Share und Kilenda, die vor allem Kleidung für Kinder und Mütter anbieten.

Flicken und selber machen

Eine Jeans zu flicken kostet bei der Änderungsschneiderei um die Ecke meist nur zwischen fünf und zehn Euro. Eine Investition, die nicht nur den lokalen Schneider freut, sondern die Lebensdauer der Lieblingsjeans oft um ein bis zwei Jahre verlängert.

Und noch ein Tipp, der sogar Spaß machen kann: Warum Kleidung nicht mal selbst nähen oder stricken? Man braucht zwar etwas Übung dafür. Aber mittlerweile gibt es viele gute Bücher oder Videotutorien, mit denen man sich die Techniken leicht selbst beibringen kann. Außerdem wirst du ein selbst genähtes Kleidungsstück in Ehren halten und mit viel Stolz tragen.

ROTHOLZ

Neu kaufen – wie finde ich, was ich suche?

Die Eco-Fashion-Branche ist in den letzten Jahren stark gewachsen. Das freut Slow-Fashion-Fans, da es mittlerweile eine große Auswahl an Styles gibt. Überraschenderweise gibt es auch für den kleineren Geldbeutel Marken, die sich jeder leisten kann. Man wird zwar kein T-Shirt für 4,95 Euro finden, aber vielleicht eins für 20 Euro, das qualitativ überzeugt und wesentlich länger hält.

Am nachhaltigsten ist es, Kleidung so lange wie möglich zu tragen. Je länger die Lebensdauer des Kleidungsstücks ist, desto besser.

Prinzipiell ist es lobenswert, wenn du deinen Kleiderschrank auf Eco Fair Fashion umstellen möchtest. Aber am besten tust du dies Schritt für Schritt. Es hat keinen Sinn, alles, was man im Schrank hat, wegzugeben und durch neue, nachhaltige Teile zu ersetzen. Am besten trägst du die Sachen so lange wie möglich. Denn je länger die Lebensdauer des Kleidungsstücks ist, desto besser. Und wenn du wirklich etwas Neues brauchst, kaufst du dir ein schönes Eco-Fair-Fashion-Teil.

Prinzipiell frage ich mich selbst vor und bei jedem Kauf:

1. Warum möchte ich dieses Teil kaufen?
2. Womit möchte und kann ich es kombinieren?
3. Brauche ich es wirklich?
4. Wie ist die Qualität?
5. Wo und wie wurde es wohl produziert und was bewirke ich mit diesem Kauf?

Generell ist Skepsis angebracht, wenn Kleidungsstücke als knitterfrei oder bügelfrei angepriesen werden. Dieser Effekt ist nur mit dem Einsatz von viel Chemie zu erreichen. Auch Jeans im sogenannten »Used Look« sind meist nur unter dem Einsatz von viel Chemie, Wasser und viel Arbeitseinsatz so herzustellen. Faire Labels bieten oft Jeans mit einem leichten Used Look an, wie beispielsweise Mud Jeans aus Holland. Die Hersteller zeigen dann genau, wie dieser Look mit moderner Technik erzeugt wurde. Außerdem legen sie offen, wie und warum sie fair produzieren. Im Zweifel lieber auf den Used Look verzichten.

Bernd Hausmann
Gründer von Glore

Bernd Hausmann ist der Gründer von Glore, den ersten und wohl auch schönsten Ladengeschäften für Eco Fair Fashion, mit inzwischen acht Filialen in Deutschland und der Schweiz. Glore steht für *»globally responsible fashion«* und ist nicht nur ein glorreicher Name, sondern auch das Motto, das die Läden leben.

Euer Claim ist *»be green in any colour you like«.* **Was genau meint ihr damit?**

Wichtig ist uns die grüne Klammer. Wenn alle Menschen in ihrem Konsumverhalten mehr auf ökologische Materialien achten würden, dann würde sich die Textilindustrie sehr schnell verändern. Im Moment zählt sie leider noch zu den Industrien, die unsere Umwelt am meisten verschmutzen. Unser Claim soll die Konsumenten daran erinnern, dass sie bei jeder Kaufentscheidung auf ökologische Materialien achten.

Wann merkst du, dass es doch noch nicht so einfach ist, nachhaltig einzukaufen? Vermisst du selbst etwas?

Ich komme gut durch, aber wenn jemand einer bestimmten Berufsgruppe oder Szene angehört, wird es eng. Wo sollen Pfarrer, Hells Angels, Gangsterrapper oder Dandys nachhaltige Kleidung kaufen?

Wie wählt ihr die Marken und Produkte für eure Läden aus?

Wir achten auf Style, Qualität, Nachhaltigkeit und Sozialstandards. Wir kennen unsere Brands ganz gut und wissen, wer was liefern kann.

Du hast ja viel Kontakt mit Menschen, die zu nachhaltiger Mode wechseln wollen. Was sind deine Tipps für jemanden, der anfangen möchte, auf Eco Fair Fashion umzusteigen?

Als Erstes würde ich mir einzelne Brands im Internet oder live im Laden anschauen. Hinter den Brands gibt es oft wunderschöne Geschichten zu entdecken. Wer diese Geschichten hört, verliebt sich in sie und baut eine ganz andere Beziehung zu den Marken auf als zu den Global Playern. Wenn der Kunde die Kooperative kennt, die den Kautschuk seiner Sneakers erntet, dann tragen sich die Schuhe ganz anders. Wer nicht so viel Geld hat, kann sich in Secondhandläden oder bei Kleidertauschbörsen eindecken.

Wenn du dir von deinen Kunden etwas wünschen könntest, was wäre das?

Ich würde mir wünschen, dass die Qualität eines Produkts bei der Kaufentscheidung wieder mehr berücksichtigt wird. Außerdem, dass inhabergeführte Läden mit einem guten Service weiterhin besucht werden. Innenstädte ohne schöne Läden sind doch langweilig. Wie heißt es so schön: »Erst wenn der letzte

Laden verschwunden ist, das letzte Café geschlossen hat und alle Stadtviertel verwaist sind, werdet ihr feststellen, dass Onlineshoppen doch gar nicht so toll war. «

Es hat sich viel getan in der nachhaltigen Modebranche. Was wünschst du dir für die Zukunft?

Ich würde mich freuen, wenn sich mehr Kunden komplett für einen nachhaltigen Kleiderschrank entscheiden würden. Beim Essen sprechen wir von Veganern oder Vegetariern, da sie auf Fleisch verzichten. In der Mode gibt es noch keinen Begriff für Kunden, die nur faire und ökologische Mode kaufen. Es würde die Branche enorm pushen, wenn wir den Konventionellen mehr Anteile abnehmen könnten. Wir könnten sie mit unseren Forderungen vor uns hertreiben, damit sie endlich bessere Arbeitsbedingungen schaffen und ökologischer produzieren. Eine Veränderung der Textilindustrie würde enorme positive Auswirkungen auf Mensch und Umwelt haben.

Zum Schluss noch eine Frage an dich als Modeexperten. Welche Materialien kannst du besonders empfehlen? Was trägst du am liebsten?

Eindeutig die Naturmaterialien Hanf und Bio-Baumwolle. Mir ist das Tragegefühl am wichtigsten. Es streichelt einfach die Haut. Gerade die gekämmte weiche Baumwolle trägt sich so angenehm auf der Haut. Mir ist unbegreiflich, warum so viele Menschen Polyester oder andere Chemie auf der Haut tragen können.

Glore-Läden findest du in Frankfurt, Heidelberg, Augsburg, Nürnberg, Stuttgart, Hamburg, Zürich und in Luzern, den Onlineshop unter **www.glore.de**

Der Marken-Guide für Eco Fashion

Wir sind oft bestimmten Marken treu, weil sie uns in der Vergangenheit mit ihren Produkten begeistert haben. Leider gibt es im Eco-Fashion-Bereich so viele gute, aber leider noch nicht so bekannte Marken. Wenn du Orientierung und Inspiration suchst, findest du hier einige wichtige Marken.

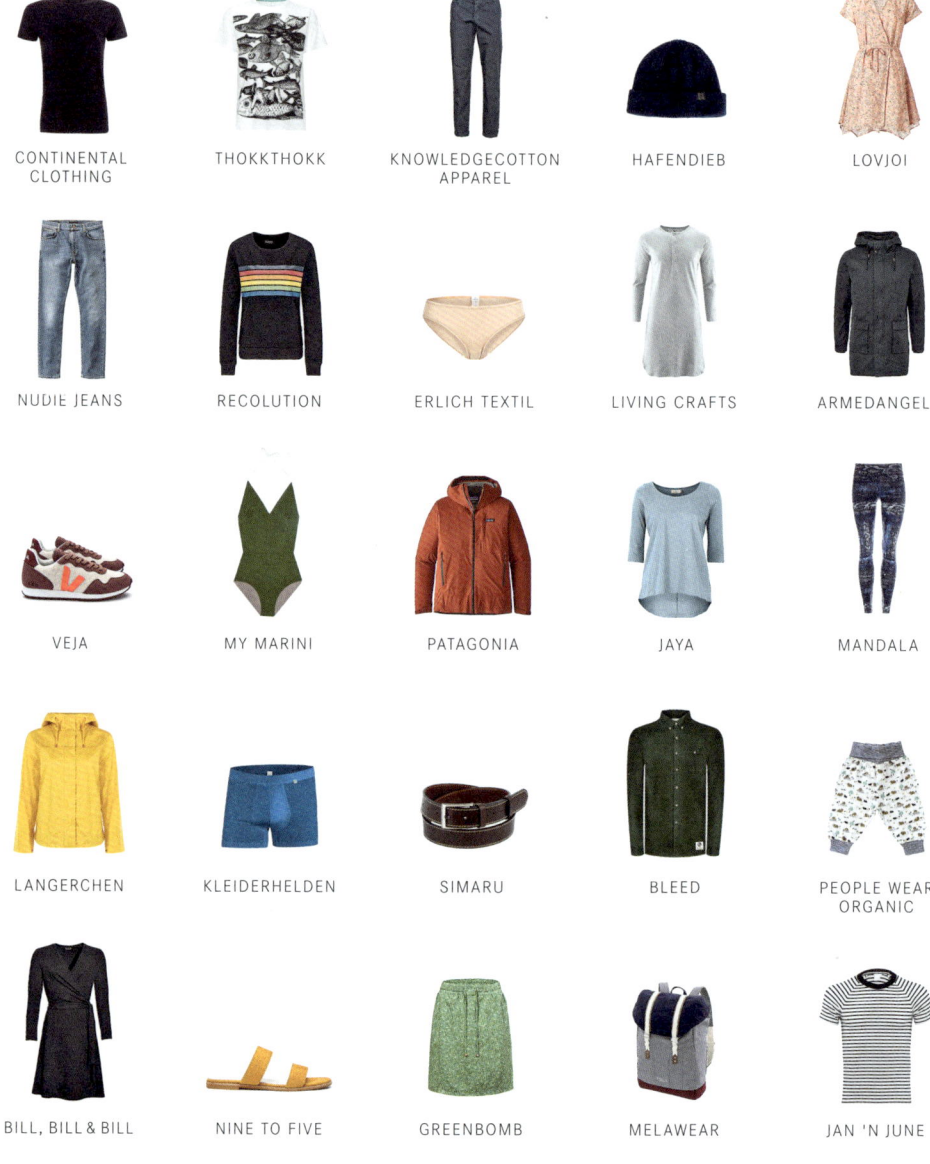

CONTINENTAL CLOTHING   THOKKTHOKK   KNOWLEDGECOTTON APPAREL   HAFENDIEB   LOVJOI

NUDIE JEANS   RECOLUTION   ERLICH TEXTIL   LIVING CRAFTS   ARMEDANGELS

VEJA   MY MARINI   PATAGONIA   JAYA   MANDALA

LANGERCHEN   KLEIDERHELDEN   SIMARU   BLEED   PEOPLE WEAR ORGANIC

BILL, BILL & BILL   NINE TO FIVE   GREENBOMB   MELAWEAR   JAN 'N JUNE

Männermode

Basics (schlichte Shirts, Hoodies und Kapuzenpullover)
Continental Clothing, Shirts for Life, Degree Clothing, MANOMAMA, Who's Rob, Thokkthokk, Neutral, University of Soul, Armedangels, Melawear, Honest Basics, bleed clothing, erdbär, Pure Waste, merijula, Rotholz, Hafendieb, recolution, Green Shirts, Green Bomb, Organication, ilovemixtapes, Wat? Apparel, JAN 'N JUNE

Casual bis sportlich (Hosen, Shirts, Pullover)
Thokkthokk, KnowledgeCotton Apparel, recolution, Green Bomb, Hafendieb, Rotholz, Thinking Mu, Armedangels, bleed clothing, Stoffbruch, Givn

Business (Hemden, Chinos, Blazer)
KnowledgeCotton Apparel, Pure Waste, HempAge, Melawear, ben weide, Brainshirt

Jeans
Nudie Jeans, Kuyichi, Mud Jeans, Feuervogl, Kings of Indigo, fairjeans, Goodsociety, Armedangels

LANGERCHEN

Jacken
KnowledgeCotton Apparel, ECOALF, Khala, Patagonia, Armedangels, LangerChen, JAN 'N JUNE, Thokkthokk, Hoodlamb, bleed clothing

Unterwäsche
Kleiderhelden, erlich textil, comazolearth, Living Crafts, Vatter, Albero, recolution, KnowledgeCotton Apparel, Thokkthokk

JAYA

Outdoor und Sport
bleed clothing, triple2, OGNX, Jaya, Kaipara – Merino Sportswear, Patagonia, Engel Sports, PUYA Hauptsächlich PFC-frei: PYUA, Kaipara, Tierra, Fjällräven, Rotauf, Paramo, Vaude

Bade- und Surfmode
KnowledgeCotton Apparel, Thinking Mu, Zeachild, bleed clothing, erlich textil, Patagonia

Socken
Living Crafts, erlich textil, URU, Albero, Thokkthokk, bleed clothing, recolution, grödo, hirsch natur, Thought

Schuhe und Sneaker
Veja (teilweise vegan), ekn footwear (teilweise vegan), Ethletic (vegan), SORBAS (teilweise vegan), Fairticken (vegan), Zweigut (teilweise vegan), Nae Vegan Shoes (vegan), Melawear (teilweise vegan), Nat-2 (teilweise vegan), Flamingos' Life (vegan), Doghammer Schua, Waldviertler, Ten Points, Nine to Five (teilweise vegan), Werner 1911, bleed clothing (vegan)

Caps und Mützen
Indicap, bleed clothing, Rotholz, Hafendieb, Bidges & Sons, Patagonia, KnowledgeCotton Apparel, recolution, bleed clothing, Melawear, Pickapooh, ReHats Berlin, Elephbo, DEDICATED

Rucksäcke und Taschen
Pinqponq, Ethnothek, Melawear, Vaude, Freibeutler, 7clouds, PAPERO, Sandqvist, Patagonia, thinking MU, O MY BAG, Pack & Smooch, Margelisch

Damenmode

Basics (schlichte Tops, Shirts, Pullis und mehr)
Continental Clothing, Shirts for Life, Degree Clothing, MANOMAMA, Who's Rob, Thokkthokk, Neutral, University of Soul, Armedangels, Melawear, Honest Basics, bleed clothing, Pure Waste, merijula, Rotholz, Hafendieb, recolution, Green Shirts, Green Bomb, Organication, ilovemixtapes, Wat? Apparel, Comazolearth, Lanius, JAN 'N JUNE, Jaya, Lovjoi, börd shört, Nine to five, Gary Mash

ME&MAY

Business und Classic (Blusen, Blazer, Stoffhosen)
Lovjoi, Lanius, JAN 'N JUNE, People Tree, Studio Jux, Melawear, Organication, Armedangels, ME&MAY, Mila.Vert, CUS, Natascha von Hirschhausen, Les Racines du Ciel, Komodo, Folkdays, The Blue Suit

RECOLUTION

Kleider
People Tree, Thought, Armedangels, Mandutrap, KokoWorld, SinWeaver, Thokkthokk, bill, bill & bill, Lanius, JAN 'N JUNE, recolution, (eyd) Humanitarian clothing, bibico, Kluntje, deepmello, ME&MAY, Nina Rein, Suite 13, Studio Jux, bleed clothing, Komodo, Thought, Sophia Schneider-Esleben, RHUMAA, SKFK

Jung & Stylish
JAN 'N JUNE, Lovjoi, Jyoti – Fair Works, Studio Jux, Armedangels, Ecostories, DEDICATED, Rotholz, Thinking MU, Suite 13, CUS, Lana Organic, Skfk, Sam Lang

JAN 'N JUNE

Outdoor
siehe Männermode

Jeans (Hosen, Röcke, Jacken)
Mud Jeans, Kuyichi, Armedangels, Nudie Jeans, Feuervogl, Goodsociety, Kings Of Indigo, Pearls of Laja, Lovjoi

Jacken und Mäntel
LangerChen, Lanius, Armedangels, Hoodlamp, Patagonia, Thokkthokk, Lovjoi, JAN 'N JUNE, ECOALF, Maium, Khala, bleed clothing, thought

Unterwäsche & Dessous
Coco Malou, Aikyou, comazo I earth, LOVJOI Intimates, Frija Omina, erlich textil, People Tree, Woron, Vatter, Living Crafts, Anekdot, Nette Rose, Opaak

BOOCHEN

Bade- und Surfmode
MYMARINI, bleed clothing, Ankedot, boochen, INASKA Swimwear, Woodlike Ocean, Patagonia, Frija Omina, Flying Love Birds, Zeachild, MARGARET AND HERMIONE Swimwear Vienna, OCEANCHILD, Badaga, Ruby Moon (viele dieser Marken haben auch Yoga- und Surfbekleidung im Angebot)

Sport- und Yogakleidung
Jaya, OGNX, Mandala, Kaipara, nice to meet me, Lotuscrafts, Urban Goddess, Kismet Yogastyle, comazo I earth, Living Crafts, HungryHippies, YOIQI

Socken und Strumpfhosen
Swedish Stockings, Living Crafts, erlich textil, Lanius, URU, Albero, Thokkthokk, bleed clothing, recolution, grödo, hirsch natur, Thought

Schwangerschaftsmode
Love2wait, milker nursing, Boob Design, Milchshake

Schmuck
fremdformat, pikfine, fejn jewellering, Jan Spille (Trauringe), UIStO, Crystal and Sage, Oh Bracelet Berlin, Jyoti – Fair Works, People

PIKFINE

Schuhe
Nine to five (teilweise vegan), ekn footwear (teilweise vegan), Ethletic (vegan), SORBAS (teilweise vegan), Fairticken (vegan), Nae Vegan Shoes (vegan), Werner 1911, Kinfolkz, Kavat, Ten Points, ZWEIGUT (teilweise vegan), Toms (teilweise vegan), Risorse Future (vegan), BAHATIKA (vegan), JUTELAUNE, nandi, bleed clothing (vegan)

FLAMINGOS' LIFE

> Vor allem nach schlichten Teilen oder Basics kannst du auch bei den Pionieren nachhaltiger Kleidung wie Hess Natur, Maas Natur, Deerberg, Gudrun Sjöden, in Reformhäusern und Weltläden Ausschau halten.

NINE TO FIVE

Rucksäcke und Taschen
Pinqponq, Ethnothek, Melawear, Vaude, Freibeutler, 7clouds, PAPE-RO, Sandqvist, Patagonia, thinking MU, Margelisch, O MY BAG, Matt & Nat, UIStO, Kancha, Bridge&Tunnel, Dzaino, LaBante London, FREITAG, nandi, Gary Mash, Nine to five, pikfine, Belaine Manufaktur, BY CO-PALA, monday market, The Noces, Pack & Smooch, diejuju, Hiitu, Early, Lellor, Marin ET Marine, MOYI MOYI, deepmello

Es ist nicht alles Gold, was glänzt!

Auch bei Schmuck sollte man auf die Herkunft achten. Besonders bei der Gewinnung von Gold, Silber, Diamanten und anderen Edelsteinen sind die Arbeitsbedingungen in den Minen oft schlecht, die Arbeit ist körperlich sehr anstrengend und gefährlich, und die Arbeiter bekommen nur geringe Löhne. Auch der Einsatz von Quecksilber und anderen giftigen Stoffen gehört dort leider zum Alltag. Häufig arbeiten auch Kinder in den Minen.

Ähnlich wie bei der Mode oder beim Essen gilt auch für Schmuck: Wenn etwas sehr günstig verkauft wird, liegt die Vermutung nahe, dass die Produktion nicht besonders fair ist. Auch bei der Produktion von Modeschmuck sind weltweit leider oft schlechte Arbeitsbedingungen und Kinderarbeit vorherrschend. Modeschmuck wird darüber hinaus häufig mit Schwermetallen oder anderen giftigen Substanzen behandelt.

Folgende Punkte kannst du beachten, wenn du beim Thema Schmuck nachhaltig handeln möchtest:

- Es gibt bereits einige Juweliere, die auf fair gehandelte Materialien achten (siehe S. 44 Fair Trade online).
- Schmuck aus Recyclingmaterialien wie Glas, Industrieabfällen, Porzellan oder Holz kaufen.
- Gold oder Silber beim Juwelier einschmelzen und/ zu neuem Schmuck verarbeiten lassen.
- Schmuck von nachhaltigen Schmucklabels und oder aus Fairtrade-Werkstätten kaufen.
- Schmuck secondhand kaufen; Vintage-Schmuck findest du im Internet, in Antiquitätenläden, auf dem Flohmarkt oder in Secondhandläden.
- Ein absolutes No-Go ist Schmuck aus Elfenbein, Korallen, Reptilienhäuten und Muscheln.
- Immer auf den Preis achten: Sehr günstiger Schmuck kann in der Regel nicht fair hergestellt sein.

Naturliebhaber und Outdoor-Bekleidung

Viele Menschen kaufen Outdoorbekleidung, weil sie die Natur lieben und dort Zeit verbringen möchten. Paradoxerweise gab es jedoch in den letzten Jahren eine große Verunsicherung darüber, wie nachhaltig die für Funktionskleidung verwendeten Materialien sind. Seit der Detox-Kampagne von Greenpeace ist klar: Outdoor-Bekleidung enthält oft Fluorcarbone, also per- und polyfluorierte Carbone, kurz PFC genannt. Diese werden vor allem dann verwendet, wenn Stoffe wasser- und schmutzabweisend gemacht werden sollen. Für die Herstellung solcher Hightech-Materialien kommen häufig schädliche Chemikalien zum Einsatz, und oft ist fossiles Mineralöl der verwendete Rohstoff. Darüber hinaus sind Kleidungsstücke aus Hightech-Materialien schwer zu entsorgen. Außerdem können sowohl bei der Herstellung als auch beim Waschen der Textilien schädliche Stoffe ins Wasser und somit in die Umwelt gelangen, wo sie leider persistent sind, also für immer bleiben. Viele PFCs sind mittlerweile auf der Liste der bedenklichen Chemikalien gelandet oder von der EU verboten, da sie als hormonell wirksam und krebserregend eingestuft wurden.

Was also tun, wenn man regenfeste Kleidung braucht?

1. Nicht immer braucht man wirklich eine Hightech-Funktionsjacke. Oft hilft es, den Bedarf zu überprüfen.

2. Es gibt bereits recycelbare Outdoorkleidung (siehe die oben genannten Marken).

3. Manchmal findet man auf Outdoorkleidung den Hinweis: PFOA-frei. Das bedeutet aber nur, dass auf den schädlichen Stoff PFOA verzichtet wurde. Es gibt eine Vielzahl von Fluorcarbonen, und PFOA ist nur einer davon.

4. Die Firma Gore-Fabrics (Gore-Tex) hat das Ziel, bis zum Jahr 2020 die wetterfesten Produkte ohne PFC zu produzieren. Es lohnt sich, nachzufragen. Seit 2013 ist Gore-Tex PFOA-frei.

5. Als Alternativprodukte haben sich gewachste Baumwolljacken bewährt, die bei vielen Outdoorprofis längst beliebt sind. Beim Kauf auf eine gute Verarbeitung achten, denn oft hat ein guter Regenschutz auch etwas mit gut verarbeiteten Nähten zu tun.

Kleidung für Babys und Kinder

Es gibt eine Vielzahl nachhaltiger Baby- und Kinderkleidermarken. Da Baby- und Kinderhaut besonders empfindlich ist, möchten viele Eltern für den Nachwuchs Kleidung, die so wenig wie möglich mit Schadstoffen in Berührung gekommen ist. Mit dem ersten Kind fangen junge Familien daher oft an, sich mit nachhaltigen Textilien zu beschäftigen.

Die Preisspanne ist bei nachhaltig hergestellter Baby- und Kinderkleidung sowie Accessoires und Zubehör oft sehr groß, und von sehr schicken Marken bis hin zu eher praktischen Marken ist alles vertreten. Ich nenne im Folgenden einige Marken, die den Einstieg erleichtern.

MANITOBER

Babykleidung
Disana, People Wear Organic, Sternchenwolke, luftagoon, Reiff, Sense Organics, CHARLE Berlin – sustainable kids fashion, Leela Cotton, Engel Natur, PIGEON Organic for kids, EBi & EBi, Cheeky Apple, Living Crafts, Frugi, carl&lina, Nipparel kids clothing, Pünktchen Komma Strich, Mini Rodini, IMPS&ELFS, Oeuf, green astronaut, Babybugz, Onnolulu, We say no!, cosilana, ManyMonths, Erstlingsbox, Forschur, Selana, Hess Natur, Barbara Heinze

LIVING CRAFTS

Stoffwindeln
Bambino Mio, Petit Lulu, Windelmanufaktur, Lotties Naturtextilie, Windelinge, TotsBots (siehe auch S. 163 (Wohnen/Kinderzimmer))

Tragehilfen
HoudiniMe, Manduca, Didymos

HOUDINIME

Wickeldecken, Spielzeug & Co.
Disana, Efie, PAT & PATTY. Vulli, Hevea, Ulalü, bingabonga, Lässig, Quschel, bobbé, Sternchenwolke, Heimess, Natracare, Grünspecht Naturprodukte, tinéba, Zaunkönig, luscinia, Babywelle by Dr. Michel, Franck & Fischer, Bürstenhaus Redecker

Windeltaschen
PacaPod, Jubelist, TELL ME, Lässig, SonaLisa

Babyschuhe
Lieblinge, Easy Peasy, My first Label, Pickapooh, Kavat, Wildling

Kinderkleidung
People Wear Organic, Kultgut, Band of Rascals, Manitober, Pünktchen Komma Strich, filius feez, Cmig, CORA happywear, Green Cotton. loud + proud, Orbasics, Fred's World by Green Cotton, MilliTomm, Ulalü, Sense Organics, Kleine Freunde – 3 Freunde, Lexi&Bö, Enfant Terrible, Kite Clothing, Thokkthokk, merijula, FUB, Serendipity

Schlafanzüge & Pyjamas
Living Crafts, People Wear Organic, Sense Organics

VEJA

Schuhe
Kavat, Veja, Pololo, Sorbas, Natural World, WildlingK

Auf Flickli.de findest du Aufnäher und Flicken in vielen Variationen.

Ist vegan immer umweltfreundlich?

Vegane Schuhe oder Taschen sind nicht immer auch umweltfreundlich. Du solltest hier genau wissen, was dir wichtiger ist: Tierleid zu vermeiden oder ein umweltfreundliches Produkt zu kaufen. Beides gleichzeitig möglich zu machen ist wirklich oft noch schwer. Vegane Materialien brauchen häufig den Einsatz von Chemie, um bei der Langlebigkeit mit Leder mithalten zu können. Auch PVC-Stoffe können als Obermaterial für »Ersatzleder« eingesetzt werden. Wer vegane Lederersatzprodukte kauft, sollte zumindest darauf achten, dass sie fair produziert wurden und eine gute Qualität haben, sodass sie lange halten. Bei den oben genannten Marken ist das in der Regel der Fall.

Wo finde ich nachhaltige Marken?

Als Konsument hat man einige Entscheidungen zu treffen, und es ist nicht immer leicht, bei Textilien den Durchblick zu behalten. Die meisten Marken, die im Markenguide genannt werden, sind online und in Geschäften erhältlich. Nicht alle haben einen eigenen Shop, aber man findet oft Läden, die diese Marken neben anderen führen. Die Gründungsidee von Avocadostore war es, alle nachhaltigen Marken auf einer Plattform zu versammeln, um Orientierung mithilfe von Nachhaltigkeitskriterien zu geben, und auch, um Preise vergleichen zu können. Wer sich also noch nicht so gut auskennt, kann sich hier einen guten Überblick verschaffen. Außerdem gibt es viele Tipps und Inspiration auf den Social-Media-Kanälen von Avocadostore zu den Themen nachhaltige Mode und nachhaltiger Konsum.

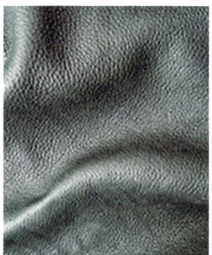

Vegane Lederersatzmaterialien sind auf den ersten Blick optisch echtem Leder sehr ähnlich.

Anne-Christin Bansleben

Geschäftsführerin von deepmello

Anne-Christin Bansleben studierte Ökotrophologie und arbeitete mehrere Jahre in der Forschung zum Thema sekundäre Pflanzenstoffe, worüber sie auch promovierte. Mittlerweile ist sie Geschäftsführerin der deepmello - rhubarb technology GmbH. deepmello hat ein Verfahren entwickelt, Leder pflanzlich mit Stoffen zu gerben, die aus Rhabarber gewonnen werden. Es nennt sich »rhabarberleder«.

Was ist vegetabil gegerbtes Leder und warum ist das gut?

Beim vegetabil gegerbten Leder werden pflanzliche Wirkstoffe für die Herstellung eines langlebigen Leders von einer rohen Haut eingesetzt. Das ist etwas Besonderes, weil 85 Prozent des herkömmlichen Leders mit Schwermetallen, vor allem Chromsalzen, gegerbt werden, was nicht nur erheblich der Umwelt schadet. Die verwendeten Stoffe können auch stark allergieauslösend sein. Für die Menschen, die es in Asien ohne Arbeitsschutz verarbeiten müssen, ist es zudem hochgradig krebserregend. Die Zustände dort sind dramatisch. Ein Verfahren, das auf pflanzlichen Wirkstoffen basiert, ist also umweltschonend und nachhaltig zugleich. Unser Verfahren setzt Inhaltsstoffe aus dem Rhabarber ein, der unkompliziert und lokal angebaut werden kann.

Warum ist normales Leder nicht immer nachhaltig?

An sich ist Leder ein wunderbares Produkt und extrem nachhaltig. Es ist robust, vielseitig und langlebig. Allerdings hat sich im Zuge der Industrialisierung das Gerben mit Schwermetallen etabliert. Gelangen diese Gerbstoffe in die Umwelt, werden sie dort nicht abgebaut. Sie belasten also Umwelt und Mensch in hohem Maße. Alle Produkte aus schwermetallgegerbtem Leder sind Sondermüll. Für die Gewinnung dieser Schwermetalle werden Tagebauten vor allem in Asien und Afrika angelegt und die Bevölkerung aus diesen Gebieten vertrieben. Um die aus dem Boden gewonnenen Verbindungen als Gerbstoffe verfügbar zu machen, braucht es sehr viel Energie. Alles in allem belastet herkömmlich gegerbtes Leder also stark die Umwelt.

Vegetabil gegerbtes Leder besteht aus Tierhaut, ist also nicht vegan. Gibt es denn auch vegane Alternativen?

Vegetabil gegerbtes Leder ist pflanzlich gegerbtes Echtleder. Es gibt tatsächlich zahlreiche neue Entwicklungen, die als Lederersatz angeboten werden. Für mich als Pflanzenanalytikerin ist das natürlich ein spannendes

Forschungsgebiet. Allerdings haben die Alternativen meist nicht alle Eigenschaften, die Echtleder mit sich bringt.

Haben vegane Lederalternativen die gleiche Qualität wie Leder? Und sind sie automatisch nachhaltig?

Langlebigkeit, Robustheit und auch Nachhaltigkeit sind bei diesen Alternativen nicht immer gegeben. Sie bestehen meist aus Pflanzenfasern, die gemeinsam mit Kunststoffen verarbeitet werden, um lederähnliche Texturen zu erzeugen. Erdölbasierte Kunststoffe einzusetzen, um ein völlig neues Produkt zu erzeugen, ist allerdings fragwürdig. Bei der Herstellung von Leder wird ein ohnehin vorhandenes Produkt, nämlich die Häute als Beiprodukt aus der Fleisch- und Milchproduktion, verwendet. Weltweit fallen viele Milliarden Tonnen Häute an. Auch wenn bei uns der Trend zur veganen oder vegetarischen Lebensweise sehr groß ist: Die Häute dann auch zu verwenden erachte ich als nachhaltiger und sinnvoller, als sie zu verwerfen. Bedingung ist natürlich, dass die Häute pflanzlich gegerbt werden und in den Kreislauf wieder zurückgeführt werden können, weil sie biologisch abbaubar sind.

DEEPMELLO

Stylishe Eco Fashion

Bei einem professionellen Fotoshooting werden Models von Stylisten ausgestattet, und es steht meist vorher schon fest, welche Teile wie in Szene gesetzt werden. Wir haben es anders gemacht und stattdessen im Freundes- und Bekanntenkreis nach Menschen gesucht, die gerne mal nachhaltige Kleidung ausprobieren wollen, sich aber noch nicht richtig an die Aufgabe herangetraut haben. Passend zu den Wünschen unserer »Laienmodels« haben wir gemeinsam mit ihnen den passenden Look zusammengestellt und dann im Alltag getestet. An dieser Stelle vielen Dank für die Offenheit und Experimentierfreude aller Beteiligten!

Die Aufgabe: Axel (33 Jahre) wünscht sich ein Outfit, das sich für den Job, Hamburger Wetter, Fahrradfahren und das Feierabendbier eignet.

»Die Kleidung ist die passende Antwort auf das Hamburger Wetter, und ich fühle mich zu jeder Zeit passend gekleidet. Nachhaltige Kleidung verbinde ich mit qualitativ hochwertigen Rohstoffen, was sich beim Tragen auf der Haut bemerkbar macht.«

Axels Outfit
Mütze: Rotholz
Shirt: Hafendieb
Jacke: LangerChen
Hose: KnowledgeCotton
Apparel
Schuhe: Flamingos' Life

»Positiv überrascht hat mich die Tatsache, dass nachhaltige Mode ihren verstaubten Ökotouch von damals abgelegt hat und die Modebranche es geschafft hat, moderne und zugleich zeitlose Kleidung für den Alltag zu produzieren.«

Die Aufgabe: Meike wünscht sich ein fair und nachhaltig produziertes Yogaoutfit, das alles mitmacht und trotzdem gut aussieht.

Meikes Outfit
Yogamatte: Lotuscrafts
Hose: Mandala
Top: Mandala
Shirt: Mandala

»Nachhaltige Mode ist für mich in Zukunft auf jeden Fall eine mögliche Alternative! Im Yoga gibt es einen Begriff, der diesen alternativen Ansatz beschreibt: Ahimsa, das steht für Gewaltlosigkeit. Dabei geht es darum, andere Lebewesen und auch die Natur zu schützen.«

»Ich mag den Style. Schöne Farben, außergewöhnliche Drucke und Schnitte.«

Die Aufgabe: Mona (25), Klara (26) und Anica (23)
wünschen sich Outfits für Party, Club und Bar,
mit denen man feiern und tanzen gehen kann.

Monas Outfit
Jumpsuit: Lovjoi
Schuhe: Bahatika
Socken: Swedish Stockings
Schmuck: Jyoti
Tasche: ONO

Klaras Outfit
Oberteil: Lovjoi
Hose: Kings of Indigo
Schmuck: ALMA
Tasche: Matt&Nat (vegan)
Schuhe: Bahatika
Nagellack: Gitti (vegan)

Anicas Outfit
Kleid: Lovjoi
Strumpfhose: Swedish Stockings
Schmuck: Wild Fawn Jewellery
Tasche: O My Bag
Schuhe: Veja

»Insbesondere die Schu-
he mit Absatz haben
mich überrascht. Damit
ließ sich ausgelassen das
Tanzbein schwingen,
ganz ohne Blasen.«

KLARA

»Die hohe Qualität und
gute Verarbeitung waren
sofort spürbar und sorg-
ten für ein sehr angeneh-
mes Tragegefühl.«

MONA

Die Aufgabe: Jenny (44 Jahre), Stenmar (42 Jahre), Livia (6 Jahre) und Luk (13 Jahre) suchen alltagstaugliche Outfits für die ganze Familie.

Jennys Outfit
dunkelgrünes Kleid:
Froy & Dind
Blumenkleid: King Louie
langes Kleid: Skfk.
Strumpfhose:
Swedish Stockings
Schuhe: Nine to Five

Luks Outfit
Jeans: Band of Rascals
Pullover: Band of Rascals
Sneaker: Veja

Stenmars Outfit
Langarmshirt: Lovjoi
Jeanshose: Nudie Jeans
Sneaker: Veja

»Das Shirt war sehr angenehm zu tragen.«

STENMAR

Livias Outfit
hellgrünes Kleid:
Lily Balou
dunkelgrünes und
rotes Kleid: Froy & Dind
Strumpfhose: Lily Balou
Sneaker: Veja

»Nachhaltige Mode
kann auch bunt, modern
und kreativ sein.«

JENNY

Die Aufgabe: Ricarda (33 Jahre) wünscht sich ein vielseitiges Kleid, das sie für den täglichen Einkauf, aber auch abends in der Bar oder im Büro tragen kann.

Kleid: Lanius/
bleed clothing
Strickjacke: ME&MAY
Strumpfhose: Swedish
Stockings
Tasche: baerepose
(Plastik-Cleanup-Projekt)

»Eines der Kleider hatte mir erst gar nicht so sehr gefallen. Dann habe ich es zum Shooting getragen, und es war so bequem, dass ich es am liebsten gleich anbehalten hätte. Es ist genau das Kleid, das ich gesucht habe. Und auch noch nachhaltig. «

Die Aufgabe: Unternehmerin Irma
(46 Jahre) sucht ein Businessoutfit.

Hose: JAN 'N JUNE
Shirt, grau: JAN 'N JUNE
Jacke, schwarz: JAN 'N JUNE
Top, dunkelblau: Lasalina
Jacke, hellgrau: JAN 'N JUNE
roter Blazer und Top: Nina Rein
Handykette: Bridge&Tunnel
Kette: Townshipsmile

»Die Schnitte sind sehr
bequem und die Stoffe
angenehm auf der Haut.«

»Ich finde die Kleidung
wirklich schön, besonders
die Marke JAN 'N JUNE.
Insgesamt finde ich die
Schnitte viel spezieller
und interessanter als bei
herkömmlichen Marken.«

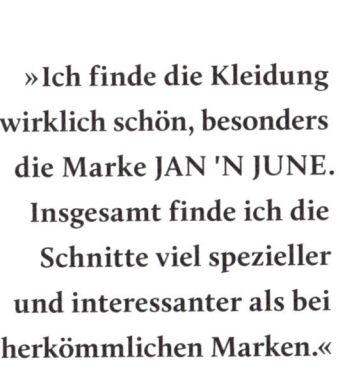

Gute Pflege macht Kleidung langlebig

Der beste Konsum ist der, der gar nicht erst stattfindet. Anstatt etwas Neues zu kaufen, sollten wir das, was wir haben, länger benutzen. Das kann zum einen bedeuten, dass wir kurzlebigen Trends nicht folgen und stattdessen mehr auf Klassiker setzen. Das kann zum anderen bedeuten, dass wir besser auf unsere Sachen achten. Mit folgenden Tipps, die schon fast banal klingen, können wir viel bewirken.

1 Weniger waschen

Wir waschen unsere Kleidung zu oft. Weniger waschen bedeutet nicht nur, dass man Waschmittel, Wasser und Strom spart, sondern auch, dass die Textilien weniger strapaziert werden. Denn Waschen ist Stress für unsere Kleidung. Öfter mal auslüften genügt oft schon. In der Generation unserer Großmütter wurde zwischen Sonntagskleidung und Alltagskleidung unterschieden. Letztere wurde die ganze Woche getragen. Wir denken, wir müssten jeden Tag etwas Frisches anziehen. Selbst wenn man das tut, muss man die meisten Kleidungsstücke nicht nach einem Tag waschen. Vor allem Pullis, Jeans und T-Shirts können wieder in den Schrank gelegt und an einem anderen Tag noch einmal getragen werden. Gegen Bakterien hilft übrigens auch die Sonne. Wer also hygienische Bedenken hat, kann sein Kleidungsstück auch einfach in der Sonne trocknen lassen (was für Menschen, die wie ich in Hamburg leben, zugegebenermaßen kein sehr alltagstauglicher Tipp ist). Manche schwören übrigens darauf, Jeans niemals zu waschen (Stichwort »never wash«).

2 Weniger heiß waschen

Oft waschen wir zu heiß. Unsere Kleidung ist selten so stark verschmutzt, dass sie mit 40 oder sogar 60 Grad gewaschen werden muss, um sauber zu werden. Es kommt auf die Wäsche an, aber vieles wird bei 30 Grad genauso sauber. Mit niedriger Waschtemperatur spart man nebenbei meist noch Strom und Wasser. Was zur Effizienz beiträgt: die Maschine immer schön voll machen.

> **BUCHTIPP:** Wie du deinen Kleiderschrank übersichtlich gestaltest, zeigen die JAN 'N JUNE-Gründerinnen Anna Bronowski und Juliana Holtzheimer in ihrem Buch »Minimal Fashion«.

3 Weniger und ökologisches Waschmittel nutzen

Es genügt vollkommen, wenn wir nur circa zwei Drittel der vom Hersteller empfohlenen Waschmittelmenge pro Waschgang verwenden. Darüber hinaus sollten wir ökologisches Waschmittel verwenden. Das Vorurteil, dass es die Wäsche nicht so sauber macht wie herkömmliche Waschmittel, ist in Studien widerlegt worden. Waschmittelpulver hat gegenüber Flüssigwaschmittel den Vorteil, dass es im Karton erhältlich, also plastikfrei verpackt ist.

4 Weichspüler weglassen

Weichspüler stecken voller Tenside und belasten mit ihren Duft- und Farbstoffen die Umwelt. Darüber hinaus haben sie auch negative Auswirkungen auf die Funktionsfähigkeit von Textilien. Mit Weichspüler gewaschene Handtücher sind beispielsweise weniger saugfähig.

5 Eine energieeffiziente Waschmaschine verwenden

Wer eine neue Waschmaschine oder auch andere Geräte im Haushalt neu kauft, sollte auf die Energieeffizienz achten. Wenn du eine sehr alte Maschine verwendest, lohnt sich eine Neuanschaffung oft, da sie viel energieeffizienter ist als die alte.

6 Die Kleidung an der Luft trocknen statt im Trockner

Ein Trockner verbraucht nicht nur viel Energie, sondern schlägt übers Jahr gerechnet mit rund 100 Euro Stromkosten zu Buche. Die Wäsche an der Luft trocknen zu lassen schont Textilien, Umwelt und Portemonnaie.

7 Kaputte Kleidung reparieren oder upcyceln

Wenn Kleidung kaputtgeht, lohnt es sich oft, sie zu reparieren. Wer dies nicht selbst machen kann oder will, kann das Teil zum Schneider um die Ecke bringen. Oft kostet das nur wenige Euro, und die Jeans ist danach wie neu. Wenn Reparieren nicht mehr hilft, kann man aus Kleidungsstücken meist noch was anderes machen. Aus einem alten T-Shirt wird beispielsweise ein Putzlappen. Über ein Loch oder einen Fleck, der sich nicht auswaschen lässt, kannst du etwas nähen oder bügeln. In fast jedem Supermarkt gibt es schlichte Aufbügelstoffe. Im Internet (Pinterest, YouTube oder Blogs) findest du viele Upcycling-Ideen, die manchmal mit kleinen Handgriffen Großes bewirken.

8 Take care of your Kleiderschrank

Jeder von uns hatte sicher schon mal Motten im Kleiderschrank, die die Kleidung anknabbern. Das kann passieren, man kann dem aber ganz leicht vorbeugen, auch ohne Chemiekeule. Zedernholz und Lavendel, einfach an einen Kleiderbügel gehängt oder ins Fach gelegt, mögen Motten gar nicht.

Darüber hinaus sollte der Kleiderschrank nicht zu voll sein. Das sorgt für einen guten Überblick und beugt Frust- und Spontankäufen vor, wenn wir denken, wir hätten nichts anzuziehen. In einem übersichtlichen Kleiderschrank hat man alle Teile griffbereit und weiß auch auf einen Blick, was man wo findet und was kombiniert getragen werden kann. Räume deinen Kleiderschrank jeden Sommer und Winter aus und säubere ihn. Frage dich vor dem Einräumen bei jedem Teil, ob du es getragen hast und es wieder tragen wirst. Nur diese Teile kommen wieder zurück in den Schrank. Kleidungsstücke, die du nicht mehr trägst, werden aussortiert (siehe S. 66).

> Synthetische Wäschestücke, die komplett aus Polyester bestehen, kannst du zum Waschen in der Waschmaschine in einen Waschbeutel (zum Beispiel »Guppyfriend«) packen, der verhindert, dass Fasern aufbrechen und Mikroplastik entsteht. Der Beutel fängt die Fasern auf, die dann nicht im Abwasser und somit in der Umwelt landen. Im Waschbeutel gewaschene Kleidung hält darüber hinaus länger.

Das Märchen vom Recycling

Wenn du dir einen nachhaltigen Kleiderschrank aufbauen möchtest, solltest du dir beim Kauf eines Kleidungsstücks bereits Gedanken machen, wie lange du es trägst, aus welchem Material es hergestellt wurde und wie es später, nach dem Aussortieren entsorgt werden kann. Denn wer Kleidungsstücke aussortiert, fragt sich oft, wo man die Sachen hinbringen kann, damit sie vielleicht noch einen Nutzen haben oder recycelt werden können. Die Qualität unserer Kleidung lässt es oft jedoch gar zu, dass sie recycelt wird. Zwar werben einige Firmen wie beispielsweise H&M damit, Ware zurückzunehmen und zu recyceln. Als Gegenleistung wird den Kunden meist ein Gutschein angeboten. Nachhaltig ist das jedoch nicht, denn der Gutschein wird wieder gegen Fast Fashion eingelöst. Man kauft sich neue Kleidung, die man irgendwann wieder loswerden möchte, weil sie vielleicht nicht mehr im Trend liegt oder weil sie wegen zu schlechter Qualität einfach nicht mehr getragen werden kann. Die Strategie vieler Textilmarken, die Ware zurückzunehmen, ist also meist eher verkaufsfördernd. Darüber hinaus lassen sich beispielsweise Textilien aus Polyester oft nicht einfach so recyceln. Meist wird nur ein sehr geringer Anteil recycelt, im schlimmsten Fall wird der Rest einfach verbrannt. 2017 gingen Meldungen durch die Presse, nachdem ein dänischer Fernsehsender gezeigt hatte, dass H&M jedes Jahr mehrere Tonnen ungetragene Kleidung verbrennen lässt. Dadurch, dass ständig neue Kollektionen in den Geschäften landen, müssen die Läden in immer kürzeren Abständen von den vorherigen Kollektionen »befreit« werden, damit Platz für neue Ware entsteht. Dieses Problem haben alle Fast-Fashion-Ketten, sodass das Vorgehen von H&M exemplarisch für eine ganze Branche steht.

Auch Retouren aus dem Onlinehandel werden von manchen großen Anbietern auf diese Weise entsorgt, weil dies günstiger ist, als die Kleidung wieder in den Verkauf zu bringen. H&M hatte auf die Vorwürfe geantwortet, dass nur Ware verbrannt werde, die Qualitätsmängel aufweise. Aber auch wenn die vom Kunden zurückgebrachte Kleidung nicht verbrannt oder recycelt wird, kann es gut sein, dass die Kleider in ärmere Länder beispielsweise in Afrika weiterverkauft werden und somit eine erneute Einnahmequelle für die Unternehmen darstellen. Denn auch bei der Entsorgung spielen die Kosten eine Rolle.

Die Strategie vieler Textilmarken, die aussortierte Kleidung wieder zurückzunehmen, ist nicht nachhaltig, sondern meist eher verkaufsfördernd.

Wie kannst du also aussortierte Kleidung nachhaltig loswerden? Jedes Jahr werden in Deutschland eine Million Tonnen Altkleider in Container oder Altkleidersammlungen gegeben. Nur etwa die Hälfte davon lebt als Secondhandkleidung weiter. Der Rest wird entweder entsorgt oder zu Putzlappen oder Rohstoffen, beispielsweise für Dämmmaterial in der Autoindustrie, weiterverarbeitet.

Der Handel mit Secondhandkleidung ist ein großes Geschäft geworden. Die noch verwendbare Kleidung aus Altkleidercontainern wird häufig nach Afrika oder Osteuropa exportiert und dort weiterverkauft. Der Handel mit Altkleidern bietet dort vielen Menschen eine Möglichkeit, Geld zu verdienen, auch wenn sie keine Ausbildung haben. Gleichzeitig ist die Altkleiderschwemme jedoch leider der Grund, warum in Afrika die lokalen Textilfabriken keine Chance mehr haben. Und auch vom ökologischen Standpunkt aus ist der Transport von Hunderttausenden Tonnen gebrauchter Kleidung nach Afrika höchst fragwürdig.

Kleider spenden – so geht's richtig

1 Spende für soziale Einrichtungen

Zahlreiche soziale Einrichtungen nehmen Kleiderspenden an, darunter beispielsweise Oxfam, Hanseatic Help, Sozialkaufhäuser, die Arbeiterwohlfahrt, Obdachloseneinrichtungen, das Deutsche Rote Kreuz, die Kleiderkammern der Caritas oder auch die Geflüchtetenhilfe. Die Kleidung wird sortiert und direkt an Menschen, die Bedarf haben, weiterverteilt. Die Wege sind meist kurz und direkt. Was nicht gebraucht wird, wird an ähnliche Einrichtungen weitergegeben oder geht an gewerbliche Abnehmer.

2 Sammelcontainer

Nicht jeder Sammelcontainer sammelt tatsächlich für den guten Zweck. Es gibt sehr viele illegal aufgestellte Container, die sich häufig auch die Logos karitativer Vereine »ausleihen«, diese zum Teil sehr gekonnt imitieren oder die

Logos mit dramatischen Namen, Kreuzen oder Weltkugeln versehen. Diese »wilden« Container dienen vor allem dem privaten Profit, denn die Kleidung wird in Drittländer verkauft. Eine Aufschrift wie »Dieser Container ist genehmigt« bedeutet fast immer genau das Gegenteil.

Container, die tatsächlich für den guten Zweck sammeln, tragen oft die Aufschrift »FairWertung«. Die Standorte der »echten« Container kann man online recherchieren. Der Inhalt der echten Container wird an gewerbliche Abnehmer verkauft. So wird aus ungetragener Kleidung eine Geldspende, die dem guten Zweck dient.

> In den genannten Einrichtungen mangelt es oft an Unterwäsche, da die meisten Menschen getragene Unterwäsche oder auch Socken nicht spenden. Wer noch mehr Gutes tun will, kann zusätzlich zu der eigenen Spende auch neue Unterwäsche oder Socken mitbringen. Wer sichergehen will, fragt einfach vorher, was benötigt wird.

Was tun mit Kleidung, die man nicht mehr braucht?

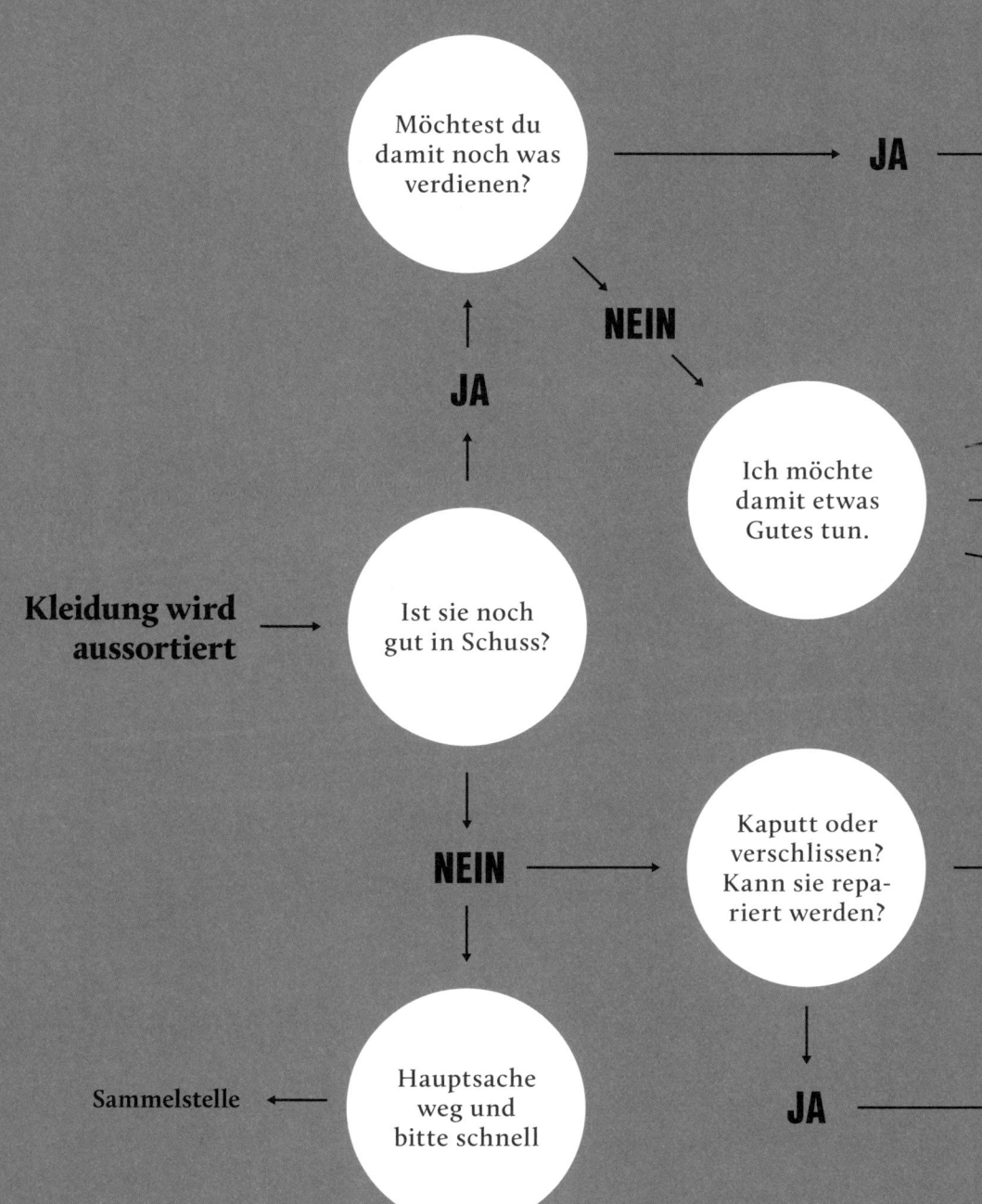

Möchtest du damit noch was verdienen?

JA

NEIN

JA

Ich möchte damit etwas Gutes tun.

Kleidung wird aussortiert → Ist sie noch gut in Schuss?

NEIN → Kaputt oder verschlissen? Kann sie repariert werden?

JA

Sammelstelle ← Hauptsache weg und bitte schnell

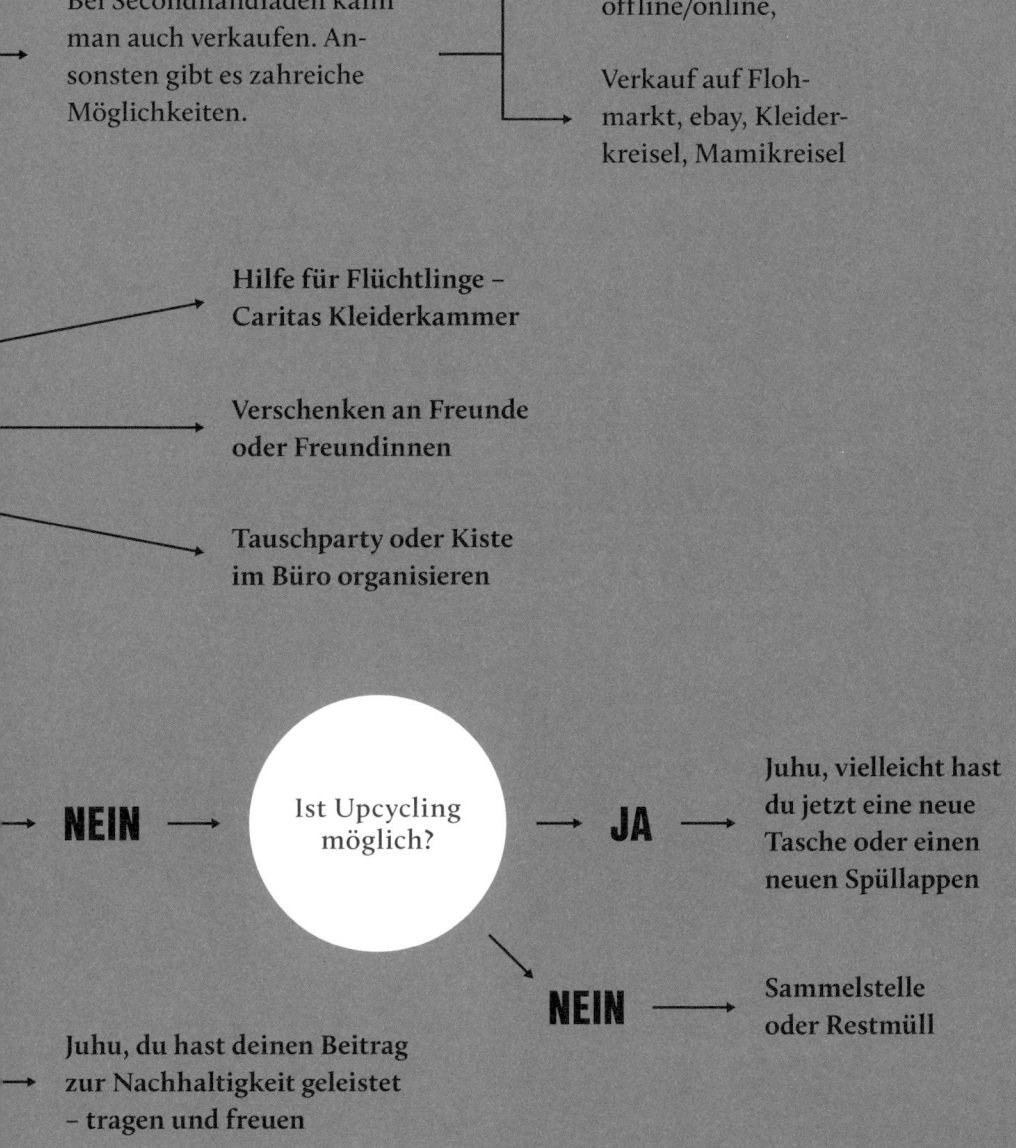

Bei Secondhandläden kann man auch verkaufen. Ansonsten gibt es zahreiche Möglichkeiten.

Tauschbörsen offline/online,

Verkauf auf Flohmarkt, ebay, Kleiderkreisel, Mamikreisel

Hilfe für Flüchtlinge – Caritas Kleiderkammer

Verschenken an Freunde oder Freundinnen

Tauschparty oder Kiste im Büro organisieren

NEIN → Ist Upcycling möglich? → **JA** → Juhu, vielleicht hast du jetzt eine neue Tasche oder einen neuen Spüllappen

NEIN → Sammelstelle oder Restmüll

Juhu, du hast deinen Beitrag zur Nachhaltigkeit geleistet – tragen und freuen

Wir können durch einen bewussten Umgang mit unseren Textilien und weniger Konsum viel Positives bewirken, sowohl für die Umwelt als auch für die Arbeitsbedingungen der Menschen, die unsere Kleidung herstellen. Eigentlich kann man es nicht besser zusammenfassen als Vivienne Westwood:

BUY LESS, CHOOSE WELL. MAKE IT LAST.

02

—

Kosmetik

Kosmetik verspricht uns den perfekten Körper

Wenn ich heute meine Freundinnen frage: »Fühlst du dich schön?«, bekomme ich immer eine ähnliche Antwort. Die meisten finden sich zwar nicht hässlich, aber auch selten schön. Sie sagen Sätze wie: »Meine Augen sind ganz okay, die mag ich, aber ich finde mich zu dick.« Tatsächlich fanden sich in einer Umfrage aus dem Jahr 2013 weltweit vier von 100 Frauen hässlich. Eine enorm hohe Zahl, die der Mode- und Kosmetikindustrie Tür und Tor öffnet.

4

von 100 Frauen finden sich hässlich.

In den letzten Jahren hat sich etwas getan. Wir finden mehr Diversität auf den Laufstegen, in Magazinen und auch in den Social Media. Aber wir sehen auch immer noch normale Frauen, die betonen müssen, dass sie stolz sind, sich als normale Frau fotografieren zu lassen. Dass auch die jüngere Generation noch weit davon entfernt ist, sich so zu akzeptieren, wie sie ist, zeigt auch die vom IKW (Industrieverband Körperpflege und Waschmittel e.V.) in Auftrag gegebene Jugendstudie »Jugend ungeschminkt« (www.ikw-jugendstudie.org). Demnach besteht bei den Mädchen und Jungen zwar der Wunsch, auf Selfies möglichst natürlich, authentisch und auch »ungeschminkt« schön zu erscheinen. Gleichzeitig betreiben die Jugendlichen einen enormen Aufwand an Styling, Make-up und Schminken, um diesen Effekt zu erreichen. 45 Prozent der Mädchen und 22 Prozent der Jungs machen demnach mehr als 50 Selfies, um eins zu erhalten, das gepostet wird. 18 Prozent der Mädchen und 16 Prozent der Jungen fotografieren sich sogar mehr als einhundert Mal, um das »perfekte« Selfie zu bekommen. Fast schon erschreckend ist ein Studienergebnis, demzufolge manche Jungen bei Fotos von ungeschminkten Mädchen glaubten, dass die Mädchen krank seien.

> **Jeder Körper kann schön sein, egal ob dick, dünn, blass, dunkel, behaart oder haarlos.**

Was will ich damit sagen? Ich selbst bin, während ich dieses Buch schreibe, 39 Jahre alt und stehe selbst nicht immer über diesen Dingen. Es hat lange gedauert, bis ich verstanden habe, dass Schönheit nicht unbedingt etwas mit Make-up, der Figur oder neuen Klamotten zu tun hat.

Trotzdem bleibt der Druck, einem Schönheitsideal zu entsprechen und mit Pflege, Kosmetik und Mode auszugleichen, was anderen vielleicht naturgegeben ist oder mithilfe von Photoshop, Make-up und Schönheitsoperationen optimiert wurde. Ich glaube, mit diesem Gefühl bin ich nicht allein. Es gibt dafür aber nur eine Lösung: Wir müssen unsere Einstellung zu uns selbst ändern. Wir müssen uns akzeptieren und lieben, wie wir sind. Unsere Stärken fokussieren und nicht immer versuchen, unsere Schwächen auszugleichen. Das gilt übrigens auch für Männer, die längst nicht mehr außen vor sind, wenn es um Schönheitsideale, Aussehen und Zufriedenheit mit sich selbst geht.

Jeder Körper kann schön sein, egal ob dick, dünn, blass, dunkel, behaart oder haarlos. Wir sind nicht auf der Welt, um die perfekten Augenbrauen zu haben. Ich bin davon überzeugt, dass wir alle eigentlich etwas Besseres mit unserer Zeit anzufangen haben. Schönheit ist ein Gefühl, und ich habe schon sehr viele sehr schöne Menschen getroffen, die eigentlich so gar nicht den gängigen Schönheitsidealen entsprechen und dennoch durch ihre Ausstrahlung und ihre Ruhe in sich selbst so strahlen, dass ich sie wirklich schön finde. Lasst uns fair zu uns selbst sein und aufhören mit der dauernden Selbstkritik! Weniger ist manchmal mehr, und ganz nebenbei tut man auch der Umwelt noch was Gutes, indem man weniger Verpackung verursacht und auf die richtigen Inhaltsstoffe achtet.

LAMAZUNA

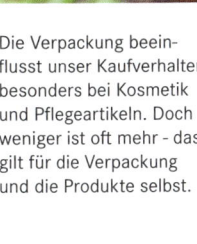

Die Verpackung beeinflusst unser Kaufverhalten besonders bei Kosmetik und Pflegeartikeln. Doch weniger ist oft mehr - das gilt für die Verpackung und die Produkte selbst.

57%

aller Frauen und

36%

aller Männer benutzen
regelmäßig Hautcreme

90%

verwenden mehrmals
pro Woche Duschgel
und Shampoo

Kosmetik wirkt nicht nur außerhalb des Körpers

Ein gepflegtes Äußeres empfinden wir als schön, und es lässt uns gesund aussehen. Wir verwenden Kosmetikprodukte, um unsere Haut zu pflegen, zum Beispiel bei trockener Haut oder auch bei Problemen mit Pickeln und Akne. Wir wollen vielleicht nicht aussehen wie Lady Gaga auf der Bühne, aber trotzdem natürlich schön und gesund wirken. Und dafür tun wir viel: 57 Prozent aller Frauen und 36 Prozent aller Männer in Deutschland benutzen regelmäßig Hautcremes, und neun von zehn Menschen schäumen sich mehrmals die Woche mit Duschgel und Shampoo ein.

Morgens benutzen wir Hautcreme, Duschgel, Bodylotion und vielleicht auch noch Augencreme, Concealer, Make-up und Puder. Wer sich schminkt, greift anschließend zu Wimperntusche, Lidstrich, Kajal, Lidschatten und Rouge. Laut einer Studie der Environmental Working Group (USA) benutzen amerikanische Frauen im Durchschnitt neun Produkte pro Tag. Und was vielen von uns dabei nicht bewusst ist: Bei neun Produkten können es schon über 120 verschiedene Inhaltsstoffe sein, mit denen wir in Berührung kommen. Haar- und Zahnpflege ist dabei gar nicht berücksichtigt.

Bei neun Pflegeprodukten können es über 120 verschiedene Inhaltsstoffe sein, mit denen wir in Berührung kommen.

30 Milliarden Euro lassen wir Deutschen uns jedes Jahr unsere Kosmetika kosten. Das ist etwa ein Fünftel dessen, was wir für Lebensmittel ausgeben. Konkret bedeutet das: Wir benutzen viele Kosmetik-, Haut- und Haarpflegeprodukte und wissen nur wenig darüber. Die Haut ist mit einer Oberfläche von 7m² unser größtes und unser durchlässigstes Organ. Sie transportiert Stoffe aus dem Körper nach draußen, wie zum Beispiel Schweiß, aber auch von außen in den Körper, wie zum Beispiel die Inhaltsstoffe von Cremes. Alles, was wir auf die Haut auftragen, kann in der Blutbahn landen.

Nur eine gesunde Haut kann alle Funktionen reibungslos übernehmen. Es ist also wichtiger, sich zu fragen, was unsere Haut braucht, um optimal arbeiten zu können, als sich zu fragen,

Für Hautpflege gilt: Weniger ist mehr. Denn alles, was wir auftragen, muss der Körper verarbeiten.

welche Creme uns schöner macht. Denn eine gesunde Haut lässt uns automatisch besser aussehen. Es ist im Grunde ganz einfach: Wenn wir darauf achten, dass unsere Haut gesund ist, das heißt, nicht zu trocken, gut durchblutet, sauber und mit genügend Feuchtigkeit versorgt, dann entsteht daraus meist schon ein gesunder Teint und eine schöne Ausstrahlung. Gesunde Ernährung und viel Bewegung tragen ebenfalls viel dazu bei, dass die Haut gut aussieht und gesund ist. Für Hautpflege gilt daher: Weniger ist mehr. Denn alles, was wir auftragen, muss der Körper verarbeiten. Wir lesen Buzzwords wie Hyaluron, Retinol oder Urea und denken, dass wir damit unserer Haut etwas Gutes tun. Wir verstehen oft jedoch nicht, dass wir meist zu viel oder vielleicht sogar das Falsche auftragen. Viel hilft beim Thema Haut eben nicht unbedingt viel.

Große Versprechen, fragwürdige Wirkung

Kosmetikverpackungen versprechen uns viel. Wenn es jedoch um die Inhaltsstoffe der Produkte und deren Wirkung geht, wird es für uns Verbraucher undurchsichtig. Denn welche Stoffe sich hinter den Namen auf der Zutatenliste verbergen, kann der Laie auf den ersten Blick oft nicht nachvollziehen. Darüber hinaus ist die Datenlage zur Wirkung vieler Inhaltsstoffe dürftig, und Studien zur Wirksamkeit der Substanzen in Kosmetik- und Pflegeartikeln kommen häufig von den Herstellern selbst. Auch müssen Hersteller momentan nicht transparent angeben, welche Mengen der jeweiligen Inhaltsstoffe in dem Produkt enthalten sind. Gleichzeitig ist oft nicht eindeutig geklärt, welche Inhaltsstoffe in welchen Mengen schädlich sein könnten. Unabhängige, übergreifende Studien und verlässliche Siegel wären im Kosmetik- und Pflegebereich also höchst wünschenswert.

> Ähnlich wie bei Lebensmitteln geben die Zutatenlisten der Kosmetik- und Pflegeprodukte den Inhaltsstoff zuerst an, von dem das Produkt am meisten enthält.

Nicht alle konventionellen Markenprodukte sind so gut, wie es die Hersteller versprechen. Weder für den Konsumenten noch für die Umwelt. Die synthetischen Inhaltsstoffe, die konventionelle Kosmetik in großen Mengen enthält, sind vor allem eines: günstig! Je niedriger die Produktionskosten sind, desto höher ist natürlich der Gewinn des Unternehmens, das dann wiederum viel Geld ins Marketing stecken kann. Wenn wir durch die Magazine blättern, finden wir viel Werbung, bei der an nichts gespart wurde. Retuschierte Topmodels in Hochglanzoptik werben dafür, dass wir uns noch den zehnten Lippenstift kaufen, auf dass genau der uns endlich schön macht.

Die chemischen Inhaltsstoffe täuschen uns Verbraucher jedoch allzu oft. Sie sorgen beispielsweise dafür, dass Shampoo oder Duschgel besonders gut schäumt, weil uns das eine gute Wirksamkeit vorgaukelt. Oder sie trocknen langfristig die Haut aus, was zur Folge hat, dass wir noch mehr davon benutzen, die Packung schneller leer ist und wir wieder neue Cremes kaufen, weil ja unsere Haut so trocken ist. Für den Hersteller ist das ein Vorteil. Aber nicht für uns.

Viele der konventionellen Inhaltsstoffe sind nicht nur dauerhaft schlecht für unsere Haut, weil sie beispielsweise die Poren verstopfen, sondern unter Umständen sogar schädlich. Manche Stoffe stehen im Verdacht, krebserregend, allergieauslösend oder hormonell wirksam zu sein. Letzteres kann sich auf die Fruchtbarkeit bei Männern und Frauen auswirken, aber auch zum Beispiel Geburtsschäden zur Folge haben.

Mit ToxFox, Code-Check oder Think Dirty kannst du den Barcode der Produkte via Handy scannen.

Als ich angefangen habe, mich mit dem Thema zu beschäftigen, gab es Marken, die ich vom Auftritt und der Kommunikation her in die Rubrik »gesunde« oder eher »natürliche« Kosmetik eingeordnet hätte. Leider lag ich dabei oft falsch und musste so manche Marke, von der ich es nicht erwartet hätte, aussortieren. Wichtig bei Kosmetik- und Pflegeprodukten ist es, zu wissen, was die jeweiligen Inhaltsstoffe bewirken. Dann kann man selbst entscheiden, ob man sie wirklich braucht oder ob vielleicht auch ein anderes Produkt infrage kommt.

> Nützliche Apps helfen uns dabei, schon im Laden die Inhaltsstoffe eines Produkts zu prüfen. Bei mehr als 12 000 möglichen chemischen Inhaltsstoffen ist das sehr hilfreich. Mit **ToxFox** (BUND), **CodeCheck** oder **Think Dirty** kannst du den Barcode der Produkte via Handy scannen und erhältst Infos über die Inhaltsstoffe. Auf Webseiten wie **haut.de** oder **natrue.org** findest du viele weitere wichtige Infos.

Inhaltsstoffe in Kosmetika – eine Übersicht

Männer und Frauen ab 14 Jahren in Deutschland benutzen pro Woche Dutzende Pflegeprodukte. Zu den häufigsten gehören Aftershave, Rasierwasser, Rasierschaum- und -gel, Parfüm, Gesichtscreme, Rasiercreme, Haarwasser, Lotionen, Antifaltencremes, Tagescremes, Lippenstifte, Augen-Make-up, Nachtcreme, Haarspray, Schaumfestiger, Reinigungsmilch, Nagellack und Gesichtswasser. Welche synthetischen Inhaltsstoffe enthalten diese Mittel?

Mikroplastik

Nicht nur synthetische Kleidung, Autoreifen, Zigarettenfilter, Plastiktüten und anderer Plastikmüll verursachen Mikroplastik. Auch Kosmetik bringt die winzigen Kunststoffpartikel tonnenweise in die Umwelt und die Weltmeere. Peelings, Shampoos, Lotions, aber auch Zahnpasta und viele andere Kosmetika beinhalten Mikroplastik. Ich bin mir sicher, dass viele Menschen diese Produkte nicht kaufen würden, wenn sie wüssten, dass sie Plastik enthalten.

Mikroplastik wird in der Kosmetikindustrie als Glanzmittel, Binde- und Schleifmittel oder - besonders schlimm – als Füllmittel eingesetzt. Als primäres Mikroplastik gelten Kunststoffpartikel, die kleiner als 5 mm sind. In Kosmetik kann Plastik in gel- oder wachsähnlicher Konsistenz enthalten sein. Ich war erschüttert, als ich festgestellt habe, in wie vielen Produkten Plastik enthalten ist. In letzter Zeit hat das Thema viel Aufmerksamkeit bekommen, und so mancher Hersteller hat daraufhin bereits auf »Microbeads«, wie die kleinen Partikel auch genannt werden, verzichtet. Andere Hersteller machen jedoch weiter, als wüssten sie

nicht, wie schädlich Mikroplastik für unsere Umwelt und für uns ist.

Angenommen, wir benutzen ein Shampoo, das Mikroplastik enthält. Die kleinen Plastikpartikel fließen mit dem Abwasser in die Kläranlage. Leider ist es heute noch nicht möglich, das Mikroplastik aus dem Wasser herauszufiltern. Es landet also ungehindert in unseren Gewässern oder mit dem Klärschlamm auf den Feldern. Plastik zerfällt und verrottet in der Natur extrem langsam. Bei manchem Kunststoff dauert das bis zu 600 Jahre. Die Partikel bleiben also für lange Zeit in der Natur. Im Wasser wird Mikroplastik von Fischen für Plankton gehalten und gefressen. So gelangt es schließlich auf unseren Teller.

Auch aus einer Plastiktüte, die im Meer gelandet ist, wird irgendwann Mikroplastik. Denn der Kunststoff zerfällt nach und nach in Abertausende Teilchen, die dann im Meer herumschwimmen. Das nennt man sekundäres Plastik. Forscher konnten bereits bei über 1200 Fischarten Mikroplastik im Körper nachweisen. Leider findet sich inzwischen auch schon in Mineralwasser und Bier Mikroplastik. Auch im Kot von Menschen, in der Luft und sogar an extrem abgelegenen Orten wie der Arktis oder einsamen Inseln und sogar in frischem Schnee hat man Mikroplastik gefunden.

Forscher gehen davon aus, dass wir wöchentlich ca. 5 g Mikroplastik über Nahrung, Luft und andere Quellen zu uns nehmen. Das ist ungefähr das Gewicht einer Kreditkarte.

Mikroplastik besteht aus chemischen Stoffen wie zum Beispiel Bisphenol A oder Weichmachern. Letztere werden durch Mikroplastik beispielsweise im Wasser freigesetzt. Noch gibt es keine belastbaren Studien über die Auswirkungen von Mikroplastik oder Weich-

Vom Waschbecken in den Fischmagen und anschließend auf unseren Teller

Viele Kosmetikartikel enthalten Mikroplastik.

Die Plastikpartikel können nicht herausgefiltert werden und gelangen in unsere Gewässer.

Mikroplastik wird von Fischen für Plankton gehalten und gefressen…

…und gelangt anschließend auf unseren Teller.

machern auf den menschlichen Körper. Forscher vermuten aber, dass sie Krebs auslösen können und zu gesundheitlichen Beeinträchtigungen führen.

Darüber hinaus ist Mikroplastik oft besonders schadstoffbelastet. Denn aufgrund seiner chemischen und physikalischen Eigenschaften fungiert es vor allem in Wasser wie ein Magnet für Schadstoffe. Außerdem kommt es bei der Herstellung in Berührung mit zahlreichen anderen chemischen Stoffen. Fische fressen also nicht einfach nur Plastik, wenn sie Mikroplastik für Plankton halten, sondern nehmen damit auch viele schädliche Stoffe auf. In England ist Mikroplastik in Kosmetik übrigens seit 2018 bereits verboten. Es bleibt zu hoffen, dass bald viele weitere Länder folgen.

Wenn du Mikroplastik vermeiden möchtest, solltest du darauf achten, dass Kosmetik folgende Stoffe nicht enthält (in Großbuchstaben die oft verwendeten Abkürzungen auf der Verpackung): Polyethylen (PE), Polypropylen (PP), Polyethylenterephthalat (PET), Nylon-12, Nylon-6, Polyurethan (PUR), Acrylates Copolymer (AC), Acrylates Crosspolymer (ACS), Polyacrylat (PA), Polymethylmethacrylat (PMMA), Polystyren (PS), Polyquaternium (PQ).

> Der Bund für Umwelt und Naturschutz Deutschland (BUND) hat einen Einkaufsratgeber für Mikroplastik herausgegeben, der als PDF auf der Webseite www.bund.net erhältlich ist. Man findet in dem Einkaufsratgeber Marken, die in vielen ihrer Produkte dennoch Mikroplastik verwenden. Ich habe diese dann für mich einfach komplett ausgeschlossen.

Weichmacher (Phthalate)

Die Weltgesundheitsorganisation (WHO) bezeichnet Weichmacher oder Phthalate als eine der weltweiten Bedrohungen für Mensch und Umwelt. Typische Weichmacher sind Alcohol.denat, DEHP, DINP, Diethylphtalat, DEP, Dimethylphtalat, DMP. Meist enden die Bezeichnungen auf -phthalat. Man findet sie in (Haar-)Gel, Haarspray, Zahnpasta, Parfüm, Deo oder Sonnencremes und in dekorativer Kosmetik wie Wimpern- oder Augenbrauenprodukten und Nagellacken. In Kinder- und Babyprodukten sind sie mittlerweile verboten, leider aber noch nicht in Kosmetik.

Weichmacher dienen dazu, andere (Kunst-)Stoffe weicher zu machen, da diese sonst zu hart für die Verwendung wären. Phthalate können sich durch das Fett in der Haut, durch Schweiß oder durch Speichel lösen und so in den Körper gelangen. Aber auch Öle können eine Aufnahme begünstigen.

Phthalate stehen im Verdacht, die Fortpflanzungsfähigkeit zu beeinträchtigen, hormonell wirksam und krebserregend zu sein. Sie kommen nicht nur in Kosmetik vor, sondern auch in PVC (Duschvorhänge, Fußböden) und sogar in der Luft. Manchmal sind in Kosmetik unbeabsichtigt Phthalate enthalten. Das kann passieren, wenn beispielsweise ein Duschgel oder Shampoo fettige oder ölige Substanzen enthält. Diese begünstigen nämlich, dass sich Weichmacher aus dem Plastikbehälter lösen. Aus diesem Grund spielt die Verpackung von Kosmetika bei der Vermeidung schädlicher Stoffe eine wichtige Rolle (siehe S. 86 und 99–101).

Aluminium

Aluminiumverbindungen gelten als schweißhemmend. Deshalb sind sie in Antitranspirant enthalten, während normale Deos den Schweißgeruch nur überdecken. Aluminium bewirkt, dass sich die Poren zusammenziehen. Dadurch werden die Schweißkanäle blockiert. Was zunächst logisch klingt, hat allerdings Nachteile. Zum einen ist es nicht gesund, dauerhaft verstopfte Poren zu haben, denn die Schweißregulierung ist eine wichtige Funktion der Haut. Zum anderen ist Aluminium ein Stoff, der über die Haut auch in den Körper gelangen kann, insbesondere nach der Rasur. Aluminium gilt als nervenschädigend und reproduktionstoxisch und steht außerdem im Verdacht, das Krebsrisiko zu erhöhen. Darüber hinaus ist die Gewinnung umweltschädlich. Aluminium wird aufwendig aus dem Erz Bauxit gewonnen, für dessen Abbau oft Regenwälder gerodet werden. Der bei der Herstellung als Abfallprodukt entstehende giftige Rotschlamm landet oft auf Feldern und in Flüssen und zerstört ganze Ökosysteme. Da Aluminiumverbindungen in Kosmetika auf der Inhaltsliste angegeben werden müssen, kannst du auf alle Produkte verzichten, die Stoffe mit »Aluminium« enthalten.

> Natürliche Bergkristall- oder Alaundeos sind keine gute Alternative. Sie bestehen aus Aluminiumkaliumsulfat, einem Doppelsatz von Kalium und Aluminium, und enthalten daher noch mehr Aluminium als synthetisch hergestellte Antitranspirants.

Konservierungsstoffe, Parabene und Formaldehyde

Wenn Kosmetikprodukte Wasser enthalten – was meistens der Fall ist –, sind sie anfällig für Bakterien und Schimmelsporen. Um dies zu vermeiden, werden Konservierungsstoffe, Parabene und Formaldehyde eingesetzt. Diese Stoffe machen Kosmetika also länger haltbar, haben jedoch auch Nebenwirkungen in unserem Körper. Parabene beispielsweise wirken im Körper ähnlich wie das weibliche Hormon Östrogen, deshalb sind sie besonders gefährlich für Schwangere, Ungeborene, Frauen, Jugendliche in der Pubertät und Kleinkinder. Parabene können sich im Körper ablagern und anreichern und stehen deshalb im Verdacht, krebserregend zu sein.

Der Konservierungsstoff Triclosan wirkt geruchshemmend und antibakteriell, kann aber Kontaktallergien auslösen. Ähnlich wie Mikroplastik kann Triclosan in Kläranlagen nicht aus dem Wasser gefiltert werden und landet somit schnell in der Umwelt, wo es Fische und Algen schädigt oder unter Lichteinstrahlung andere toxische Verbindungen eingehen kann.

Formaldeyhd gilt als krebserregend, mutagen und allergieauslösend und lässt zudem die Haut schnell altern. Es findet sich oft in Nagellacken oder Haarglättungsmitteln, da es nicht nur konservierend wirkt, sondern auch Stoffe gut miteinander verbindet. Es ist nicht immer als Formaldehyd gekennzeichnet. Folgende Angaben in der Liste der Inhaltsstoffe weisen auf Formaldehyd hin: DMDM Hydantoin, Diazolidinyl Urea, Imidazolidinyl Urea, Bronopol, Quaternium-15, Sodium Hydroxymethylglycinate, Methenamine, 2-Bromo-2-nitropropane-1,3-diol, 2,4-Phthalates und 5-Bromo-5-nitro-1,3-dioxane.

Mineralöl und Paraffin

Es ist eine absurde Vorstellung, dass wir uns Mineralöl auf die Haut schmieren. Aber tatsächlich ist Mineralöl, das auch Paraffinum oder Petrolatum genannt wird, ein sehr häufiger Inhaltsstoff in Kosmetik. Auf den ersten Blick lässt es die Haut oder die Lippen glatt wirken. Dabei funktioniert es jedoch wie eine Art Versiegelung: Die Poren werden komplett geschlossen, und der Inhaltsstoff legt sich wie ein Film über die Haut. Man hat das Gefühl, man pflegt die Haut, tatsächlich aber wird die Haut langfristig ausgetrocknet. Dabei wird genau der Mangel verstärkt, den man mit der Creme eigentlich beheben wollte. Vor allem Produkte für die Lippen enthalten häufig Mineralöl. Für die Hersteller haben Petrolatum, Vaseline, Paraffin, Ozokerit, Ceresin und die anderen mineralölbasierten Stoffe nur Vorteile: Sie lassen sich leicht verarbeiten, sind günstig, lange haltbar und lösen in der Anwendung so gut wie keine Allergien aus. Noch ist nicht bewiesen, dass erdölbasierte Inhaltsstoffe tatsächlich in den Körper gelangen können. Wer sichergehen möchte, meidet Produkte mit diesen Inhaltsstoffen auf jeden Fall für Lippen oder verletzte Hautstellen. Denn dort ist die Wahrscheinlichkeit am höchsten, dass die Substanzen in den Körper gelangen.

Paraffin lässt Haut oder Lippen glatt wirken. Tatsächlich aber trocknet es die Haut langfristig aus. Dabei wird genau der Mangel verstärkt, den man mit der Haut- oder Lippenpflege eigentlich beheben wollte.

Am besten meidet man diesen Inhaltsstoff ganz, denn erdölbasierte Inhaltsstoffe enthalten oft Verbindungen, die als MOSH (Mineral Oil Saturated Hydrocarbons) oder MOAH (Mineral Oil Aromatic Hydrocarbons) bezeichnet werden. Die europäische Behörde für Lebensmittelsicherheit nimmt an, dass diese gesättigten oder aromatischen Mineralölkohlenwasserstoffe krebserregende und sogar erbgutverändernde Wirkung haben.

Silikone

Silikone findet man oft in Haarpflegeprodukten. Sie machen mattes Haar glänzend oder lassen splissige Enden verschwinden. Ähnlich wie mineralölbasierte Inhaltsstoffe legen sie sich um das Haar und glätten die Oberfläche. Silikone bringen ungesundes Haar zum Glänzen, und weil das so gut funktioniert, verwendet man das tolle Shampoo wieder und wieder. Damit macht man das Haar quasi abhängig von dem Shampoo. Früher wurden Silikone eingesetzt, die nicht wasserlöslich sind. Das hatte zur Folge, dass sich das Haar

mit Silikon anreichert und dann strähnig und matt wird. Aber auch in Hautcremes glänzen Silikone mit tollen Eigenschaften. Sie machen Produkte lange haltbar und günstig. Davon profitieren vor allem die Hersteller, weniger wir Verbraucher. Produkte, die Silikone enthalten, sorgen für Glanz, Geschmeidigkeit und Glätte. Damit behandelte Haut, Lippen oder Haare fühlen sich zunächst einmal wunderbar an, und man denkt, dass das gekaufte Produkt wirkt. Tatsächlich erreichen wir mit Haarpflege, Lippenstiften, Sonnenschutz und Anti-Aging-Cremes auf Silikonbasis aber langfristig genau das Gegenteil. Bestandteile des Silikons gelangen über unser Abwasser auch in die Umwelt und landen im schlimmsten Fall in unserer Nahrungskette, da sie in Kläranlagen nicht herausgefiltert werden können. So sind sie nicht nur schlecht für Haut und Haare, sondern auch für die Umwelt.

Tenside und Sulfate

Fast alles, was schäumt, enthält Tenside. Tenside sind attraktiv für die Kosmetikindustrie, weil sie die Oberflächenspannung von Flüssigkeiten herabsetzen und dadurch Schmutz sehr gut lösen. Außerdem sorgen sie dafür, dass sich Schaum bildet, und gaukeln uns damit vor, dass das Shampoo oder Duschgel besonders gut reinigt. Es gibt auch natürliche Tenside, bedenklich sind nur die synthetischen, die wir beispielsweise in Schaumbädern oder Duschgels finden. Das Tensid SLS (Sodium Lauryl Sulfate) steht im Verdacht, krebserregend zu sein. Außerdem reinigt es so hervorragend, dass es unserer Haut sogar schaden kann, sie austrocknet und so zum Beispiel Schuppen verursacht. In hohen Mengen wirkt SLS toxisch auf alles, was im Wasser lebt. Wenn ein Inhaltsstoff mit »-sulfate« gekennzeichnet ist, kann man davon ausgehen, dass es ein stärkeres Tensid ist. Mildere Tenside erkennt man an dem Zusatz »Glucoside« oder »Betain«.

Duftstoffe und Parfüm

Düfte sind etwas Wunderbares. Sie können die Sinne beleben und werden beispielsweise in der Aromatherapie aufgrund ihrer positiven Wirkung eingesetzt. Es gibt allerdings viele Menschen, bei denen Duftstoffe Allergien auslösen. Sie sollten besser zu Produkten mit dem Zusatz »parfümfrei« greifen. Aber auch hier ist Vorsicht angebracht, denn selbst dann können Duftstoffe enthalten sein. Denn befindet sich ein Inhaltsstoff auf der Liste, der nicht nur parfümierend wirkt, sondern eine zweite, zum Beispiel medizinische, Wirkung hat, kann er aus diesem Grund trotzdem verwendet werden, und das Produkt gilt weiterhin als »parfümfrei«. Es steht also »parfümfrei« drauf, aber es ist Parfüm drin. Da Duftstoffe zu den zweithäufigsten Auslösern von Kontaktallergien und Unverträglichkeiten gehören, sollte man auf diese Inhaltsstoffe besonders gut achten. Duftstoffe verursachen manchmal auch Pigmentstörungen, da sie unter Sonneneinstrahlung phototoxisch wirken. Bei den Duftstoffen spielt es kaum eine Rolle, ob sie natürlich oder synthetisch sind. In Naturkosmetik sind jedoch keine anderen synthetischen Stoffe enthalten, die zusätzlich zum Duftstoff die Haut auch noch austrocknen oder auf andere Art reizen. Wer nicht auf Duft verzichten will, greift also besser zu natürlichen Düften und trägt den Duft nicht direkt auf die Haut auf. Besonders bei synthetischen Düften und Parfüms sollte man lieber etwas vorsichtig beim Auftragen sein, denn sie enthalten meist noch viele weitere synthetische Inhaltsstoffe, die die Haut reizen können.

Neustart mit Naturkosmetik?

Ähnlich wie bei Eco Fashion haben viele auch gegenüber Naturkosmetik Vorurteile. Sie betreffen vor allem die dekorative Kosmetik, also alles, was man zum Schminken benutzt. Dennoch ist der Marktanteil von Naturkosmetik in Deutschland von 2012 bis 2018 von 6,9 Prozent auf 10,1 Prozent gestiegen. Eine Statista-Studie aus dem Jahr 2019 hat erforscht, nach welchen Kriterien Kosmetik- und Körperpflegeprodukte gekauft werden. Dabei standen Duft (59 Prozent) und Qualität (58 Prozent) zwar ganz oben auf der Rangliste. Aber immerhin 51 Prozent wählen ihre Produkte nach der Hautverträglichkeit aus, 35 Prozent nach Inhaltsstoffen (zum Beispiel keine Silikone), 24 Prozent achten auf Nachhaltigkeit, und 17 Prozent kaufen vor allem Bio- und Naturkosmetik (Mehrfachnennungen waren möglich). Naturkosmetik ist also für immer mehr Menschen eine Alternative.

Der Marktanteil von Naturkosmetik ist in Deutschland von 2012 bis 2018 von 6,9 Prozent auf 10,1 Prozent gestiegen.

Will man Naturkosmetik gerecht werden, muss man fairerweise darauf hinweisen, dass vor allem Schminkprodukte nicht immer dieselben Supereffekte aufweisen können wie herkömmliche Produkte. Allerdings müssen wir uns ehrlich fragen: Brauchen wir wirklich den superglossy Lippenstift oder das Make-up, das alle Hautunreinheiten und Falten verschwinden lässt? Wäre es nicht besser, uns rundherum zu pflegen und unserem Körper nur das Beste zu geben? Vor allem, wenn wir wissen, dass viele Inhaltsstoffe herkömmlicher Produkte uns nur kurzfristig einen Effekt vortäuschen und sogar unserer Gesundheit schaden können?

Natürliche Beautytipps

Viel Trinken,

gesunde Ernährung,

guter und ausreichender Schlaf,

viel Lachen,

wenig Stress

und eine selbstliebende Einstellung zu sich selbst ...

... sorgen für eine tolle Ausstrahlung und innere Schönheit, die selbst die teuerste Creme nicht herbeizaubern kann.

10 Gründe, auf Naturkosmetik umzusteigen

Es gibt viele Gründe, warum es sich lohnt, auf kontrollierte und zertifizierte Naturkosmetik umzusteigen. Das gelingt sicherlich nicht von heute auf morgen, aber nach und nach kannst du den Inhalt von Badezimmerschrank, Schminkkasten & Co. austauschen.

1 Natur liegt im Trend

Im gesamten Markt für nachhaltige Produkte hat sich sehr viel getan, so auch in der Naturkosmetikbranche. Das Klischee von erdfarbenen Tönen in altbackener Verpackung gilt längst nicht mehr. Mittlerweile gibt es viele neue, moderne und frische Marken, die sehr hochwertige Naturkosmetik in großer Auswahl herstellen, ganz gleich, ob Rasiercreme, Lippenstift oder Zahnpasta.

2 Natur ist das Beste für die Natur und deine Haut

Zwar enthält konventionelle Kosmetik auch natürliche Inhaltsstoffe. Sie werden jedoch bei der Herstellung chemischen Prozessen ausgesetzt und mit anderen, nicht natürlichen Inhaltsstoffen vermischt. In Naturkosmetik sind hingegen nur natürliche Stoffe enthalten, die so naturbelassen wie möglich im Produkt landen, ohne dass chemische Zusatzstoffe beigesetzt werden. Darüber hinaus kommen die Inhaltsstoffe aus biologischem Anbau oder Wildsammlungen, die ebenfalls zertifiziert sind. Der Bio-Anteil wird in der Kennzeichnung transparent dargestellt.

3 Kein Mineralöl

Mineralöl in verschiedenen Formen ist ein häufiger Inhaltsstoff konventioneller Kosmetika. Kurzfristig führen Silikone, Paraffine & Co. zu tollen Effekten, langfristig schaden sie uns und sind sogar kontraproduktiv, weil sie Haut und Haar austrocknen. Tatsächlich gibt es natürliche Alternativen, die wirklich pflegen, leider aber etwas teurer sind. Pflanzliche Öle und Wachse pflegen unsere Haut und binden die Feuchtigkeit. Pflanzliche Öle und Fette haben viele weitere wertvolle Wirkstoffe und versorgen uns mit hochwertigen Fettsäuren.

4 Keine synthetischen Konservierungsstoffe

Um Produkte haltbar zu machen, verwendet Naturkosmetik Alternativen wie Bio-Alkohol, Heilpflanzenauszüge oder ätherische Öle. Da die Keime oft über uns Konsumenten in das Produkt kommen, sind die Verpackungen für Naturkosmetik so designt, dass die Öffnungen möglichst klein sind und die Produkte ohne direkten Hautkontakt entnommen werden können (siehe S. 99-101).

5 Kein Plastik

Mikroplastik und »Microbeads« sind bei Naturkosmetik zu 100 Prozent ausgeschlossen. Sie sind auch gar nicht nötig, denn es gibt genug Alternativen, die gut für unsere Haut und für die Umwelt sind. Um Peeleffekte zu erreichen, werden beispielsweise Kaffeepulver, gemahlene Olivenkerne, Tonerden oder auch Jojobaperlen verwendet.

6 Keine Tierversuche

Seit 2013 ist es in der EU verboten, Kosmetikprodukte zu verkaufen, die in Tierversuchen getestet wurden. Das klingt gut, aber leider bezieht sich dieses Verbot nur auf Inhaltsstoffe, die ausschließlich für Kosmetik benutzt werden. Manche Inhaltsstoffe werden jedoch auch zur Herstellung von Medikamenten verwendet. Diese dürfen auch weiterhin an Tieren getestet werden. Solche Stoffe dürfen in Deutschland auch in Kosmetik enthalten sein. Wir als Konsumenten können uns also nicht sicher sein, dass herkömmliche Kosmetika tierversuchsfrei sind. Bei Naturkosmetik ist das anders: Viele Marken steigen auf eine vegane Produktion um, andere Marken, die beispielsweise Honig oder Milch verwenden, haben ein sorgfältig ausgewähltes Lieferantennetzwerk, das hohen Standards genügt. Inhaltsstoffe, die aus toten Tieren bestehen, wie tierische Fette, Collagen, Nerzöl oder auch Frischzellen, sind ebenfalls nicht erlaubt. Bei den meisten Naturkosmetiksiegeln sind Rohstoffe verboten, die nach dem 1. Januar 1998 an Tieren getestet wurden. Beim Peta-Siegel ist der Stichtag sogar das Jahr 1979.

7 Faire Produktion

Viele Naturkosmetikhersteller sehen die Produktion als einen ganzheitlichen Beitrag zu einem guten Produkt. So lässt der Bundesverband der Industrie- und Handelsunternehmen (BDIH) nur Hersteller zu, die fair und sozial produzieren. Sehr viele Naturkosmetikunternehmen gehen hier sogar noch einige Schritte weiter und unterstützen landwirtschaftliche Kooperativen oder bieten Hilfe zur Selbsthilfe in strukturschwachen Regionen an. Außerdem arbeiten sie oft mit Umweltschutzorganisationen zusammen, da nicht schnelle Erträge, sondern eine langfristige und zukunftsfähige Entwicklung im Fokus steht. Faire Löhne, faire Arbeitsbedingungen und eine ökologische Produktion sind die Grundpfeiler für faire Produkte.

8 Nachhaltige Verpackung

Da bei zertifizierter Naturkosmetik der Umweltschutz eine große Rolle spielt, schenken die Hersteller auch dem Thema nachhaltige Verpackung mehr Aufmerksamkeit. Wie bei Lebensmitteln muss auch bei der Kosmetik die Verpackung sehr vielen Ansprüchen gerecht werden: Das Produkt muss vor Oxidation und Keimen geschützt werden, das Material darf keine Inhaltsstoffe an den Inhalt abgeben, und nicht zuletzt muss die Verpackung Platz für Branding und Information bieten. Dennoch gilt es, unnötige Verpackung so weit wie möglich zu vermeiden und ressourcenschonende Materialien zu verwenden. Ideal wäre es, Verpackungen zu schaffen, die keinen Müll erzeugen (Cradle-to-cradle-Prinzip).

Da bei zertifizierter Naturkosmetik der Umweltschutz eine große Rolle spielt, schenken die Hersteller auch dem Thema nachhaltige Verpackung mehr Aufmerksamkeit.

Dieser Ansatz kommt bei Kosmetik allerdings irgendwann an seine natürliche Grenze. Denn eine Creme kann man einfach nicht ohne Verpackung verkaufen. Auch gesetzliche Bestimmungen schränken die Reduzierung ein, denn die Inhaltsstoffe müssen ja auf der Verpackung aufgelistet werden. Aber auch schon leichtere oder kreislauffähige, recyclebare und Mehrwegverpackungen sind besser als vieles, was der konventionelle Handel verwendet. Das Gewicht der Verpackung kann übrigens beim Transport eine Rolle spielen (siehe S. 100). Deshalb ist Glas leider nicht immer die Lösung, denn aufgrund seines Gewichts hat es beim Transport eine schlechte CO_2-Bilanz. Die Naturkosmetikbranche setzt ihre Ansprüche an Verpackung besonders hoch und achtet schon bei der Herstellung der Verpackung auf den Ressourcenverbrauch, den Einsatz regenerativer Energien, kurze Transportwege, Abfallvermeidung und die spätere Entsorgung und Verwertung.

Zu Zero-Waste-Verpackung und plastikfreien Alternativen siehe S. 175.

9 Für das gute Gefühl

Naturkosmetikprodukte wirken manchmal vielleicht nicht unmittelbar genauso wie konventionelle Produkte. Ich habe zum Beispiel noch nicht das für mich perfekte Naturkosmetikshampoo gefunden. Dennoch fühlt es sich besser an, Naturkosmetik zu verwenden. Es ist wie beim Essen: Fast Food kann sehr gut schmecken, aber wenn wir ehrlich sind, fühlen wir uns danach nicht gut. Auch wenn ich nicht immer Lust auf Salat habe, fühle ich mich danach immer besser. Und je leckerer der Salat schmeckt, desto leichter fällt es mir, die Pommes zu vergessen.

10 Hohe Transparenz

Zertifizierte Naturkosmetik ist anhand verschiedener Siegel, die klare und strenge Richtlinien für die Herstellung haben, leicht zu erkennen. Sowohl die Siegel selbst als auch die meisten Marken, die ihre Produkte zertifizieren lassen, stellen ihre Richtlinien transparent dar. Viele Marken tragen gleich mehrere Siegel und informieren detailliert über ihre Rohstoffe, Produktion und Philosophie.

Natürliche Seife mit wertvollen Inhaltsstoffen, z.B. von Terrorists of Beauty

Janine Werth

Geschäftsführerin
von Werte Freunde

Janine Werth führt in Hamburg einen Eco Concept Store namens »Werte Freunde«. Das Besondere dort ist die gute Mischung. Es gibt sowohl Naturkosmetik zu kaufen als auch sehr gute Beratung und Naturkosmetikbehandlungen. Außerdem findet man bei Werte Freunde eine sehr schöne Auswahl an Eco Fashion für Frauen und Männer.

Wenn man auf Naturkosmetik umsteigen möchte: Wo fängt man an? Wie findet man die richtigen Produkte, die zu einem passen?

Einfach machen! Man braucht keine Angst vor dem Umstieg auf Naturkosmetik zu haben. Ich würde zunächst einmal die Produkte, die leer geworden sind, ersetzen. Step by step. Ich finde es auch wichtig, dass man Lieblingsprodukte nicht sofort zwanghaft versucht auszutauschen. Man sollte sich Zeit lassen. Schließlich ist die Pflege unseres Körpers ja auch eine sehr intime Angelegenheit.

Ist Naturkosmetik auch für Menschen mit Problemhaut wie Akne oder Allergien geeignet?

Auf jeden Fall! Es gibt für jede Haut auch die richtige Pflege in der Naturkosmetik. Eine gute Beratung, gerade wenn man keine unkomplizierte Haut hat, würde ich vorab empfehlen. Gerade im Bereich Akne kann Naturkosmetik übrigens Wunder in Form von schnellerer Entgiftung und Heilung bewirken. Die sensible Haut sollte auf jeden Fall weitestgehend auf ätherische Öle in der Kosmetik verzichten.

Bei manchen Produkten wie etwa Shampoo fällt die Umstellung manchmal etwas schwerer. Hast du einen Tipp, was die Umstellung erleichtert?

Bei der Haarpflege würde ich anfangs auf Premiumprodukte umsteigen. Sie pflegen die Haare zu Beginn intensiver, und so kommt einem die Entwöhnung von Silikon & Co. nicht so hart und umständlich vor. Sobald die Haare die Detox-Phase hinter sich haben, kann man dann auch zu günstigeren Alternativen greifen.

Hat Naturkosmetik auch Nachteile? Manchmal hört man, es sei zu viel Alkohol enthalten oder Glycerin.

Alle unsere täglichen Entscheidungen können Nachteile für uns haben. So auch bei der Kosmetik. Alles, was unsere Haut berührt, könnte auch schlecht für uns sein. Alkohol oder Glycerin sind per se nicht schlecht. Es kommt immer auf die Konzentration an oder welche Funktion der Inhaltsstoff in dem Produkt hat. Glycerin wirkt erst ab einer Konzentration von mehr als fünf Prozent in einer Rezeptur als austrocknend. Jeder Inhaltsstoff in der zertifizierten Naturkosmetik übernimmt eine Rolle in einer Rezeptur. Wenn man es so clean wie möglich möchte, sollte man sich Produkte ohne Wasser und mit so wenig Inhaltsstoffen wie möglich heraussuchen.

Viele große Marken wie zum Beispiel Garnier stellen Teile ihres Sortiments um und werben mit natürlicher Kosmetik. Wie stehst du dazu?

Solange kein Greenwashing im Spiel ist und Verbraucherinnen und Verbraucher nicht an der Nase herumgeführt werden, finde ich es toll. Alles, was die Begehrlichkeit für echte Naturkosmetik und somit den Anbau von bio-logisch-dynamischen Rohstoffen steigert, ist ein Schritt in die richtige Richtung.

Was ist mit Kosmetik, die nicht zertifiziert ist. Kann die trotzdem gut sein? Worauf sollte man achten?

Ich bin kein Fan davon, die Kosmetikindustrie generell schlechtzumachen. Es gibt auch tolle Rohstoffe aus dem Reagenzglas, die uns si-cher nicht schaden. Jeder muss für sich selbst entscheiden, was er mag und was er nicht mag. Ich bin ein Fan der echten Naturkosme-tik, auch weil ich damit aufgewachsen und ein Teil der Bio-Bewegung in Deutschland bin. Ich sehe auch nicht nur eine Tagescreme vor mir,

sondern die Gründerinnen und Gründer hinter den Marken und deren großen Einsatz für Naturkosmetik und somit auch eine gesunde Natur, die nur so vor Vielfältigkeit blüht.

Was bedeutet Schönheit für dich?

Zufriedenheit. Zufriedene Menschen strah-len vor Glück, und das ist nicht nur schön, sondern auch ansteckend. Mein Tipp: sich mit zufriedenen Menschen umgeben. Meist über-trägt sich das auch auf einen selbst.

Hast du *den* Beauty-Tipp für uns?

Wir sollten nicht unterschätzen, wie wichtig es ist, die Haut gründlich zu reinigen. Es ist der wichtigste Schritt in unserer Beauty-Routine. Wenn man Make-up und/oder täglich Sonnen-schutz trägt, sollte man seine Haut am Abend unbedingt zwei Mal reinigen (Double Clean-sing). Eventuell erst mit einem Öl und dann einem Schaum. Je nach Hauttyp und Vorlieben kann man hier variieren. Abschminktücher ge-hören meiner Meinung nach übrigens verboten.

Wie erkenne ich Naturkosmetik?

In den Regalen von Drogerien und Kosmetikabteilungen in Kaufhäusern stehen sehr viele Kosmetikprodukte, die laut Verpackung Naturkosmetik beinhalten. Für uns Verbraucher ist oft nicht leicht zu erkennen, ob es sich dabei tatsächlich um Naturkosmetik handelt. Denn die Begriffe »Biokosmetik« oder »Naturkosmetik« sind in Deutschland rechtlich nicht geschützt. Als »Naturkosmetik« werden oft sehr unterschiedliche Produkte angeboten. Es gibt beispielsweise naturnahe Kosmetik, die nicht zertifiziert ist, aber im besten Fall ohne synthetische Stoffe auskommt und auf natürliche Inhaltsstoffe setzt. Manche Kosmetikmarken rücken jedoch auf der Verpackung einen Inhaltsstoff in den Mittelpunkt, der für Verbraucher als natürlich gilt, wie zum Beispiel Aloe Vera, verwenden für das Produkt aber trotzdem auch synthetische Inhaltsstoffe. Und leider vermittelt oft auch herkömmliche Kosmetik, die wirklich gar nichts mit Naturkosmetik zu tun hat, optisch den Eindruck, dass es sich um Naturkosmetik handelt. Ein grünes Blatt auf der Verpackung bedeutet jedoch noch lange nicht, dass tatsächlich Naturkosmetik enthalten ist. Um den Überblick zu behalten, helfen Siegel, anhand derer du erkennen kannst, ob es sich beispielsweise um Bio- und Naturkosmetik, vegane und tierversuchsfreie Kosmetik, Kosmetik für Allergiker oder faire Kosmetik handelt. Mithilfe der einprägsamen Siegel, die man auf der Verpackung schnell erkennt, findet man auf einen Blick das richtige Produkt und lässt Produkte mit »Pseudosiegeln« links liegen.

> **Ein grünes Blatt auf der Verpackung bedeutet noch lange nicht, dass tatsächlich Naturkosmetik enthalten ist.**

Bio- und Naturkosmetiksiegel

BDIH Standard

Dieses Siegel wird vom Bundesverband der Industrie- und Handelsunternehmen für Arzneimittel, Reformwaren, Nahrungsergänzungsmittel und kosmetische Mittel e.V. (BDIH) weltweit vergeben. Momentan gibt es circa 10 000 gelabelte Produkte, darunter Cremes, Seifen, Shampoos, Duschgels und viele andere mehr. Produkte, die das Siegel tragen, genügen folgenden Anforderungen:

• Sie verwenden keine gentechnisch veränderten Organismen.
• Sie enthalten keine künstlich hergestellten Farb- und Duftstoffe,

Paraffine, Silikone und andere Mineralölprodukte.
- Es gibt keine Tierversuche bei der Herstellung, Entwicklung und Prüfung der Endprodukte. Rohstoffe, die nach dem 31.12.1997 an Tieren getestet wurden, sind ebenfalls verboten.
- Sie enthalten keine Rohstoffe aus toten Wirbeltieren.
- Bestimmte tierische Stoffe wie Milch oder Honig sind erlaubt.
- Bestimmte pflanzliche Rohstoffe wie Palmöl, Jojobaöl, Olivenöl und Kokosöl werden nur zugelassen werden, wenn sie aus zertifiziert ökologischem Anbau stammen.
- Alle anderen Rohstoffe müssen überwiegend aus kontrolliert biologischem Anbau kommen.
- Die Produkte müssen ressourcen- und umweltschonend hergestellt werden, und auch die Verpackung muss aus recycelbaren Materialien bestehen.

Da das BDIH-Standard-Label nicht automatisch vegan ist, findet man es bei veganen Produkten oft in Kombination mit anderen veganen Siegeln.

Natrue-Siegel

Die Begriffe Biokosmetik und Naturkosmetik sind in Deutschland nicht rechtlich geschützt. Das Natrue-Siegel hilft seit 2008, echte Natur- und Biokosmetik zu erkennen. Der nach belgischem Recht eingetragene Verein Natrue ist nicht gewinnorientiert. Bekannte Naturkosmetik-Marken wie Weleda, Dr. Hauschka, Primavera, Farfalla oder Logocos sind Mitglieder des 2007 gegründeten Vereins. Ähnlich wie das BDIH-Siegel ist das Natrue-Siegel, das mit drei Zertifizierungsstufen arbeitet, sehr vertrauenswürdig. Produkte, die das Siegel tragen, genügen folgenden Anforderungen:

- Sie enthalten keine synthetischen Inhaltsstoffe.
- Naturidentische Inhaltsstoffe wie beispielsweise Mineralien, die im Labor reproduziert wurden und auch so in der Natur vorkommen, sind möglich. Diese Stoffe sind jedoch nur erlaubt, wenn sie zur Verbrauchersicherheit (Konservierung) beitragen oder helfen, die Reinheit anderer Inhaltsstoffe zu wahren.
- Naturnahe Inhaltsstoffe sind chemisch gewonnene Inhaltsstoffe, wenn sie aus ausschließlich natürlichen Inhaltsstoffen bestehen.
- Natürliche Inhaltsstoffe sind nicht verändert worden, können aber fermentiert oder durch physikalische Prozesse gewonnen werden.

Eine Besonderheit des Siegels ist, dass nicht einzelne Produkte zertifiziert werden können. Vielmehr bekommen Produkte das Siegel nur, wenn mindestens 75 Prozent der Produkte einer Produktreihe die Kriterien erfüllen. Darüber hinaus wird das Siegel in drei verschiedenen Kategorien mit jeweils unterschiedlichen Anforderungen vergeben:

1. **Naturkosmetik:** Hierfür gelten die oben genannten Grundanforderungen.
2. **Naturkosmetik mit Bioanteil:** Es gelten die Grundanforderungen der Naturkosmetikdefinition, und zusätzlich müssen 70 Prozent der Inhaltsstoffe aus kontrolliert biologischem Anbau oder kontrollierter Wildsammlung stammen.
3. **Biokosmetik:** Es gelten die Anforderungen der Naturkosmetik mit Bioanteil, und zusätzlich müssen 95 Prozent der natürlichen bzw. naturnahen Inhaltsstoffe aus kontrolliert biologischem Anbau oder kontrollierter Wildsammlung stammen.

Je höher die Zertifizierungsstufe, desto strenger sind die Grenzwerte. Natrue-zertifizierte Produkte sind nicht zwangsläufig vegan, aber tierversuchsfrei. Inhaltsstoffe wie Milch, Bienenwachs und Honig sind erlaubt.

Ecocert Kosmetik Standard
Ecocert zertifiziert seit Januar 2017 alle neuen Kosmetikprodukte nur noch nach dem COSMOS-Standard, der den Ecocert Kosmetik Standard ablösen wird. Produkte, die vor dem Januar 2017 zertifiziert wurden, dürfen weiterhin ihr Ecocert-Siegel behalten. Produkte, die das Siegel tragen, genügen folgenden Anforderungen:

- Sie wurden ohne Tierversuche hergestellt.
- Tierische Inhaltsstoffe sind nur erlaubt, wenn es keine pflanzlichen Alternativen gibt.
- Tierische Inhaltsstoffe dürfen nicht von gefährdeten Arten stammen oder Auswirkungen auf das ökologische Gleichgewicht haben. Die Gewinnung von tierischen Inhaltsstoffen darf dem Tier weder Stress noch Schmerzen zufügen.
- Die Inhaltsstoffe müssen natürlichen Ursprungs sein und nicht aus Erdöl oder Erdgas gewonnen werden.
- Maximal fünf Prozent der Inhaltsstoffe dürfen synthetisch sein; Konservierungsmittel wie Benzoesäure oder Benzylalkohl sind erlaubt.
- Die Produkte dürfen keine Nanopartikel (Mikroplastik) enthalten.
- Es dürfen keine gentechnisch veränderten Stoffe verwendet werden.

Ecocert unterscheidet zwischen Natur- und Biokosmetik.

- Bei Naturkosmetik muss mindestens die Hälfte der pflanzlichen Inhaltsstoffe aus kontrolliert biologischem Anbau stammen sowie mindestens fünf Prozent der gesamten Inhaltsstoffe.
- Bei Biokosmetik müssen mindestens 95 Prozent der pflanzlichen Inhaltsstoffe aus kontrolliert biologischem Anbau kommen sowie mindestens zehn Prozent der gesamten Inhaltsstoffe.
  Ecocert legt auch Wert auf die Verpackung. Sie muss möglichst

wiederverwendbar sein, und bestimmte Materialien wie Treibgase, PVC oder Material aus totem Tier sind verboten. Darüber hinaus müssen sowohl die Produktion als auch das Unternehmen als Ganzes bestimmte Kriterien erfüllen. So müssen beispielsweise alle verwendeten Materialien rückverfolgt werden können und im Betrieb verwendete Reinigungs- sowie Desinfektionsmittel ebenfalls von Ecocert zertifiziert sein. Auch das Abfall- und Energiemanagement des Unternehmens wird bei der Vergabe des Zertifikats berücksichtigt.

COSMOS
NATURAL

COSMOS-Standard

Um diesen internationalen Naturkosmetikstandard zu entwickeln, haben sich die europäischen Zertifizierer BDIH, Ecocert, Cosmebio, ICEA und Soil Association zusammengetan. Zertifizierte Kosmetik enthält auf Verpackungen den Zusatz »COSMOS Natural« für Naturkosmetik oder »COSMOS Organic« für Naturkosmetik in Bioqualität, wobei 95 Prozent der verwendeten pflanzlichen Inhaltsstoffe aus kontrolliert biologischer Landwirtschaft stammen müssen. Momentan sind über 25 000 Produkte von 2000 Unternehmen aus 45 Ländern zertifiziert. Die Zertifizierungsstandards sind den Standards der Mitglieder, also zum Beispiel dem Ecocert Kosmetik Standard, sehr ähnlich. Seit Januar 2017 dürfen alle neuen Kosmetikprodukte der fünf Gründungsmitglieder nach dem COSMOS-Standard zertifiziert werden. Produkte, die vor dem Januar 2017 zertifiziert wurden, dürfen weiterhin beispielsweise ihr Ecocert-Siegel oder BDIH-Siegel behalten. Das entscheiden die Naturkosmetikunternehmen selbst, was der Grund dafür ist, dass die einzelnen Mitgliedssiegel hier trotzdem aufgeführt werden. Nur bei einer Rezepturänderung muss verbindlich nach dem COSMOS-Standard zertifiziert werden. Ziel ist es, einen einheitlichen Standard zu schaffen, der auch dem Verbraucher die Orientierung erleichtert.

Vegane und tierversuchsfreie Siegel

Human Cosmetic Standard (Leaping Bunny)

Es ist das bisher einzige internationale Siegel, das von einem internationalen Verbund von Tierschutzorganisationen entwickelt wurde. Unternehmen, deren Produkte mit dem Siegel ausgezeichnet werden, dürfen keine Verbindung zu Unternehmen haben, die Tierversuche durchführen. Darüber hinaus haben sie sich selbst verpflichtet, ab einem bestimmten Stichtag keine Tierversuche für ihre Produkte durchzuführen oder durchführen zu lassen. Alle Rohstoffe, die nach dem 1. Januar 1979 auf den Markt kamen und mit Tierversuchen getestet wurden, dürfen nicht verwendet werden. Auch Bestandteile, die von toten Tieren gewonnen werden, wie Keratin und Kollagen, oder die von gequälten Tieren stammen, wie Schellack und Seide, sind nicht erlaubt.

Veganblume

Das von der Vegan Society vergebene, sehr weit verbreitete Siegel kennzeichnet Produkte, für die Tierversuche weder durchgeführt noch in Auftrag gegeben worden sind. Das gilt für alle enthaltenen Rohstoffe. Inhaltsstoffe tierischen Ursprungs sind ganz verboten. Dennoch gibt es bei dem Siegel einen kleinen Wermutstropfen. Produkte, die das Siegel tragen, können zum Beispiel nach China exportiert und dort dann in Tierversuchen getestet werden. Diese Versuche werden dann nicht vom Hersteller, sondern beispielsweise von der chinesischen Regierung in Auftrag gegeben. Bei anderen Siegeln wird es den Herstellern untersagt, ihre Produkte zu diesem Zweck in solche Länder zu exportieren.

Drei Tipps für tierfreundliche Kosmetik

Bio ist nicht unbedingt vegan und umgekehrt
Man muss zwischen bio und vegan unterscheiden, denn es gibt Rohstoffe aus kontrolliert biologischem Anbau, die eben nicht vegan sind, wie zum Beispiel Honig oder Bienenwachs. Umgekehrt gibt es vegane Produkte, die nichts mit Naturkosmetik zu tun haben.

Nicht jede Marke kann sich ein Siegel leisten
Es lohnt sich, direkt bei der Marke nachzufragen, vor allem wenn es eine noch kleine oder neue Marke ist. Auch Marken ohne Siegel können tolle Naturkosmetikprodukte herstellen.

Hilfe beim Finden veganer Produkte
PETA hat eine sehr gute Liste erstellt, auf der ausschließlich Produkte zu finden sind, die ohne Tierversuche hergestellt werden und auch nicht in Länder exportiert werden, wo Tierversuche vorgeschrieben sind (https://kosmetik.peta.de). Auch die kostenlose App barcoo.com findet per Scan des Barcodes heraus, ob das Produkt tierversuchsfrei ist.

»Kaninchen unter schützender Hand«

Entwickelt vom Deutschen Tierschutzbund zusammen mit dem Internationalen Herstellerverband, gehen die Ansprüche dieses Siegels über
die gesetzlichen Bestimmungen hinaus und verbieten Tierversuche
an wirbellosen Tieren wie auch an Wirbeltieren. Auch hier dürfen die
Hersteller nicht in Verbindung zu Unternehmen stehen, die Tierversuche
durchführen oder in Auftrag geben. Dabei werden auch Konzernstruk-
turen berücksichtigt. Exporte in Länder, die Tierversuche durchführen,
sind nicht erlaubt, ebenso Importe aus diesen Ländern. Der Stichtag
1. Januar 1979 gilt auch hier: Es sind keine Rohstoffe erlaubt, die erst-
malig nach diesem Datum an Tieren getestet wurden.

Kosmetik für Allergiker

Für Allergiker und Asthmatiker ist es wichtig zu wissen, was in Pro-
dukten enthalten ist, denn bestimmte Inhaltsstoffe spüren sie sofort
körperlich, und manche Substanzen können sie unter Umständen sogar
in Lebensgefahr bringen. Das Label des deutschen Allergiker- und
Asthmabunds zeichnet aus, wenn die Inhaltsstoffe stark irritierende
Eigenschaften für sensible Haut oder hohes allergenes Potenzial haben.
In die Beurteilung fließt das Feedback von Allergikern, Asthmatikern und
Menschen mit Neurodermitis ein, die die Produkte freiwillig testen. Die
Produkte müssen von mindestens 80 Prozent der Tester hinsichtlich der
Hautverträglichkeit mit »gut« bewertet werden. Im Gegensatz zu den
anderen Naturkosmetiksiegeln sind synthetische Inhaltsstoffe erlaubt,
sofern nicht bekannt ist, dass sie allergen sind. Menschen mit empfind-
licher Haut, die nach Alternativen zur herkömmlichen Kosmetik suchen,
können sich an diesem Label orientieren. Konservierungsstoffe und
Farbstoffe, die als Kontaktallergene bekannt sind, Duftstoffe, Aroma-
stoffe und ätherische Öle, Inhaltsstoffe, die bereits in geringen Mengen
die Schleimhäute, Augen und Haut irritieren oder zu Kontaktallergien
führen, wie zum Beispiel Lanolin, sind nicht erlaubt.

Das Fairtrade-Siegel für Kosmetik

Wem es wichtig ist, dass die verwendeten Rohstoffe in Kosmetik fair gehandelt sind, kann auf dieses Siegel achten. Allerdings ist es bei Kosmetik bisher nicht sehr weit verbreitet, obwohl Inhaltsstoffe wie Kokosöl, Sheabutter, Palmöl oder Jojobaöl aus Lateinamerika, Asien oder Afrika kommen, wo schlechte Arbeitsbedingungen und niedrige Löhne leider oft noch ein großes Problem sind.

Folgende Standards gelten bei dem Fairtrade-Siegel für Kosmetik:

- Das Siegel darf bei Kosmetikprodukten nur mit dem Zusatz »mit Fairtrade-Zutaten« verwendet werden. Auch die Prozentzahl der zertifizierten Inhaltsstoffe und welche es sind, muss deklariert sein.

- Alle Inhaltsstoffe in dem Produkt, die als Fairtrade-Rohstoffe erhältlich sind, müssen auch Fairtrade-zertifiziert sein.

- Es wird unterschieden zwischen Produkten, die auf der Haut bleiben, und Produkten, die abwaschbar sind. Bei Produkten wie Creme oder Lotion müssen mindestens fünf Prozent der Inhaltsstoffe aus fairem Handel kommen. Bei Seife oder Duschgel müssen nur zwei Prozent der Inhaltsstoffe aus fairem Handel kommen, denn diese Produkte haben einen höheren Wasseranteil.

> Die oben genannten Naturkosmetik-Siegel achten ganzheitlich auf die Produktion. Faire Arbeitsbedingungen gehören zu den Grundpfeilern der Naturkosmetikphilosophie.

Gibt es Parfüm, Sonnencreme und Nagellack auch als Naturkosmetik?

Parfüm, Sonnencreme und Nagellack sind sehr häufig benutzte Kosmetika, über die es oft widersprüchliche Aussagen und Unsicherheit bei Verbrauchern gibt, die nach Naturkosmetikprodukten suchen. Worauf sollte man achten?

Parfüm

Parfüm ist ein Luxusartikel, etwas Besonderes. Je nach Konzentration der enthaltenen Duftöle werden sie als Parfüm, Eau de Parfum, Eau de Toilette oder Eau de Cologne bezeichnet. Ohne Parfüm das Haus zu verlassen, ist für viele Menschen schwer vorstellbar. Leider hat Parfüm in den meisten Fällen nicht mehr viel mit Rosenblüten oder Lavendelfeldern zu tun. Im Grunde zahlen wir meist viel Geld für synthetische Laborprodukte. Ökotest hat Parfüms getestet und herausgefunden, dass jedes zweite Parfüm ungesunde Duftstoffe enthält (Dezemberheft 2017). Während der schädliche UV-Filter Ethylhexyl Methoxycinnamat beispielsweise in Sonnencremes bereits verboten wurde, ist er in Parfüms noch erlaubt. Er sorgt dafür, dass das Parfüm auch bei Sonneneinstrahlung duftet. Ein weiterer bedenklicher UV-Filter ist der Stoff Benzophenone-1. Auch synthetische Moschusdüfte, die viele Parfüms enthalten, sind für uns potenziell allergieauslösend, krebserregend und hormonell wirksam. Darüber hinaus reichern sie sich in unserem Körper und in der Umwelt an. Sogar Weichmacher (Phthalate) sind in vielen Parfüms enthalten. Da viele Parfüms direkt auf der Haut tragen, damit es besser wirkt, lohnt es sich auch bei der Parfümauswahl auf natürliche

Alternativen umzusteigen. Bio-Parfüms, zum Beispiel von Walden, Abel, Taoasis, Weleda oder Farfalla, verwenden natürliche Inhaltsstoffe und sind inzwischen in großer Auswahl und tollen Düften erhältlich.

Sonnencreme

Es gibt bei Sonnencremes zwei Wirkmechanismen. Bei Sonnencremes mit chemischen UV-Filtern dringen diese in die oberste Hautschicht ein und wandeln dort die UV-Strahlen in unschädliche Wärmeenergie um. Leider stehen chemische UV-Filter in Verdacht, hormonell zu wirken. Das ist besonders gefährlich für Schwangere oder stillende Mütter. Darüber hinaus können sie Allergien auslösen. Die zweite Kategorie von Sonnencreme, die auch mineralische Sonnencreme genannt wird, enthält winzige Partikel von Titaniumoxid und Zinkoxid. Sie bilden auf der Haut eine Schutzschicht, denn die Metalloxide reflektieren Sonnenstrahlen wie kleine Spiegel. Mineralische Sonnencremes haben einen großen Nachteil: den Weißeffekt. Man trägt die Creme auf, und sie hinterlässt einen weißen Film. Um das zu verhindern und auch um einen höheren Lichtschutzfaktor zu erreichen, werden die schützenden Partikel verkleinert, manchmal auf Größen unter 100 Nanometer. Bisher ist nicht klar, wie Nanopartikel im Körper wirken, aber man weiß, dass sich Mineralien chemisch und physikalisch verändern können, wenn Nanotechnologie verwendet wird. Auch besteht die Gefahr, dass sie sich im Wasser lösen und somit negative Auswirkungen auf die Umwelt haben. Auch Sonnencremes mit chemischem UV-Filter enthalten zuweilen Nanopartikel und darüber hinaus andere synthetische Stoffe wie Parabene, Konservierungsstoffe oder Duftstoffe, die gerade beim Sonnenbaden nicht besonders gut für die Haut sind. Auch Mikroplastik ist in vielen herkömmlichen Sonnencremes enthalten.

Aus meiner Sicht haben herkömmliche Sonnencremes meist nur den Vorteil, dass sie sich etwas angenehmer (auf-)tragen lassen. Ich würde daher eine mineralische Sonnencreme verwenden, am besten als Naturkosmetik zertifiziert. Es gibt mittlerweile viele neue und bessere Produkte, die sich im Vergleich zu früheren mineralischen Sonnencremes super auftragen lassen. Seit 2013 müssen für Kosmetik hergestellte Nanopartikel bei den Inhaltsstoffen aufgeführt werden. Man erkennt sie an dem Zusatz »nano-«.

Nagellack und Nagellackentferner

Bei keinem anderen Kosmetikprodukt riecht man so schnell, dass die Inhaltsstoffe synthetisch sind, wie bei Nagellack und Nagellackentferner. Wie der Name schon sagt, handelt es sich um Lack. Die Unterschiede zwischen Autolack und Nagellack sind von der Zusammensetzung her relativ gering. Fast alle Nagellacke enthalten Mikroplastik, Lösungsmittel, Formaldehyd, Weichmacher, UV-Filter (Benzophenon-1) und viele andere Stoffe. Bereits zwei Stunden nach dem Auftragen von Nagellack auf dem Nagel sind schädliche Inhaltsstoffe im Körper nachweisbar. Wer nur vegane Produkte verwendet, muss vor allem

bei Nagellack genau hinschauen, da einige Farbstoffe tierischen Ursprungs sind. Häufig wird beispielsweise Karmin verwendet, ein roter Farbstoff, der aus Schildläusen gewonnen wird. Es gibt bisher keine Alternative zu herkömmlichen Nagellacken, die vollständig auf schädliche Inhaltsstoffe verzichten kann.

Bereits zwei Stunden nach dem Auftragen von Nagellack auf dem Nagel sind schädliche Inhaltsstoffe im Körper nachweisbar.

Sogenannte »free«-Varianten vermeiden immerhin bestimmte Inhaltsstoffe und sind oft vegan. Meist kommen aber auch Marken wie Treat Collection, OZN oder Nailberry trotzdem nicht ohne Mikroplastik oder den UV-Filter Benzophenon-1 aus, auch wenn sie auf viele andere schädliche Inhaltsstoffe verzichten. Die Marke gitti revolutioniert gerade den Nagellackmarkt mit einem wasserbasierten, veganen und geruchsneutralen Nagellack. Doch sogar dieser enthält Lösungsmittel, aber immerhin kein Mikroplastik und kein Benzophenon-1.

Bei Nagellackentferner sollte man auf jeden Fall darauf achten, dass das Produkt kein Aceton enthält. Darauf verzichten aber inzwischen die meisten Hersteller. Wer seinen Nägeln etwas Gutes tun will, greift beim Nagellackentferner besser zu Naturkosmetikmarken, die Alternativen entwickelt haben, die genauso gut funktionieren, dabei aber nicht unangenehm riechen und oft sogar noch pflegende Eigenschaften besitzen.

Dr. Stefan Siemer

Leiter des Unternehmens-
bereichs Nachhaltigkeit
bei Weleda

Weleda ist eine der bekanntesten Naturkosmetikmarken in Deutschland, Weltmarktführer für zertifizierte Naturkosmetik
und anthroposophische Arzneimittel und
beschäftigt knapp 2500 Menschen auf fünf
Kontinenten. Weleda hat nicht nur ein sehr
breites Produktsortiment und somit ganz
unterschiedliche Verpackungsansprüche für
jedes Produkt, sondern steht auch exemplarisch für eine ganz Branche, die immer
wieder neue Wege sucht, Kosmetik und
Verpackung zeitgemäß und nachhaltig zu
gestalten. Dr. Stefan Siemer leitet seit 2018
den Unternehmensbereich Nachhaltigkeit
bei Weleda.

**Seit 1921 steht Weleda nicht nur für Natur-
kosmetik und Arzneimittel, sondern auch
für soziale und ökologische Verantwortung. Was versteht Weleda unter ethi-
schem Wirtschaften?**

Ethisches Wirtschaften ist ein großes Wort
für unsere Werte und unsere innere Haltung.
Wichtiger ist natürlich, dass es auch unser
Handeln leitet. Im Kern geht es uns darum,
Respekt vor Mensch und Natur zu zeigen und
Resilienzen zu stärken. Zum einen unsere
eigene ökologische, soziale und wirtschaftliche Resilienz. Zum anderen die ökologische,
soziale und wirtschaftliche Resilienz der Welt.
Es gibt schon viele konkrete Beispiele, was
Weleda dafür tut. Und wir versprechen, dass
wir es auch in Zukunft tun werden.
    Darüber hinaus haben wir in unserem aktu-
ellen Nachhaltigkeitsprogramm neue konkrete

Aufgaben und Ziele formuliert. Den jeweiligen
Status quo und den Fortschritt veröffentlichen
wir jährlich in unserem Geschäfts- und Nachhal-
tigkeitsbericht. Aktuell richten wir unsere Kräfte
besonders auf das Thema »nachhaltige und attraktive Verpackungen«. Wir wollen zum Beispiel
innerhalb von fünf Jahren den Rezyklat-Anteil bei
den sogenannten Primärverpackungen unserer
Kosmetik, also vor allem Tuben und Gläser, von
knapp 30 Prozent auf mindestens 65 Prozent
mehr als verdoppeln.

**Weleda stellt circa 120 verschiedene Natur-
kosmetikprodukte her und mehr als 1000
Arzneimittel. Wenn ich mir diese Range
ansehe, fällt auf, dass Weleda nicht nur
auf eine Verpackungsart setzt, sondern
von Alu über Kunststoff und Glas eigentlich
alles vertreten ist. Woran liegt das und warum ist Glas nicht eure einzige Verpackung?**

Der Grund liegt genau darin, dass wir so
viele verschiedene Produkte anbieten. Jedes
Produkt hat eine Verpackung, die besonders
gut passt. Körperöle im Glas funktionieren
bestens, doch in der Alutube nicht. Glas in der
Dusche kann schwierig sein, zum Beispiel wegen der Bruch- und Splittergefahr. Jedes Material hat spezifische Vor- und Nachteile, die wir
für jedes einzelne Produkt abwägen. Da gibt
es viele Nachhaltigkeitsfaktoren, und darüber

hinaus muss die Verpackung auch bezahlbar und anwendungsfreundlich für unsere Kunden sein, und sie muss auch den Transport in die Geschäfte ohne Probleme überstehen und im Regal super aussehen. Wir stellen ja nur zertifizierte Naturkosmetik her, das heißt, wir setzen keine synthetischen Konservierungsstoffe ein. Darum müssen unsere Verpackungen eine zusätzliche Konservierungsleistung bieten und die empfindlichen natürlichen Inhaltsstoffe und ätherischen Öle zuverlässig schützen.

Wie steht Weleda zu Bio-Kunststoffen?

Wir haben hierzu keine dogmatische Position, sondern würden uns das im Einzelfall anschauen. Aktuell verwenden wir keinen Bio-Kunststoff. Besonders wichtig wäre, dass der Anbau der Pflanzen für den Kunststoff nicht in Konkurrenz zum Lebensmittelanbau stehen darf, der Kunststoff also am besten aus organischen Abfällen gewonnen wird. Es dürfen keine neuen Flächen gerodet werden, zum Beispiel im Regenwald. Es darf keine Gentechnik eingesetzt werden, und die Bio-Kunststoffe dürfen die bestehenden Materialkreisläufe bei der Entsorgung nicht stören.

Woran erkennt man als Verbraucher nachhaltige Verpackung? Und was kann man selbst tun?

Das ist wirklich schwierig, auch für unsere Verpackungsspezialisten. Wir haben es bei Verpackungen fast nie mit Schwarz-Weiß, sondern fast immer mit Grauzonen zu tun. Wir Menschen haben es aber lieber klar und einfach. Zwei Beispiele für diese Spannungsfelder: Erstens, Kunststoff versus Glas: Kunststofftuben sind leichter und auf Reisen praktischer als Glas, sie brauchen bei der Herstellung weniger Energie. Also drei Argumente für Kunststoff. Glas ist besser recycelbar, verursacht kein Plastik im Meer und ist ein Statement gegen die petrochemische Industrie, also auch gegen

Fracking. Drei Argumente für Glas. Welche Argumente sind wichtiger? Das hat auch viel mit den persönlichen Werten zu tun. Zweites Beispiel ist Aluminium: Alu ist super recycelbar und hat exzellente Produktschutzeigenschaften. Darum verwenden wir es auch gern für Cremes. Aber das Alu-Erz Bauxit verursacht beim Minenabbau oft große ökologische Schäden, und Alu braucht viel Energie bei der Herstellung. Darum haben wir bei Weleda entschieden, dass wir weniger Alu einsetzen. Weniger, aber nicht null. Denn an oberster Stelle muss unserer Ansicht nach immer der Schutz der empfindlichen natürlichen Inhaltsstoffe stehen.

Auf die Frage, was jeder persönlich tun kann, gibt es viele Antworten. Hier nur ein paar Ideen: Oft kann ich ganz auf Verpackung verzichten. Wenn ich zum Beispiel Gemüse oder Kleidung kaufe. Bei Seifen und festem Shampoo brauche ich meistens auch viel weniger oder keine Verpackung – das ist fein, aber noch ein Nischengeschäft. Bei hochwertiger natürlicher Gesichtscreme komme ich ohne Verpackung nicht aus, die wird es auch im Unverpackt-Laden nicht lose geben können. Wobei es in Zukunft wahrscheinlich immer mehr Refill- und Mehrwegsysteme für Naturkosmetik gibt, daran arbeiten schon viele Marken, und auch das ist super.

Wie bei jedem Konsum kann ich mich auch bei Kosmetik vor dem Kauf fragen: Brauche ich das überhaupt? Wie sehr will ich es? Kann ich vielleicht doch darauf verzichten? Und wenn ich es dann kaufe: Mit Freude kaufen und bis zum Ende gebrauchen. Wir optimieren zum Beispiel die sogenannte Restentleerbarkeit immer weiter, auch ein wichtiger Faktor. Bei der Entsorgung, zum Beispiel im Gelben Sack, gibt es zwar viel Frust und Resignation bei den Menschen. Es ist aber wichtig, auch hier konsequent zu sein und die Verpackungen richtig zu entsorgen und damit ganz persönlich die Recyclingkreisläufe zu unterstützen. Die Systeme werden immer besser. Und dann kann man natürlich interessiert nachfragen

Glas   Aluminium   Plastik

und freundlich Druck machen bei Politik und Unternehmen. Auch dadurch wachsen Bewusstsein und Handlungsbereitschaft.

Wenn wir in die Zukunft blicken: Welche Idee hat wohl am meisten Chancen zur Umsetzung? Absolute Plastikvermeidung, Refill-Systeme für Kosmetik oder das Prinzip Cradle to Cradle? Und warum?

Die Zukunft ist offen, wahrscheinlich wird es für jedes deiner Beispiele gute Lösungen geben. Der Status quo ist sehr unbefriedigend, da müssen wir nicht drumherum reden. Doch für die Zukunft bin ich optimistisch, weil gerade sehr viel Forschung und Entwicklung in diesem Bereich stattfindet und weil der Druck durch Konsumenten, Politik, Medien und NGO immer stärker wird. Und das ist gut so. Besonders wichtig ist Vermeidung und Verringerung, also dass die Menge an Einwegkunststoff extrem und schnell wieder abnimmt. Eine Zahl dazu: Erst seit den 1960er-Jahren ist die Menge des jährlich neu produzierten Plastiks weltweit von wenigen Millionen auf heute über 400 Millionen Tonnen angestiegen (www.rolandgeyer.com). Jährlich. Und es wird immer mehr. Davon ist deutlich mehr als ein Drittel Verpackungsmaterial, das meiste davon Einwegverpackungen. Kosmetik und Pharmaprodukte tragen daran nur einen sehr kleinen Anteil, doch natürlich haben diese Branchen genauso ihre Verantwortung zu übernehmen. Es wird aber wohl immer Produkte geben, bei denen

man auf Einwegplastik nicht verzichten kann. Dann ist es wichtig, dass dieses Plastik entweder wirklich vollständig biologisch abbaubar ist oder es einen funktionierenden Wertstoffkreislauf gibt. Beides funktioniert noch nicht gut genug. Weltweit sowieso nicht, aber auch nicht in Europa. Wir haben von Land zu Land unterschiedliche Systeme und dadurch einen weltweiten Flickenteppich mit vielen Löchern. Das wird wahrscheinlich auch so bleiben, und darum werden biologische Abbaubarkeit einerseits und Mehrweg- oder Refill-Systeme andererseits wichtiger. Es braucht also in allen Dimensionen Verbesserungen, ähnlich wie beim Klimaschutz.

Weleda hat sich 2019 eine neue langfristige Verpackungsvision gesetzt: »0% Waste. 0% Harm. 100% Consumer Relevance.« Unsere Verpackungen sollen also keinerlei Probleme irgendwo auf der Welt anrichten. Und sie sollen dabei superattraktiv und bedienungsfreundlich sein, gut aussehen und so weiter. Wir richten gerade unsere gesamte mittel- und langfristige Verpackungsentwicklung daran aus, dennoch wird es wohl mehr als ein Jahrzehnt dauern. Wichtiger als das absolute Ziel ist, dass wir uns schon auf den Weg gemacht haben und schnell vorwärtskommen. Für solche großen Innovationen brauchen wir viele Partner aus der Wirtschaft, Politik, Forschung und Zivilgesellschaft. Denn Weleda ist zwar Weltmarktführer, jedoch von der Größe her ein mittelständisches Unternehmen. Das zeigt, wie klein im Moment der Markt für Naturkosmetik und Komplementärmedizin noch ist. Ich persönlich schätze, dass wir erst in den 2030er-Jahren im Weltmarkt auf großer Breite immer mehr Lösungen bekommen, die im Sinne von Cradle to Cradle nicht »weniger schlecht«, sondern »mehr gut« sind und bei denen die Verpackung sogar selbst einen positiven Zusatznutzen hat, ökologisch und sozial.

03

—

Ernährung

Wir haben den Bezug zu gutem Essen verloren

Fastfood, Tiefkühlkost und Fertiggerichte – Essen muss heutzutage schnell gehen, gut schmecken und billig sein. Doch viele Lebensmittel, die in Deutschland täglich im Supermarkt gekauft werden, sind ungesund und schlecht fürs Klima. Nicht einmal zehn Prozent der Lebensmittel in den Supermärkten haben Bioqualität. Viele Kinder wissen nicht, aus welchen Tieren das Hackfleisch hergestellt wird, das fertig verpackt im Kühlregal liegt. Wir haben den Bezug zu gutem Essen verloren.

Ich durfte große Teile meiner Kindheit auf dem Land verbringen. Meine Großtante hatte in dem Dorf, in dem ich lebte, einen Bauernhof mit Kühen, Hühnern und Schweinen. Ein- bis zweimal im Jahr wurde ein Schwein geschlachtet. Dafür kam der Schlachter auf den Hof. Das Schwein, das immer einen Namen hatte, wurde am selben Tag geschlachtet und verarbeitet. Fleisch war damals kein alltägliches Lebensmittel, sondern etwas Besonderes. Und obwohl ich als Kind kein großer Fleischfan war, habe ich meine Bratwurst genauso feierlich verspeist wie die anderen. Es gab eine

91,6%

der weltweit zur Verfügung stehenden Agrarfläche werden als Futteranbau- und Weideland genutzt.

Wertschätzung dem Tier gegenüber, und so komisch es klingt: Man kannte das Tier auf dem Teller und hat es gerade deshalb mit Bedacht gegessen. Heute ernähre ich mich meist vegetarisch, außer wenn ich bei meiner Familie in Mittelfranken bin. Dort fällt es mir schwerer als sonst, auf die Bratwurst zu verzichten. Was wir als Kind essen, prägt uns unser ganzes Leben. Wir verbinden mit bestimmten Gerichten und Gerüchen Erinnerungen an Familie und Heimat. Deswegen ist Ernährung ein sensibles Thema, denn unsere Essgewohnheiten sind nicht immer rational begründet.

Unsere Essgewohnheiten beschleunigen den Klimawandel

Essen ist für uns so günstig und leicht zugänglich geworden, dass wir vergessen haben, wie viel Aufwand hinter der Produktion einer Flasche Milch oder einer Packung Reis steckt. Wir lassen uns im Supermarkt von schönen Verpackungen und Markenversprechungen locken, ohne zu hinterfragen, was der Inhalt mit unserem Körper oder mit unserem Klima macht. Dass Bio-Lebensmittel oft gesünder sind, weil sie keine Pestizide und mehr Vitamine enthalten, das haben wir als Verbraucher bereits gelernt. Warum sind das, was wir essen, und die Art, wie wir essen, so relevant fürs Klima?

- Weil alles, was wir essen, irgendwo gewachsen ist, gefüttert oder gegossen werden musste und somit Licht, Wärme, Energie, Wasser und viele andere Ressourcen verbraucht hat.
- Weil unsere Lebensmittel oft sehr weite Transportwege hinter sich bringen müssen.
- Weil wir Lebensmittel oft nicht nach Saison kaufen, wenn zum Beispiel Erdbeeren das

ganze Jahr über im Supermarkt erhältlich sind, obwohl sie bei uns nur im Sommer geerntet werden.
- Weil konventionell hergestellte Lebensmittel fast immer eine höhere CO_2-Bilanz haben als solche aus ökologischer Landwirtschaft.
- Weil Fleisch- und Milchprodukte bei der Herstellung besonders viel schädliche Klimagase erzeugen.
- Weil 91,6 Prozent der weltweit zur Verfügung stehenden Agrarfläche für den Futteranbau oder als Weideland genutzt werden. Wir nutzen also den Großteil der Fläche für die Produktion tierischer Lebensmittel, obwohl diese wesentlich mehr Wasser und Energie verbraucht als die Produktion pflanzlicher Lebensmittel.
- Weil Ackerflächen, die über lange Zeit zu viel und falsch genutzt wurden, irgendwann zu Wüsten werden.
- Weil die Artenvielfalt durch Landrodungen und die Überfischung der Meere stark gefährdet ist.

Laut NABU stammt ein Fünftel, also 20 Prozent, des Klimagases Kohlendioxid, das jeder Deutsche pro Jahr im Schnitt verursacht, aus dem Bereich Ernährung.

- Weil es nicht nur um den Klimawandel geht, sondern auch um weitere Umweltprobleme wie Überdüngung, Versauerung, Wasserverbrauch und Wassermangel.
- Weil wir zu viele Lebensmittel wegwerfen und damit Energie vergeuden, die für deren Produktion mit hohen Klimakosten eingesetzt wurde.

Warum sind tierische Produkte schlecht für die Umwelt?

In Deutschland werden laut PETA jährlich 58 Millionen Schweine, 630 Millionen Hühner und 3,2 Millionen Rinder geschlachtet. Zählt man Enten, Puten, Gänse und Kaninchen dazu, sind es allein in Deutschland über eine Milliarde geschlachteter Tiere pro Jahr. Dieser hohe Fleischkonsum hat erhebliche Auswirkungen auf unser Klima. Bei der Tierhaltung an sich, aber besonders bei der Rinderhaltung entstehen Emissionen von Methan und Lachgas. Methan beispielsweise ist als Klimagas 25-mal schädlicher als CO_2. Die Ernährungs- und Landwirtschaftsorganisation der Vereinten Nationen (FAO) hat berechnet, dass die

Für die Herstellung von 1 kg Rindfleisch werden über den gesamten Produktionsprozess rund 15 500 Liter Wasser verbraucht.

landwirtschaftliche Tierhaltung für 14,5 Prozent der weltweit ausgestoßenen Treibhausgase verantwortlich ist. Neuere Studien kommen sogar auf Werte von bis zu 30 Prozent. Fleischproduktion ist darüber hinaus auch indirekt schädlich fürs Klima, weil für die benötigten Futtermittel und Weideflächen Wälder abgeholzt werden. Besonders in Brasilien und im Amazonasgebiet werden Wälder gerodet, um Soja für Futtermittel anzubauen. Die Futteranbauflächen werden in Monokultur bewirtschaftet, die dem Boden auf Dauer alle Nährstoffe raubt. Düngung führt zu Übersäuerung. Die Überweidung der Weideflächen hat Erosionen, Bodenverdichtung und Trockenheit zur Folge. Oft sind diese Flächen dann nicht mehr nutzbar und für immer verloren. Durch die vorherige Düngung, aber auch durch Pestizide, Gülle und Medikamente wird das Grundwasser verschmutzt. Darüber hinaus wird bei der Fleischproduktion in großen Mengen Wasser verschwendet. Das sogenannte virtuelle Wasser, also der Gesamtverbrauch von Wasser im Herstellungsprozess eines Produkts, beträgt beispielsweise für 1 kg Rindfleisch 15 500 Liter. Diese Zahl beinhaltet die Bewässerung der Futteranbaufläche und das Trinkwasser für die Tiere. Für die Tierindustrie (an sich schon ein vielsagendes Wort) werden laut PETA mehr als 30 Prozent des weltweit genutzten Wassers verbraucht. Auch aus Tierschutzgründen sollten wir anfangen, uns besser zu informieren, woher das Fleisch kommt und wie die Tiere gehalten und geschlachtet werden. Ich bin überzeugt davon, dass, wenn wir bewusster und informierter essen, unser Fleischkonsum automatisch zurückgeht oder wir zu Fleisch greifen, das besser produziert wurde. In dem vom Bundesministerium für Ernährung und Landwirtschaft herausgegebenen Ernährungsreport 2018 haben 90 Prozent der Befragten zugestimmt, mehr für Lebensmittel zu bezahlen, wenn die Tiere besser gehalten werden.

Aber auch Milch und Milchprodukte haben eine schlechte Klimabilanz. Dabei schneidet die Milch von Ziegen oder Schafen noch schlechter ab als Kuhmilch. Milchprodukte mit hohem Fettgehalt haben sogar eine noch schlechtere Klimabilanz als Rindfleisch. Denn für die Herstellung von Butter oder Käse braucht man sehr viel Milch. Laut einer Studie der Weltgesundheitsorganisation (WHO) entfallen etwa vier Prozent der globalen Treibhausemissionen auf Milchprodukte.

Schlachtungen pro Jahr
in Deutschland

58

Millionen Schweine

630

Millionen Hühner

3,2

Millionen Rinder

Welche Lebensmittel sind besonders klimaschädlich?

Folgende Lebensmittel sind aufgrund ihrer sehr hohen CO_2-Bilanz besonders klimaschädlich. Wenn wir diese Lebensmittel in unserer täglichen Ernährung reduzieren, können wir unseren ökologischen Fußabdruck wesentlich verbessern.

1 Butter

Überraschenderweise führt ein vegetarisches Produkt die Liste der klimaschädlichen Lebensmittel an. Denn die Kühe, die die Milch liefern, stoßen große Mengen Methan aus. Und um Butter herzustellen, braucht man sehr viel Milch. Für 1 kg Butter werden 18 l Milch verarbeitet. Das entspricht einer Klimawirkung von 24–25 kg CO_2-Äquivalenten (siehe Infokasten). Große Mengen an Milch, Methanemissionen sowie der Anbau des Viehfutters sind die Ursachen für die schlechte Klimabilanz. Dabei müssen wir berücksichtigen, dass Butter in zahlreichen Fertiglebensmitteln wie Croissants enthalten ist.

Wenn man nur auf die CO_2-Bilanz blickt, ist Margarine die bessere Alternative. Denn die Herstellung von 1 kg Margarine belastet das Klima nur mit 700 g Treibhausgasen. Margarine enthält jedoch meist Palmöl, das sich auf der Zutatenliste oft hinter der Bezeichnung »pflanzliche Öle und Fette« versteckt (siehe S. 119–120). Gleichzeitig ist meistens nicht erkennbar, ob das Palmöl unter nachhaltigen Bedingungen angebaut wurde. Aus diesem Grund ist Margarine im Zweifel bei der Umweltschädlichkeit gleichauf mit Butter. Margarine ohne oder mit nachhaltig angebautem Palmöl kann eine gute Alternative zu Butter sein.

2 Rindfleisch

Da Rinder, die nicht in der Milchwirtschaft eingesetzt werden, deutlich kürzer leben, ist die Klimabilanz von Rindfleisch etwas besser als die von Butter, aber deutlich schlechter als die Bilanz von Schweine- oder Geflügelfleisch. 1 kg Rindfleisch hat eine Klimawirkung von 13 kg CO_2-Äquivalenten. Dazu kommt noch der sehr hohe Wasserverbrauch. Wer nicht auf Rindfleisch verzichten möchte, greift zu Fleisch in Bio-Qualität und isst einfach weniger, dafür aber besseres Fleisch. Rindfleisch aus Südamerika sollte man vermeiden, da der Transport und das Tiefkühlen des Fleisches die Klimabilanz zusätzlich verschlechtern. Außerdem werden die Tiere oft lebendig transportiert und müssen wochenlang auf Schiffen oder in Lastwagen leiden, bevor sie geschlachtet werden.

CO_2-Äquivalente sind eine Maßeinheit, mit der man die Klimawirkung verschiedener Treibhausgase wie zum Beispiel Methan und Lachgas im Verhältnis zu CO_2 umrechnen und vergleichen kann, denn nicht alle Klimagase wirken in demselben Maß wie CO_2 auf den Treibhauseffekt. Methan hat beispielsweise eine 28-mal stärkere Klimawirkung als CO_2, bleibt dafür jedoch nicht so lang in der Atmosphäre.

3 Käse und Sahne

Käse und Sahne haben einen hohen Fettgehalt. Zu ihrer Herstellung benötigt man viel Milch. Als Alternative bietet sich Käse mit niedrigem Fettanteil an. Statt Sahne kann man pflanzliche und heimische Sahne-, Milch- oder Joghurt-Alternativen verwenden. Beim Kochen funktioniert auch Milch oder fettarmer Joghurt anstelle von Sahne ganz gut. Generell gilt für Milchprodukte: Je niedriger der Fettgehalt des Milchprodukts ist, desto weniger Milch wird für die Herstellung gebraucht. Im Durchschnitt belastet 1 kg Käse die Atmosphäre mit 8–9 kg CO_2-Äquivalenten, bei Sahne liegt der Wert bei 7–8 kg CO_2-Äquivalenten.

Nicht jede vegane Milch ist automatisch eine klimafreundliche Alternative. Hafermilch hat die beste CO_2-Bilanz, weil der Hafer bei uns wächst. So ist Hafermilch bis zu 70 Prozent weniger klimaschädlich als Kuhmilch. Reis-, Kokos- und Mandelmilch sind in der Klimabilanz weniger gut, denn sie verbrauchen im Anbau sehr viel Wasser beziehungsweise die Rohstoffe sind oft weit gereist. Sojamilch hat eine gute Klimabilanz. Wenn die Sojabohnen aus Europa stammen, entstehen im Vergleich zur Kuhmilch nur rund 25 Prozent der Treibhausgase.

4 Tiefkühlpommes und andere stark verarbeitete Lebensmittel

Oft ist die Zubereitung von Lebensmitteln klimaschädlich. Bei Tiefkühlpommes oder Kartoffelbreipulver zum Beispiel steht die Aufbereitung in keinem Verhältnis zum Nutzen. Die Rohstoffe – in diesem Fall Kartoffeln – müssen gewaschen, zerkleinert, getrocknet, frittiert und dann wieder tiefgekühlt werden. Gerade solche Produkte sind sehr einfach selbst zuzubereiten und sind dann auch wesentlich günstiger und leckerer!

5 Schweinefleisch und Geflügel

Geflügel und Schweine produzieren kein Methan. Dadurch ist der Ausstoß an schädlichen Klimagasen wesentlich geringer als bei Kühen. Pro Kilogramm Fleisch fallen also nur rund 3,3 kg CO_2-Äquivalente an. Aber auch Geflügel und Schweine brauchen viel Futter, für das große Flächen bewirtschaftet werden müssen. Gerade in Deutschland wird Futter oft importiert, weil dies billiger ist. Das schlägt sich negativ in der Klimabilanz nieder. Die Art und Weise, wie Schweine und Hühner in Deutschland konventionell gehalten werden, mag zwar effizient sein, aber nicht unbedingt gesund, weder für das Tier noch für uns Konsumenten. Die Alternative ist, weniger und besseres Fleisch aus ökologischer und regionaler Landwirtschaft essen.

> Wer nicht auf Fleisch verzichten möchte, sollte regionales Wildfleisch in Betracht ziehen. Diese Tiere werden zur Regulierung der Bestände geschossen und leben ansonsten in freier Wildbahn. Informationen erhältst du über Jäger vor Ort oder auch gute Feinkostläden.

Ist vegetarische oder vegane Ernährung die Lösung?

1,3

Milliarden
Menschen welt-
weit leben vegan.

In Deutschland ernähren sich etwa acht Millionen Menschen vegetarisch und 1,3 Millionen Menschen vegan. Weltweit wird die Zahl der Vegetarier und Veganer auf etwa eine Milliarde Menschen geschätzt. Täglich kommen schätzungsweise etwa 2 000 Vegetarier und 200 Veganer dazu. Der Verzicht auf tierische Lebensmittel ist definitiv ein sehr großer Hebel, um einen positiven Beitrag zum Klimaschutz zu leisten. Für die Fleischproduktion werden laut einer britischen Studie 83 Prozent aller landwirtschaftlich genutzten Flächen benötigt. Fleisch- und Milchprodukte liefern für die weltweite Ernährung jedoch lediglich etwa 18 Prozent der Kalorien und 36 Prozent der Proteine. Laut der Studie könnten die Agrarflächen weltweit um 75 Prozent reduziert werden, wenn wir auf Fleisch- und Milchprodukte verzichten würden und die Kalorien und Proteine direkt über eine pflanzliche Ernährung zu uns nehmen. Eine vegane Lebensweise würde somit nicht nur den Ausstoß schädlicher Klimagase reduzieren, sondern könnte auch andere Umweltprobleme verhindern, die bei der Produktion tierischer Lebensmittel anfallen.

Täglich gibt es weltweit schätzungsweise 2 000 Vegetarier und 200 Veganer mehr.

Gleichwohl ist eine vegetarische oder vegane Lebensweise nicht die einzige Alternative zum Konsum tierischer Produkte. Denn viele Menschen würden schnell resignieren, wenn sie sofort auf alles verzichten sollten, was bislang zu ihrem kulinarischen Alltag gehörte. Wer nicht auf Fleisch verzichten möchte, kann zumindest seinen Fleisch- und Milchkonsum reduzieren. Es geht darum, sich bewusst zu machen, woher die Lebensmittel kommen und welche Auswirkungen unser Konsum global für die Umwelt, aber auch die Tiere hat. Jeder Schritt zählt, und aus eigener Erfahrung weiß ich, dass bei vielen nach jedem kleinen Schritt ein weiterer Schritt in diese Richtung folgt. Viele Menschen möchten irgendwann gar nicht mehr zu ihrer gewohnten Ernährungsweise zurückkehren, wenn sie die Zusammenhänge verstanden haben. Wichtig ist,

dass wir besser verstehen, welchen positiven Einfluss wir mit unserem Essverhalten nehmen können, besonders wenn wir klimaschädliche Lebensmittel langsam reduzieren oder auch komplett darauf verzichten. Der Ernährungsreport 2018 des Bundesministeriums für Ernährung und Landwirtschaft zeigt, dass wir bei Fleisch, Wurst und Milchprodukten viel Einsparpotenzial haben.

Gemüse lässt sich sehr vielfältig und lecker zubereiten. In vielen Städten gibt es vegetarische und vegane Kochkurse, wo man den richtigen Umgang mit Gemüse lernen kann.

Was Menschen täglich essen

72%
↓
Obst und Gemüse

65%
↓
Käse- und Milchprodukte

40%
↓
Milch (und Milchgetränke)

30%
↓
Fleisch und Wurst

Niko Rittenau

Ernährungsexperte,
Hochschuldozent, Speaker
und Buchautor

**Niko Rittenau studierte Ernährungsbera-
tung sowie Mikronährstofftherapie und
Regulationsmedizin. Er kombiniert seine
Fähigkeiten als ausgebildeter Koch mit
dem Ernährungswissen seiner akade-
mischen Laufbahn, um Innovationen zu
kreieren, bei denen guter Geschmack auf
Gesundheitsbewusstsein und nachhaltigen
Konsum trifft. Er ist Autor des Bestsellers
»Vegan-Klischee ade« sowie weiterer Bücher rund um die Themen Ernährung und
Kulinarik. Als Hochschuldozent, Seminar-
leiter und Speaker vermittelt er das Thema
Ernährung mit großer Begeisterung, indem
er Fachwissen evidenzbasiert, aber dennoch lebendig und praktisch verpackt.**

**Warum hast du angefangen, dich mit dem
Thema vegane Ernährung zu beschäftigen?**

Ich komme ursprünglich aus der Hotelle-
rie und Gastronomie und wollte eigentlich
Hotelmanager in der Karibik werden. Als
ich jedoch im Rahmen meines Studiums der
Unternehmensführung mehr und mehr über
die Themen Nachhaltigkeit, Gesundheit und
Ethik in Bezug auf unsere Ernährungsgewohnheiten erfahren habe, machte ab einem
gewissen Punkt mein ursprünglicher Berufs-
wunsch für mich schlichtweg nicht mehr so
viel Sinn. Ich hatte damals schon das Gefühl,
dass ich wesentlich mehr Positives bewirken
könnte, wenn ich mich beruflich dem Thema
der Ernährung widme. Daher habe ich ein Ba-
chelor- und Masterstudium im Ernährungsbe-
reich absolviert, um Ernährungswissenschaft
wirklich zu verstehen und dieses Wissen
evidenzbasiert, also auf Basis wissenschaft-
licher Erkenntnisse, an Interessierte weitergeben zu können.

**Was ist dein Hauptgrund für eine vegane
Ernährung?**

Die Hauptmotivation für eine vegane Ernährung kann im Grunde nur eine ethische
sein, da man die ökologischen und gesundheitlichen Vorzüge einer veganen Ernährung
auch im Rahmen von überwiegend pflanzlichen Ernährungsweisen erfahren kann. Eine
vegane Ernährungsweise kann aber natürlich
durchaus – bei richtiger Zusammenstellung
der Kost – gesundheitlich wertvoll und ökologischer als eine westliche Mischkost sein.
Das heißt nicht, dass tierische Produkte per se
ungesund und ökologisch schlecht sind, aber
im Durchschnitt sehen wir, dass Ernährungs-

weisen mit einem sehr hohen Anteil an pflanzlichen Lebensmitteln ressourcenschonender, umweltfreundlicher sowie gesundheitlich vorteilhafter sind. Daher ist es auch korrekt, Gesundheit und Umwelt als weitere Gründe abseits der Tierethik zu nennen, auch wenn der Tierschutz per Definition die Kernmotivation hinter dem Veganismus darstellt.

Nicht alles, was vegan ist, ist auch automatisch gesund. Hast du Tipps für einen gesunden veganen Lebensstil, vor allem für Menschen, die gerade damit anfangen?

Das ist vollkommen richtig: Vegan muss nicht automatisch gesund bedeuten. Zum einen gibt es mittlerweile dasselbe westliche Junkfood, die Süßigkeiten und Softdrinks allesamt auch in vegan. Sie sind im Übermaß genossen ohne Frage keine gute Wahl. Außerdem kann in jeder Ernährungsweise bei schlechter Kostzusammenstellung ein Nährstoffmangel auftreten, also kann das auch bei der veganen Ernährung passieren. Wenn man sich für den Veganismus interessiert, empfehle ich, sich für ein kostenloses digitales Einführungsprogramm wie die »Veggie Challenge« von ProVeg, den »Veganstart« von PETA oder die »Vegan Taste Week« der Albert Schweitzer Stiftung anzumelden. Dort bekommt man kostenlos für einen gewissen Zeitraum Infos, Tipps und Rezepte rund um den veganen Lebensstil per Mail und kann sich so einen guten ersten Überblick verschaffen. Für alle, die es darüber hinaus noch genauer wissen möchten, gibt es ja auch eine Reihe an Büchern zum Thema vegane Ernährung.

Wie stehst du zu Fleischersatzprodukten wie zum Beispiel denen von Beyond Meat?

Ich sehe solche Lebensmittel als gute Gelegenheit, um Fleischliebhabern zu zeigen, dass man für ihre geliebten Burger oder Würstchen nicht zwingend Fleisch verarbeiten muss und die Gerichte auch ohne Fleisch wunderbar herzhaft sein können. Viele Menschen haben auch nicht aufgehört, Fleisch zu essen, weil sie den Geschmack nicht mochten, sondern weil der Geschmack für sie das damit verbundene Tierleid nicht rechtfertigte. Daher sind solche Produkte auch für sie eine gute Gelegenheit, um das kulinarische Erlebnis ohne den negativen Beigeschmack des Tierleids zu bekommen. Aus gesundheitlicher Sicht können diese Produkte durchaus Teil einer ausgewogenen und gesunden veganen Ernährung sein – vorausgesetzt, sie werden nicht im Übermaß verzehrt und gehen damit nicht auf Kosten anderer vollwertiger pflanzlicher Lebensmittel.

Hilft eine vegane Lebensweise, den Klimawandel zu bremsen?

Um unsere Umwelt und das Klima zu schützen, benötigen wir weit mehr als nur eine Umstellung unserer Ernährungsgewohnheiten. Dennoch spielt eine Ernährungsumstellung in diesem Vorhaben eine zentrale Rolle. Jeder Schritt hin zu einer pflanzenbetonteren beziehungsweise veganen Ernährungsweise kann helfen, den eigenen CO_2-Fußabdruck zu senken und Ressourcen zu sparen.

Obst und Gemüse – warum grün nicht immer grün ist

90%

des Wasserbedarfs sind mancherorts auf die Landwirtschaft zurückzuführen

Große Teile des konventionell produzierten Obsts und Gemüses in unseren Supermärkten wurden beim Anbau mit Pestiziden und Kunstdünger behandelt. Das ermöglicht ein schnelles Wachstum der Pflanzen, eine reiche Ernte mit wenig Verlusten durch Insektenfraß und so viel Umsatz wie möglich pro Hektar Ackerfläche. Pestizide sind jedoch nicht nur schädlich für Landwirte, Erntehelfer und für uns Konsumenten, sondern sie stehen auch im Verdacht, mitverantwortlich für das Insektensterben zu sein. Auch Dünger hat seine Schattenseiten. Er verschmutzt das Grundwasser, wenn große Mengen Phosphor oder Stickstoff eingesetzt werden. Wenn Dünger bei stark bewirtschafteten Böden ausgleichen muss, was der Boden nicht mehr hergibt, ist der Boden irgendwann nicht mehr zu bewirtschaften. Phosphor und andere Stoffe im Dünger sind darüber hinaus eine endliche Ressource, also auch keine langfristige Lösung. Der Anbau von Obst und Gemüse verbraucht darüber hinaus viel Wasser, das nicht in jedem Anbaugebiet ausreichend vorhanden ist. In manchen Ländern sind 90 Prozent des Wasserbedarfs auf die Landwirtschaft zurückzuführen. Da aber auch die Bevölkerung wächst und somit der Wasserverbrauch, ist dies eine gefährliche Entwicklung.

Obst und Gemüse aus Bioanbau sind oft besser für die Klimabilanz.

Was macht ökologische Landwirtschaft anders?

Der Begriff Nachhaltigkeit hat seinen Ursprung in der Landwirtschaft bzw. Forstwirtschaft. Er bedeutet, die Ressourcen Land, Wasser oder Wald für künftige Generationen so zu bewahren, dass die Ressource nicht für immer zerstört wird, sondern sich regenerieren kann. Beim Wald etwa soll nur so viel abgeholzt werden, dass Bäume nachwachsen können und der Wald für die zukünftigen Generationen erhalten bleibt. Dieses Prinzip nimmt die ökologische Landwirtschaft auf und berücksichtigt dabei sowohl die Ökologie als auch die Ökonomie und soziale Gesichtspunkte. Der ökologische Anbau ist auf Nachhaltigkeit ausgelegt, wirkt sich positiv auf die Umwelt aus und bewahrt die natürlichen Ressourcen. Er schützt den Boden durch den Verzicht auf

Ökologischer Anbau bewahrt die natürlichen Ressourcen und schützt den Boden, die Gewässer und die Artenvielfalt.

synthetisch-chemische Pflanzenschutzmittel. Dadurch bleibt die mikrobielle Aktivität erhalten, die Gewässer bleiben sauber, und die Artenvielfalt wird nicht gefährdet. Als positiver Nebeneffekt schmecken Obst und Gemüse in Bio-Qualität intensiver und enthalten mehr Vitamine. Vor allem Obst- und Gemüsesorten aus Bioanbau schmecken besonders lecker, da sie nicht nach Aussehen, sondern nach Geschmack gezüchtet werden. Darüber hin-

aus ist der CO_2-Ausstoß in der ökologischen Landwirtschaft um 80 Prozent geringer als in der konventionellen.

Da ökologischer Anbau mehr Fläche verbraucht, fragen sich viele, ob eine globale ökologische Landwirtschaft angesichts des Bevölkerungswachstums zu realisieren ist. Wenn weltweit weniger Fleisch verzehrt würde, könnten weniger Pflanzen als Futtermittel für die Fleischindustrie angebaut werden und mehr für den direkten Verzehr durch den Menschen. So stünde auch mehr Ackerfläche dafür zur Verfügung. Das Problem, dass genügend Nahrung für alle da sein muss, kann jedoch auch durch die Vermeidung von Lebensmittelverschwendung gelöst werden. Zurzeit wird rund ein Drittel aller weltweit produzierten Lebensmittel weggeworfen, in den Industrieländer sind es sogar bis zu 40 Prozent. Schließlich sind Obst und Gemüse aus Bio-Anbau oft besser für die Klimabilanz, weil auf synthetischen Dünger und Pestizide verzichtet wird, die mit einem hohen Energieverbrauch hergestellt werden.

Weite Transportwege vermeiden

Tomaten aus Spanien, Erdbeeren aus Marokko, Spargel aus Peru: Obst und Gemüse legen oft weite Wege zurück, damit wir auch im Winter genießen können, was bei uns eigentlich nur im Sommer geerntet wird. Dabei ist es wichtig zu wissen, dass eine Biotomate aus Spanien nicht besser ist als eine konventionell angebaute Tomate aus der Region. Die spanische Tomate wächst auch dort in Gewächshäusern oder unter Folie, meist in Gegenden, wo bereits ohne Gemüseanbau schon Wasserknappheit herrscht. Wenn das Wasser dann für den Gemüseanbau verwendet wird, hat es für die Anbauregionen Konsequenzen, die nicht nur in CO_2-Emissionen zu erfassen sind.

In der Region sinkt der Grundwasserspiegel - mit Folgen für Mensch und Natur. Saisonarbeiter arbeiten außerdem oft unter prekären Verhältnissen, und die Region muss mit den Auswirkungen des landwirtschaftlichen Raubbaus leben. Spargel, der mit dem Flugzeug von Peru nach Deutschland transportiert wird, legt eine Strecke von rund 10 000 km zurück. Für 1 kg peruanischen Spargel werden rund 30 kg Treibhausgase freigesetzt. 1 kg regionaler Spargel setzt dagegen auf einer Transportstrecke von 100 km nur 19 g Treibhausgase frei, einen Bruchteil also. Avocados gelten als die Symbolfrucht der Ökobewegung. Sie sind gesund, Grundlage für viele Smoothies und andere leckere, oft vegane Gerichte. Aber viele wissen nicht, wie viel Wasser der Anbau von Avocados verbraucht. Für 1 kg oder zwei bis

drei Avocados sind es rund 1000 Liter – und das oft in Regionen, wo bereits Wasserknappheit herrscht. In vielen Fällen ist das Wasser sogar verschwendet, denn viele Avocados landen zu Hause oder schon im Supermarkt im Mülleimer, da es schwierig ist, den richtigen Reifegrad zu erwischen.

Umgekehrt können aber auch in Deutschland angebaute Äpfel nach der Ernte im Kühlhaus gelagert werden, um sie das ganze Jahr über bis zur nächsten Ernte verkaufen zu können. Ein Apfel, der direkt nach der Ernte mit dem Schiff aus Chile nach Deutschland transportiert wird, hat somit unter Umständen eine ähnliche CO_2-Bilanz wie ein deutscher Apfel. Hier hilft es nur, sich zu informieren, woher der Apfel stammt, und darauf zu achten, dass man saisonal einkauft.

Umweltbilanz von tierischen und pflanzlichen Lebensmitteln in acht Thesen

1. Eine Ernährung mit tierischen Produkten hat eine schlechtere Klimabilanz als eine vegetarische oder vegane Ernährung mit viel Obst und Gemüse.

2. Vegetarier, die viele Milchprodukte verzehren, haben unter Umständen eine schlechtere Klimabilanz als jemand, der selten und dafür regionales Fleisch isst.

3. Rindfleisch ist etwa dreimal schädlicher fürs Klima als Schweinefleisch, Geflügel und die anderen Fleischsorten.

4. Ökologische Landwirtschaft ist besser als konventionelle Landwirtschaft.

5. Frisches Gemüse ist besser als Tiefkühlkost, da Gemüse aus der Tiefkühltruhe aufwendig

aufbereitet wird, viel Verpackung benötigt und damit rund dreimal mehr Auswirkungen aufs Klima hat als frisches Gemüse.

6. Saisonales Obst und Gemüse ist besser als weit gereistes oder aber Produkte aus dem Gewächshaus.

7. Fettarme Milchprodukte oder pflanzliche Alternativen sind klimafreundlicher als Camembert, Butter und Sahne. Je niedriger der Fettgehalt eines Milchprodukts ist, desto besser ist die Klimabilanz.

8. Laut Bundesministerium für Umwelt, Naturschutz und nukleare Sicherheit (BMU) haben die vegetarische und vegane Ernährungsweise eine bessere Klima- und Wasserbilanz als die fleischbetonte.

Kaffee, Schokolade & Co. – wie umweltfreundlich ist unser Genuss?

Neben Fleisch, Milchprodukten, Obst und Gemüse gibt es noch weitere Lebensmittel, bei denen wir auf Klimabilanz, Wasserverbrauch, soziale Aspekte, Transport und die Auswirkungen auf die Artenvielfalt in der Anbauregion achten sollten.

Kaffee

Kaffee ist kein regionales Produkt und legt einen langen Weg zurück, bis er in unserer Küche landet. Tatsächlich haben jedoch Produktion, Verarbeitung und Zubereitung den größten Anteil an der CO_2-Bilanz von Kaffee, vor allem wenn beim Anbau Düngemittel eingesetzt werden. Denn deren Herstellung braucht viel Energie, wodurch Lachgas und andere Treibhausgase freigesetzt werden, die schädlicher als CO_2 sind. Von der Bohne bis zur Tasse Kaffee sind viele Arbeitsschritte erforderlich, die Energie und Wasser verbrauchen. Auch die Zubereitung hat einen großen Einfluss auf die Klimawirkung. Vollautomaten, die oft den ganzen Tag angeschaltet sind, verbrauchen viel Strom. Maschinen, die sich automatisch abschalten, wenn sie nicht genutzt werden, sind besser. Kapselautomaten haben den Vorteil, dass nicht zu viel Kaffeepulver verwendet wird. Auch dadurch wird CO_2 eingespart, denn zu viel Pulver wirkt sich negativ auf die Klimabilanz aus. Allerdings verursachen die Kapseln viel Müll. Eine Alternative sind Mehrwegkapseln. Am besten ist es jedoch, die klassische Kaffeemaschine oder Stempelkanne zu verwenden und das Kaffeepulver sparsam einzusetzen. Achte beim Einkauf auf Fairtrade-Kaffee. Und

wenn es unbedingt ein Kaffee to go sein muss, genießt du ihn am besten im Mehrwegbecher. Je mehr Milch du verwendest, desto schlechter wird die Klimabilanz einer Tasse Kaffee, die ohne Milch und je nach Zubereitungsart bei 50–125g CO_2 liegt.

Tee

Auch Tee kommt meist nicht aus Deutschland, von Kräuter- und Früchtetees einmal abgesehen. An der CO_2-Bilanz hat das Erhitzen des Wassers den größten Anteil, weil wir meist mehr Wasser erhitzen, als wir benötigen. Bei der Produktion schneidet Tee nämlich besser ab als Kaffee. Wer klimafreundlichen Tee trinken möchte, verzichtet am besten auf Teebeutel und brüht losen Tee in Tee-Eiern oder Netzen auf. Auf jeden Fall sollte man auf einzeln in Folie verpackte Teebeutel verzichten.

Schokolade

Schokolade ist aus drei Gründen nicht sehr klimafreundlich. Erstens: Die Produktion verbraucht sehr viel Wasser; für 1 kg Schokolade bis zu 10 000 Liter. Zweitens: Oft enthält Schokolade Palmöl, für dessen Anbau Regenwald abgeholzt wird. Drittens: Je mehr Milch Schokolade enthält, desto schlechter ist die Klimabilanz (siehe S. 108–109). Eine Alternative ist Bio-Schokolade, faire Schokolade und dunkle Schokolade. Das ist natürlich etwas teurer, aber erfahrungsgemäß isst man von dunkler Schokolade automatisch weniger und hat somit mehr von der Tafel.

Eier

Hennen verursachen klimaschädliche Emissionen, und auch die Herstellung der Futtermittel kostet viele Energie. Bei der Erzeugung der Futtermittel wird beispielsweise Stickstoffdünger eingesetzt, der eine schlechte CO_2-Bilanz hat. Da Käfighaltung in

Deutschland noch sehr verbreitet ist, sollte man auf Freiland- und Biohaltung umsteigen. Bio-Eier haben eine um 20 Prozent bessere Klimabilanz als konventionelle Eier. Wer kann, sollte regional vom Bauern auf dem Markt kaufen. Diese Eier schmecken nicht nur besser, sondern die Hennen werden meist auch besser gehalten. In vielen Fertigprodukten wie Keksen oder Kuchen sind ebenfalls Eier enthalten, meist aus konventioneller Produktion. Selbst gebackene Kekse mit Bio-Eiern sind natürlich besser.

Fisch

Bei Fisch ist das Hauptproblem die Überfischung. Über lange Zeit wurde mehr Fisch aus dem Meer geholt, als erlaubt ist, wenn man die Bestände nachhaltig für die Zukunft sichern möchte. Ein weiteres Problem sind die Fangmethoden, bei denen bis zu 40 Prozent Beifang im Netz landet, der nicht gebraucht wird und meist tot wieder zurück ins Meer geht. Darunter finden sich leider auch Delfine oder Schildkröten, die sich qualvoll in den Netzen verfangen und sterben. Wir essen so viel Fisch, dass es sich leider für illegale Fischer richtig lohnt, weiterzumachen. Für 800 Millionen Menschen ist Fisch sowohl Einkommensquelle als auch wichtige Nahrungsquelle, das gilt vor allem für Entwicklungsländer. Unser Fischkonsum verursacht große Probleme in diesen Ländern, weil wir den Menschen eine

Früher war der Fisch in der Packung, heute ist die Packung im Fisch!

Lebensgrundlage nehmen. Der Verzehr von Fisch bringt auch gesundheitliche Nachteile mit sich, denn in vielen Speisefischen wurde Mikroplastik gefunden. Auch die CO_2-Emissionen beim Transport machen den Fisch zu einem bedenklichen Lebensmittel. Frisch ge-

fangener Fisch muss gekühlt werden, und das kostet viel Energie. Die großen Fangschiffe belasten damit und vor allem mit ihrem klimaschädlichen Treibstoff die Umwelt enorm.

Was also tun? Greenpeace (www.greenpeace.de) und der WWF (fischratgeber.wwf.de) geben jährlich Empfehlungen heraus, welche Fische man noch essen kann, welche also nicht überfischt oder vom Aussterben bedroht sind. Aquafarming kommt als Lösung ebenfalls nur bedingt infrage, denn in diesen Zuchtfarmen werden auch Wildfische an Zuchtfische verfüttert. Manche dieser Farmen befinden sich auch offen im Meer, sodass Mengen von Kot und Medikamenten dorthin gelangen. Sinnvoll ist es, Fisch generell nur mit Bio-Zertifikat oder mit ASC- oder MSC-Siegel zu kaufen. Selbst wenn beide Siegel noch nicht die allerstrengsten Auflagen haben, helfen sie, Überfischung und Umweltschäden zu vermeiden. Am wenigsten falsch macht man in Deutschland mit regionalem Fisch wie beispielsweise Karpfen. Darüber hinaus sollten wir einfach weniger Fisch essen. Die wertvollen Fette, die in Fisch enthalten sind, können wir auch über Leinöl, Walnüsse oder Sojabohnen aufnehmen.

Palmöl

Grob geschätzt enthält jedes zweite Supermarktprodukt Palmöl. Besonders oft kommt es in Lebensmitteln wie Margarine oder Nougatcreme, Reinigungsmitteln, Kerzen und Kosmetika vor, oft auch in der Bioindustrie. Unter den Inhaltsstoffen von Lebensmitteln ist es gut zu erkennen, bei anderen Produkten kann es auch als »Pflanzenfett« oder mit anderen Begriffen aufgelistet sein, da eine eindeutige Kennzeichnung noch nicht verpflichtend ist. Palmöl wird aus den Früchten der Ölpalme gewonnen. In der Industrie ist es beliebt, weil es mit hohen Erträgen auf relativ wenig Fläche angebaut werden kann. Momentan kommt es vor allem aus Indonesien und Malaysia. Um mehr Palmöl zu produzieren, werden Torfmoore trockengelegt, Regenwälder abgeholzt und riesige Palmölplantagen in Monokultur eingerichtet. Wichtige Lebensräume für bedrohte Tierarten wie die Orang-Utans werden so für immer zerstört. Als Verbraucher können wir zu Bio-Produkten und regionalen Produkten greifen, wir können Firmen anschreiben und nachfragen, woher das Palmöl in den Produkten stammt, und fordern, auf nachhaltige Palmölproduktion umzusteigen oder ganz auf Palmöl zu verzichten. Eine Kennzeichnungspflicht außerhalb der Lebensmittelbranche könnte in Zukunft helfen.

> Palmölbasierte Inhaltsstoffe in Kosmetik, Reinigungsmitteln, Süßigkeiten, salzigen Snacks oder Fertiggerichten verstecken sich unter anderem in folgenden Bezeichnungen: Palmate, Palmitate, Cetyl Palmitate, Palmolein, Pflanzenöl, Pflanzenfett, Palmkern, Palmkernöl, Palmfruchtöl, Palmitinsäure, Palmstearin, Stearinsäure, Stearate, Glyceryl, Fettsäureglycerid, Stearic Acid, Palmitoyl Oxostearamide, Palmitoyl Tetra-Peptide-3, Cetyl Alcohol, Cetearyl Alcohol.

Kokosöl

Kokosöl ist in Küche und Kosmetik sehr beliebt, weil es ein Allrounder mit vielen Anwendungsmöglichkeiten ist. Es enthält Vitamine und Antioxidantien, riecht gut, man kann es zum Anbraten und Backen nutzen, da es bei Temperaturen über 180 °C stabil ist. Laut Stiftung Warentest (Stand: 2018) enthalten viele Kokosöle jedoch Mineralölrückstände und Pestizide, daher sollte man immer bio-zertifiziertes und sogar auch Fairtrade-Kokosöl verwenden. Oxfam berichtet über schlechte Arbeitsbedingungen beim Kokosanbau, auch Kinderarbeit ist weit verbreitet. In der Klimabilanz schneidet Kokosöl nicht gut ab, da der Transport einen hohen CO$_2$-Ausstoß

verursacht, auch weil das Öl temperiert transportiert werden muss. Ähnlich wie bei Palmöl werden mit wachsender Nachfrage auch mehr Anbauflächen benötigt, sodass Rodungen, Landraub und schwindende Biodiversität die Folgen sind. Für die Ernährung sollte man daher auf regionale Alternativen wie Rapsöl oder Walnussöl zurückgreifen.

Soja und Tofu

Für den Anbau von Sojapflanzen werden Regenwälder gerodet, vor allem in Südamerika. Fast 90 Prozent der Sojabohnen weltweit stammen von gentechnisch veränderten Pflanzen, die nicht selten mit Glyphosat behandelt wurden. Etwa 80 Prozent der Soja-Importe werden als Futtermittel verwendet. Wenn Veganer oder Vegetarier Soja-Alternativen wie Tofu zu sich nehmen, ist das bei Weitem nicht so schlimm, wie ein Stück Steak zu essen, das aus Sojafütterung entstanden ist. Denn rein rechnerisch verwerten wir Menschen die Sojanährstoffe direkt, während die Fleischproduktion eher ineffizient ist: Für eine tierische Kalorie werden sieben pflanzliche Kalorien benötigt. Es gibt bereits Soja aus europäischem und ökologischem Anbau. Das wäre die klimafreundlichste Sojavariante. Fertige Sojaprodukte weisen oft aus, woher das Soja kommt.

Reis

Mit Ausnahme von manchem Risottoreis, der in Italien angebaut wird, stammt Reis in der Regel nicht aus Europa. Dennoch sind die weiten Transportwege nicht der Hauptgrund für seine schlechte CO$_2$-Bilanz, sondern der Nassanbau. Durch die Reisfelder fließt andauernd Wasser, in dem massenhaft Bakterien leben, die tonnenweise Methan ausscheiden. Als Treibhausgas hat Methan eine 25-mal stärkere Klimawirkung als CO$_2$. Es gibt zwar auch Trockenreissorten, die meist im Gebirge angebaut werden und noch nicht in großen Massen erhältlich sind. Nudeln und Kartoffeln schneiden in der CO_2-Bilanz wesentlich besser ab als Reis.

Mineralwasser

In Deutschland wurden laut Statista im Jahr 2018 durchschnittlich pro Einwohner mehr als 150 Liter Mineralwasser getrunken. Tendenz steigend. In unserer Wahrnehmung ist es meist gesünder als Leitungswasser. Das hat zur Folge, dass wir kistenweise Mineralwasser in unsere Wohnungen schleppen. Das ist jedoch nur schwer nachzuvollziehen, wenn man weiß, dass Leitungswasser zu den am besten kontrollierten Lebensmitteln in Deutschland gehört, denn die Kontrolle ist durch die Trinkwasserverordnung gesetzlich geregelt. Wer in einem alten Haus wohnt und Bedenken wegen der Rohre hat, kann sehr günstig testen lassen, ob das Trinkwasser in Ordnung ist. Und auch Leitungswasser enthält Mineralstoffe. Leitungswasser ist aus mehreren Gründen nachhaltiger als Mineralwasser. Es ist regional und hat keine langen Transportwege. Es braucht keine Verpackung und kann direkt aus dem Wasserhahn abgefüllt werden. Es müssen keine Ressourcen für die Herstellung von Glas- oder Plastikflaschen verbraucht werden. Auch entfallen Recycling und Reinigung von Flaschen. Leitungswasser ist eines der gesündesten, klimafreundlichsten und gesündesten regionalen Lebensmittel, die wir zu uns nehmen können.

Die Verbraucherzentrale (www.verbraucherzentrale.de) stellt eine Internetliste des Landesamts für Natur, Umwelt und Verbraucherschutz NRW zur Verfügung mit Laboren, die seriöse Untersuchungen des Trinkwassers vornehmen.

Wein und Bier

Die Klimabilanzen von Wein und Bier sind ähnlich. Je regionaler der Wein, desto besser ist er fürs Klima. Da Wein meist in Flaschen verkauft wird, ist der Transport ein wesentlicher Faktor. Denn Glas ist schwer, somit wird beim Transport viel CO_2 ausgestoßen. Der Weinanbau an sich benötigt relativ viel Fläche pro erwirtschaftete Menge, außerdem verbraucht er sehr viel Wasser und kommt leider nicht ohne Düngemittel aus. Die Unterschiede zwischen Biowein und konventionellem Wein sind eher gering. Bier ist in der Produktion aufwendiger, aber dafür wesentlich häufiger in Mehrwegverpackungen abgefüllt als Wein, der in der Regel in Einwegflaschen verkauft wird. Somit ist Bier in der Klimabilanz ein wenig besser.

Chia, Goji, Matcha, Açai & Co.

Die Werbung für Superfoods wie Chiasamen, Goji- und Açai-Beeren sowie Matcha verspricht uns wertvolle Spurenelemente, Omega-3-Fettsäuren, Chlorophyll und noch vieles mehr. Ob sie wirklich so gesund sind, sei dahingestellt. Fakt ist, dass sie in den letzten Jahren zu wahren Trendlebensmitteln geworden und mittlerweile in jedem Supermarkt zu finden sind. Meist kommen diese Superfoods aus Südamerika oder China. Weil sie frisch über so lange Distanzen nur schwer zu transportieren sind, kommen sie bei uns oft nur getrocknet oder in Pulverform in den Handel. Fürs Klima sind die Superfoods leider nicht gesund. Darüber hinaus sind sie häufig mit Pestiziden und Schadstoffen belastet. Besser ist es, zu regionalen Alternativen zu greifen. Leinsamen, schwarze Johannisbeeren, Heidelbeeren, Grünkohl, Rotkohl und heimische Kräutertees sind genauso ein Superfood wie die exotischen Alternativen und dabei klimafreundlicher und preislich viel günstiger.

Wie wir heute einkaufen, entscheidet über das Klima von morgen

Die Herstellung unserer Nahrungsmittel verbraucht Ressourcen und verursacht schädliche CO_2-Emissionen. Beides können wir reduzieren, indem wir richtig einkaufen. Etwa ein Drittel der weltweit produzierten Lebensmittel wird weggeworfen. Das ist nicht nur moralisch, sondern auch ökologisch und ökonomisch bedenklich. Eine Studie aus dem Jahr 2015 hat berechnet, dass 52 Prozent der Lebensmittelabfälle in Deutschland in privaten Haushalten entstehen. Demnach wurden pro Einwohner 75,2 kg Lebensmittel gekauft, wovon jedoch 32,9 kg vermeidbar gewesen wären. Wenn wir uns also klimafreundlicher ernähren wollen, müssen wir Lebensmittelverschwendung möglichst vermeiden. In Deutschland landen in der Erzeugung, in der Verarbeitung, bei Großverbrauchern, im Handel und in Privathaushalten insgesamt zwölf Millionen Tonnen Lebensmittel jährlich im Müll. Das ist eine gewaltige Verschwendung von Rohstoffen, Energie und Wasser. Was können wir als Verbraucher tun? Wenn wir Lebensmittel sinnvoll einkaufen und lagern und viel über ihre Haltbarkeit wissen, können wir Lebensmittelverschwendung vermeiden und Ressourcen schonen.

Einkaufen: bio, regional und saisonal

Mit den drei einfachen Einkaufsregeln »bio, regional und saisonal« kannst du viel für dich und fürs Klima tun. Bio-Produkte sind fast immer besser für die Umwelt, für den Boden, für die Tiere und auch hinsichtlich Nährstoffen und Geschmack als konventionell hergestellte Lebensmittel. Wenn du bei regionalen Bio-Her-

stellern aus der Region kaufst, reduzierst du damit CO_2-Emissionen beim Transport und unterstützt außerdem regionale Betriebe. Also lieber eine regionale Nicht-Bio-Tomate als eine spanische Bio-Tomate. Wer saisonal einkauft und zum Beispiel im Winter auf frische Tomaten, Erdbeeren oder Spargel verzichtet, spart damit ebenfalls viel Energie, beispielsweise für das Beheizen von Gewächshäusern oder den Transport. Lebensmittel in Bioqualität sind rund 20 Prozent teurer als herkömmlich produzierte Ware. Aber man kann dies auch von der anderen Seite betrachten: Bioprodukte sind nicht zu teuer, sondern herkömmlich produzierte Lebensmittel sind zu günstig – vor allem wenn man die langfristigen Kosten berücksichtigt, die sie verursachen. Wer den Konsum sehr teurer Lebensmittel wie Biofleisch etwas reduziert, kann so den höheren Preis ganz gut ausgleichen.

Saisonkalender helfen dir zu erkennen, wann welche Obst- und Gemüsesorten in Deutschland Erntezeit haben, und erleichtern so den saisonalen Einkauf. Wer saisonal einkauft, spart Geld, weil es die Produkte zur Erntezeit im Überfluss gibt. Du kannst einfach mehr davon einkaufen und zum Beispiel durch Einkochen haltbar machen. Das funktioniert mit fast jedem Gemüse. Sonnengereifte Tomaten lassen sich beispielsweise im Sommer zu Sugo einkochen, das du im Winter genießen kannst. Obst kannst du zu Kompott oder Marmelade einkochen. Kräuter kann man trocknen. Unter www.verbraucherzentrale.de findest du Saisonkalender online.

Besser Einkaufen mit Bio-Kennzeichen für Lebensmittel

Ich finde es interessant, wie viele Lebensmittel-Kennzeichen es gibt und wie wenig wir als Verbraucher eigentlich über sie wissen. Bio-Qualität ist bei Lebensmitteln fast immer die beste Wahl, sowohl für unsere Gesundheit als auch fürs Klima. In Deutschland gibt es über 100 verschiedene Bio-Kennzeichen für Lebensmittel. Sie alle haben verschiedene Standards zu Nachhaltigkeit, artgerechter Tierhaltung und Umweltschutz. Da in der konventionellen Landwirtschaft zum Beispiel keine Beschränkungen über die Anzahl von Legehennen in einem Gebäude bestehen, zehn Legehennen pro Quadratmeter erlaubt sind, keine Beschränkung für die Anzahl der Schweine pro Hektar existiert, über 300 Lebensmittelzusatzstoffe eingesetzt werden können, die Enthornung von Rindern ohne Betäubung möglich ist, ebenso der Einsatz von Gentechnik, und es keine Bestimmung zum Einsatz von Bio-Futter gibt, ist es definitiv sinnvoll, beim Einkauf von Lebensmitteln auf Bio-Kennzeichen zu achten. Sie haben klare Vorgaben und Grenzen für die aufgezählten Punkte. Aber auch bei den Bio-Kennzeichen gibt es Unterschiede, wie die folgende Übersicht zeigt.

Demeter

Demeter ist seit 1928 aktiv und somit der älteste Anbauverband Deutschlands, der nach den Prinzipien des Anthroposophen Rudolf Steiner im Sinne einer biologisch-dynamischen Landwirtschaft arbeitet. Eins der wichtigsten Ziele ist die Erhaltung der Bodenfruchtbarkeit. Demeter ist das strengste Bio-Kennzeichen. Der Einsatz von Gentechnik oder das Enthornen von Rindern ist nicht erlaubt. Die Tiere bekommen ausschließlich Biofutter. Bei der Tierhaltung schreibt Demeter den meisten Platz pro Tier vor. Nur 13 Lebensmittelzusatzstoffe sind erlaubt.

Bioland

Bioland ist der größte Anbauverband in Deutschland und seit 1978 als Marke aktiv. Dieses Kennzeichen legt im Gegensatz zu den anderen Kennzeichen noch mehr Wert auf Regionalität, das heißt, nur Erzeugerbetriebe in Deutschland und Südtirol können ausgezeichnet werden. Hinsichtlich des Platzbedarfs in der Tierhaltung ist es fast so streng wie das Demeter-Kennzeichen. 24 Lebensmittelzusatzstoffe sind erlaubt, und auch die

Enthornung von Rindern ist in Einzelfällen möglich. Alles basiert auf dem Prinzip der Kreislaufwirtschaft, der Einsatz von Gentechnik ist verboten. Tiere dürfen nicht mehr als vier Stunden oder 200 km transportiert werden. Legehennen leben zu sechst auf einem Quadratmeter und haben ständig Auslauf. Auch Rinder erhalten Weidegang.

Naturland

Naturland ist weltweit einer der größten Verbände und hat ähnlich strenge Kriterien wie Demeter und Bioland. Das Naturland-Kennzeichen setzt auf hohe ökologische Standards und berücksichtigt gleichzeitig die sozialen Aspekte. Es verbietet beispielsweise Kinderarbeit und achtet auf die Wahrung der Menschenrechte. Nur 22 Lebensmittelzusatzstoffe sind erlaubt, Tiertransporte dürfen nicht länger als acht Stunden dauern, Milchvieh und Legehennen haben Weidegang beziehungsweise Auslauf, und der Einsatz von Gentechnik ist verboten. Die Futtermittel sind ausschließlich in Bio-Qualität, und 50 Prozent des Futters stammen aus dem eigenen Betrieb.

EU-Bio-Logo und deutsches Bio-Siegel

Seit dem 1. Juli 2010 sorgt das EU-Bio-Logo für eine einheitliche Regelung innerhalb der Europäischen Union (EU). Das EU-Bio-Logo ist die Pflichtkennzeichnung für vorverpackte Bio-Produkte, die einen Verarbeitungsschritt innerhalb der EU erfahren haben. Das deutsche Bio-Siegel kann freiwillig zusätzlich zum EU-Bio-Logo auf Produkten abgebildet werden. Beide Kennzeichen stehen für die Einhaltung der EU-Rechtsvorschriften für den ökologischen Landbau.

Zusätzlich zum EU-Bio-Logo können Bio-Produkte auch die Kennzeichen der privaten Anbauverbände wie Demeter, Bioland etc. tragen. Die Richtlinien der Anbauverbände des ökologischen Landbaus gehen in einigen Punkten noch über die EU-Rechtsvorschriften für den ökologischen Landbau hinaus. So sind nach den EU-Rechtsvorschriften für den ökologischen Landbau zum Beispiel 230 Legehennen pro Hektar erlaubt (Demeter und einige andere Anbauverbände erlauben nur 140 Legehennen pro Hektar). Die EU-Rechtsvorschriften für den ökologischen Landbau erlauben 53 Zusatzstoffe, also mehr als doppelt so viele wie bei den vorgestellten Anbauverbänden.

Tipps für den nachhaltigen Einkauf

- saisonal, regional und Bio-Qualität einkaufen
- weniger kaufen
- Ein Einkaufszettel hilft, nur das zu kaufen, was man wirklich braucht. Auch ein kurzer Blick in den Kühlschrank oder den gut sortierten Vorratsschrank hilft, Lebensmittel nicht doppelt zu kaufen oder unnötig zu lagern.
- weit gereistes Obst und Gemüse aus Übersee vermeiden

Einkaufszettel schreiben

- Gemüse in Plastikverpackung vermeiden
- auf dem Wochenmarkt kaufen
- in einem Unverpackt-Laden einkaufen
- statt To-go-Produkte für die Mittagspause zu kaufen, den Salat oder Obstsalat frisch zubereiten und vielleicht sogar mit den Kollegen teilen
- frische Zutaten anstatt Fertiggerichte kaufen und selbst kochen; das ist gesünder und spart Geld
- frische Zutaten kaufen, wenn man sie braucht; nicht zu viel auf Vorrat kaufen und Lebensmittel lieber öfter und frisch kaufen
- mit dem Auto lieber seltener zu kleinen Einkäufen fahren, stattdessen zum Beispiel einen wöchentlichen Großeinkauf machen; noch besser: umweltfreundliche Verkehrsmittel nutzen.
- Fleisch, Wurst, Brot und Käse an der Bedientheke kaufen, das spart Plastikmüll; in vielen Läden kannst du eigene Behälter mitbringen.
- Qualität und Tierwohl können nicht zu Dumpingpreisen angeboten werden: keine zu günstigen Angebote kaufen.

- auf regionale Marken achten, das ist auch im Supermarkt möglich
- fairen Handel unterstützen (zum Beispiel Gepa und Fairtrade)
- Mehrweg- statt Einwegbehälter, Pfandglas- statt Plastikbecher
- Wasser, Wein oder Bier »regional« trinken
- wenn es im Winter unbedingt mal eine Zucchini oder Aubergine sein muss, dann außerhalb der Saison besser zu Sorten aus Südeuropa greifen, da dort die Außentemperatur höher ist und die Gewächshäuser weniger Heizenergie verbrauchen. Gewächshäuser in Deutschland haben im Winter einen sehr hohen Energiebedarf, vor allem wenn es draußen sehr kalt ist.
- bei Obst und Gemüse auch mal nicht mehr ganz perfekte Ware in den Einkaufskorb legen, im schlimmsten Fall wird sie nämlich vom Supermarkt weggeworfen
- 40 Prozent des Energieverbrauchs eines Supermarktes verursachen die Kühlregale. Die Türen daher immer schnell verschließen. Hat der Supermarkt keine Türen vor den Kühltruhen, kannst du den Betreiber darauf hinweisen. Die Frischetheke ist eine gute Alternative.
- Tiefkühlgemüse »regional« aus Deutschland oder den Nachbarländern kaufen, denn das Gemüse wird während der Saison eingefroren und ist somit immer noch besser als frische Ware aus Übersee. Aber: Tiefkühllebensmittel verursachen dreimal mehr Klimagase als frische Lebensmittel.
- kleine Einzelverpackungen zum Beispiel bei Süßigkeiten vermeiden, denn viele kleine Verpackungen produzieren mehr Müll als eine größere Verpackung; statt einzeln verpackter Schokoriegelsnacks, die dann noch mal in einer großen Verpackung stecken, lieber eine Tüte Gummibärchen oder eine Tafel Schokolade kaufen

Tipps für die Lagerung von Lebensmitteln

- Unser Kühlschrank läuft 24 Stunden am Tag und 365 Tage im Jahr. Die eingestellte Temperatur kann dabei helfen, Lebensmittel länger lagern zu können und gleichzeitig Energie, Strom und Geld zu sparen: Optimal sind 7 °C für den Kühlschrank und -18 °C für Tiefkühlgeräte.
- Sauerstoff, Kondenswasser beziehungsweise Wasserverdunstung begünstigen die Schimmel- und Bakterienbildung. Gute Behälter, zum Beispiel aus Glas oder Edelstahl, sind eine gute Investition, um Lebensmittel besser zu lagern.
- Kühlschränke haben verschiedene Fächer für verschiedene Lebensmittel. In den oberen Fächern ist die Temperatur meist etwas höher als in den unteren. Fleisch, Wurst und Fisch unten lagern, Milchprodukte in der Mitte, Marmelade oder die Lunchbox für den nächsten Tag oben. Fast jeder Kühlschrank hat ein Gemüsefach mit optimaler Temperatur für Gemüse, Salat und Kräuter. Salat, Wurzelgemüse und Kräuter bleiben in ein feuchtes Geschirrtuch gewickelt länger frisch. Plastikverpackungen entfernen, damit sich kein Kondenswasser bildet.

Einkochen, trocknen oder einlegen

- Kräuter kannst du wie Blumen in ein mit Wasser gefülltes Glas in den Kühlschrank stellen und das Wasser täglich austauschen.
- Käse, halbe Zwiebeln oder andere Lebensmittelreste im Kühlschrank in Bienenwachstücher gewickelt lagern.

- Manche Lebensmittel halten außerhalb des Kühlschranks länger. Zitrusfrüchte, Tomaten, Bananen, Zwiebeln, Kartoffeln, Knoblauch und Brot trocken bei Zimmertemperatur aufbewahren.
- Früchte wie Avocados oder Bananen verderben schnell. Wenn sie nicht verzehrt werden, ist das besonders schlecht fürs Klima, da sie ohnehin eine schlechte CO_2-Bilanz haben. Solche Früchte also nicht lange lagern, sondern möglichst erst dann kaufen, wenn man sie braucht. Aber auch für überreife Bananen oder Avocados gibt es im Internet tolle Rezepte. Angeschnittene Avocados oder Guacamole mit Kern lagern.
- Es lohnt, sich Großmutters Küchenwissen über das Einkochen, Trocknen oder Einlegen anzueignen. Damit kann man Lebensmittel sehr lange und sehr lecker haltbar machen.
- Brot bleibt im Brotkasten, im Stoffbeutel oder Tonbrottopf am besten frisch. Auch Zwiebeln und Knoblauch fühlen sich in einem dunklen, luftigen Gefäß wohl. Trockenes Brot oder Brötchen im Backofen mit einer Schale mit Wasser aufwärmen und weich machen. Aus altem Brot Semmelbrösel machen.
- Frische Karotten lassen sich in einer Sandkiste mehrere Monate aufbewahren. Die Karotten ungewaschen mit Sand bedecken und die Kiste in einen kühlen Raum bei 1–5 °C zum Beispiel in den Keller stellen. Den Sand regelmäßig mit etwas Wasser besprühen.
- Obst und Kartoffeln kannst du an einem dunklen und kühlen Ort in einer mit Zeitungspapier ausgelegten Kiste lagern. Die Kiste sollte Abstand zu Äpfeln oder Pflaumen haben. Die Früchte setzen Ethylen frei, ein Gas, das Obst und Gemüse schneller welken lässt.
- Aus klein geschnittenen Gemüseresten oder -abfällen kannst du eine Gemüsepaste, Gemüsebrühe oder »Tütensuppe« herstellen. Rezepte findest du im Internet.

Was bei der Haltbarkeit von Lebensmitteln zu beachten ist

- Nach Ablauf des Mindesthaltbarkeitsdatums sind Lebensmittel nicht automatisch verdorben. Aber bestimmte Eigenschaften wie Geschmack oder Geruch können nach dem Ablauf nicht mehr gewährleistet werden. Essbar sind die Lebensmittel in sehr vielen Fällen aber noch.
- Wenn du dir unsicher bist, ob ein Lebensmittel noch verzehrt werden kann, kannst du die Verpackung öffnen und an dem Lebensmittel riechen. Wenn es gut riecht, eine kleine Menge probieren. Wenn es geschmacklich in Ordnung ist und weder Schimmel noch Farb- oder Konsistenzveränderungen aufweist, kann man es höchstwahrscheinlich noch genießen.
- Im Gegensatz zum Mindesthaltbarkeitsdatum zeigt das Verbrauchsdatum an, bis wann das jeweilige Lebensmittel verzehrt werden sollte. Besonders bei schnell verderblichen Lebensmitteln sollte man das Verbrauchsdatum nicht überschreiten.
- Um Schimmel zu vermeiden, empfiehlt es sich, Lebensmittel wie Marmelade immer mit einem frischen Löffel aus dem Glas zu entnehmen.

Bei Hartkäsesorten lässt sich Schimmel oft wegschneiden

- Bei Hartkäsesorten hingegen kann man den Schimmel oft wegschneiden oder auch abwaschen, meist ist der Käse dann noch genießbar. Bei Käsesorten wie Camembert oder Blauschimmelkäse gehört Schimmel dazu. Bei Schimmel an anderen Käsesorten sollte man sich auf seine Sinne verlassen:

Ist der Schimmel grünlich oder grau oder riecht der Käse plötzlich anders, sollte man ihn entsorgen.
- Hast du zu viel Gemüse eingekauft, und es droht schneller zu verderben, als du es essen kannst, solltest du es verarbeiten. Denn damit kann man oft Zeit gewinnen. Du kannst beispielsweise Suppe daraus kochen und diese dann einfrieren oder zwei bis drei Tage im Kühlschrank aufbewahren.
- In Berlin gibt es bereits Supermärkte und Automaten mit Lebensmitteln, die das Mindesthaltbarkeitsdatum überschritten haben und günstiger angeboten werden. Außerhalb Berlins kann man diese Produkte auch online einkaufen und beispielsweise eine »Retterbox« bestellen (sirplus.de).

Zahlreiche Apps und Webseiten helfen gegen Lebensmittelverschwendung. Die App »Zu gut für die Tonne« stellt Rezepte für die Lebensmittel bereit, die dringend verarbeitet werden müssen, sodass man aus Resten leckere Gerichte zaubern kann (zugutfuerdietonne.de). Foodsharing. de ist eine Plattform, die hilft, Lebensmittel aus privaten Haushalten, aber auch Betrieben zu retten. Wer mitmacht, kann Lebensmittel abgeben oder abnehmen. Über die App »Too Good To Go« bekommt man Lebensmittelreste von Restaurants und Betrieben aus der Nähe. Man kann beispielsweise die Reste vom teuren Hotelbüfett oder die nicht verkauften Mittagstischangebote vom Café um die Ecke zum reduzierten Preis abholen (toogoodtogo.de). Einen Saisonkalender mit passenden Rezepten gibt es online unter regional-saisonal.de oder unter deutsches-obst-und-gemuese.de.

Die »Planetary Health Diet«

Tierische Produkte sollten die Ausnahme und nicht die Regel auf dem Teller sein.

2050 werden voraussichtlich zehn Milliarden Menschen auf der Erde leben. Bereits heute haben rund 820 Millionen Menschen nicht genug zu essen, während sich gleichzeitig sehr viele Menschen ungesund ernähren oder einfach zu viel essen, was auch ungesund ist. Die sogenannte »Planetary Health Diet« wurde von 37 Expertinnen und Experten entwickelt, die sich in der EAT-Lancet Commission zusammengefunden und mehrere Jahre an der Entwicklung eines Ernährungsplans gearbeitet haben, der sowohl den Ernährungsherausforderungen der Gegenwart und Zukunft gewachsen ist, als auch den Erhalt des Planeten vor allem vor dem Hintergrund des Klimawandels sichert. Die gute Nachricht: Wir können diese Herausforderungen bewältigen! Die schlechte Nachricht: Ein schneller Wandel ist nötig. Die Wissenschaftler sprechen von einer Ernährungswende. Wesentliche Forderungen der »Planetary Health Diet« sehen vor, dass Zucker- und Fleischkonsum global gesehen mindestens halbiert werden und dafür mehr Obst, Gemüse, Nüsse und Hülsenfrüchte verzehrt werden sollten. Tierische Produkte sollten die Ausnahme und nicht die Regel auf unseren Tellern sein. Da die Planetary Health Diet eine globale Perspektive hat, gilt es, bei der Umsetzung länderspezifische Feinheiten zu beachten und den Ernährungsplan auch individuell anzupassen. Manche kritisieren nämlich, dass die vorgesehenen 2500 Kilokalorien pro Person und Tag speziell körperlich hart arbeitenden Menschen nicht reichen.

Informationen über die »Planetary Health Diet« sowie Rezepte unter https://eatforum.org/a-weekly-planetary-health-menu/.

04
—
Wohnen

129

Terawattstunden
Strom haben die
deutschen Haushalte
2016 gebraucht.

ein Föhn mit einer
Leistung von 1000 Watt
braucht pro Stunde
1000 Wattstunden

Der Föhn müsste also

129

Milliarden Stunden
laufen, um 129 Tera-
wattstunden Strom
zu verbrauchen.

Das sind rund

14,7

Millionen Jahre

Deine Wohnung gibt dir Energie – aber sie braucht auch viel davon

Mein Zuhause ist mir heilig. Hier komme ich zur Ruhe, hier ist alles, was ich brauche und was mir lieb ist. Ich wohne mitten in Hamburg in einem Altbau, der über hundert Jahre alt ist. Vor hundert Jahren hatten es die Bewohner meines Hauses wohl noch nicht so einfach wie ich heute. Strom auf Knopfdruck, warmes Wasser zu jeder Uhrzeit, Kabelfernsehen. Und dank einer modernen Heizung ist die Wohnung im Winter nie kalt, sondern immer angenehm warm, wenn ich abends nach Hause komme. Mein Kühlschrank hält leicht verderbliche Lebensmittel tagelang frisch. Mein Geschirr spült meine kleine Geschirrspülmaschine. Um Teewasser zu erhitzen, muss ich kein Feuer machen, sondern benutze einfach in Minutenschnelle meinen Wasserkocher. Wohnen hat sich verändert. Im Hinblick auf Bequemlichkeit und Hygiene auf jeden Fall zu unseren Gunsten. Klimatisch gesehen bezahlen wir dafür jedoch einen hohen Preis, denn wir brauchen täglich Unmengen an Energie.

2016 haben die deutschen Haushalte 129 Terawattstunden (TWh) Strom gebraucht. Das sind 129 Billionen Wattstunden. Zum Vergleich: Ein Föhn mit einer Leistung von 1000 Watt braucht pro Stunde 1000 Wattstunden oder eine Kilowattstunde Energie. Der Föhn müsste also 129 Milliarden Stunden laufen, um 129 Terawattstunden Strom zu verbrauchen. Das sind rund 14,7 Millionen Jahre.

Stromverbrauch der Haushalte in Deutschland nach Anwendungsbereich

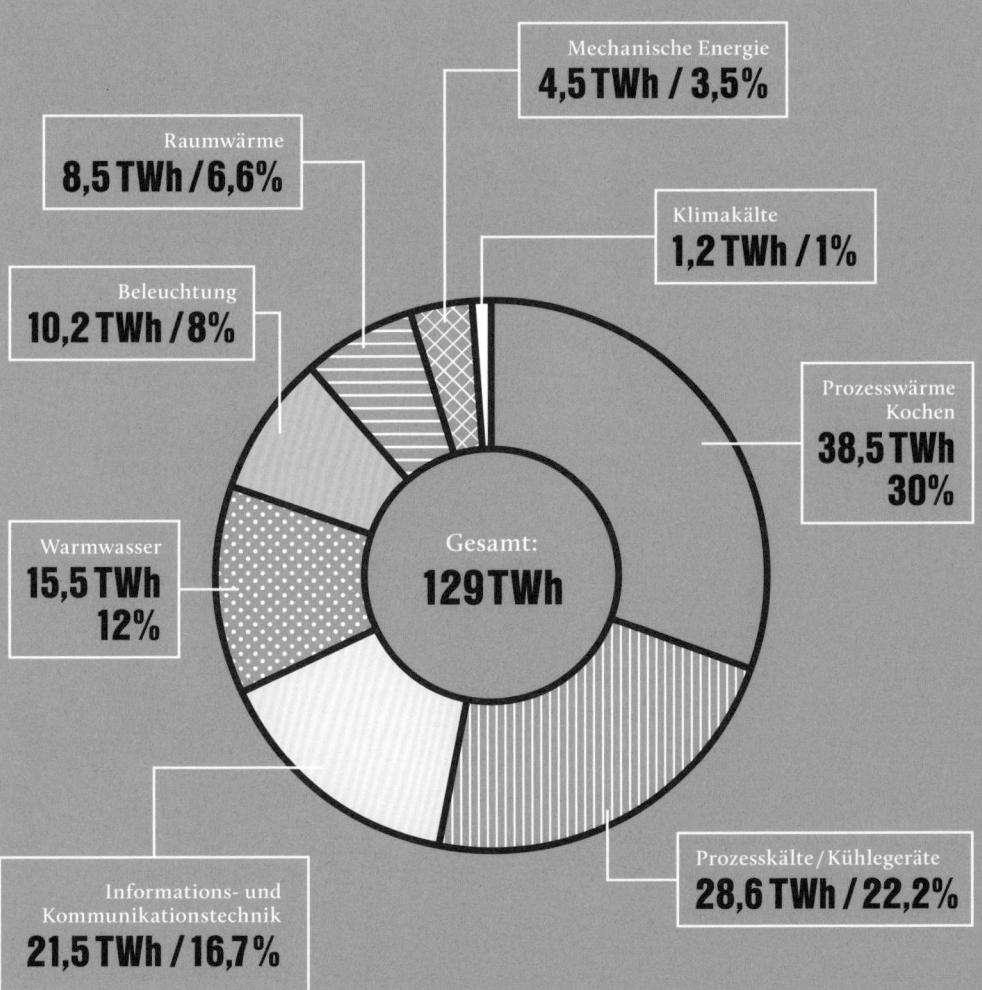

Mechanische Energie
4,5 TWh / 3,5 %

Raumwärme
8,5 TWh / 6,6 %

Klimakälte
1,2 TWh / 1 %

Beleuchtung
10,2 TWh / 8 %

Prozesswärme
Kochen
**38,5 TWh
30 %**

Warmwasser
**15,5 TWh
12 %**

Gesamt:
129 TWh

Informations- und
Kommunikationstechnik
21,5 TWh / 16,7 %

Prozesskälte / Kühlegeräte
28,6 TWh / 22,2 %

Quelle: Arbeitsgemeinschaft Energiebilanzen, Zusammenfassung Anwen-
dungsbilanzen für die Endenergiesektoren 2013 bis 2016, Stand 01/2018

Wohnung und Wasser heizen, aber nicht das Klima

Mehr als

2/3

der Energie haben wir in Deutschland 2017 für das Heizen unserer Wohnungen benötigt

↓

15%

für Warmwasser

↓

38%

der CO_2-Emissionen des privaten Konsums fallen durch den Energieverbrauch im Bereich Wohnen an

Mehr als zwei Drittel der Energie haben wir in Deutschland 2017 für das Heizen unserer Wohnungen benötigt, 15 Prozent für Warmwasser. Zur Energiegewinnung für Heizung und Warmwasserbereitung setzen wir momentan noch weitgehend auf Erdöl oder Erdgas. Auch elektrischer Strom stammt hauptsächlich aus nicht erneuerbaren Energiequellen wie Kernenergie, (Braun-)Kohle und Erdgas. Deshalb hat der Bereich Wohnen einen großen Anteil an klimaschädlichen CO_2-Emissionen. 38 Prozent der CO_2-Emissionen des privaten Konsums fallen laut Statistischem Bundesamt durch den Energieverbrauch im Bereich Wohnen an. Davon entfallen rund 60 Prozent auf die Raumwärme und zwölf Prozent auf die Warmwasserbereitung. Die Beleuchtung ist lediglich für drei Prozent der CO_2-Emissionen verantwortlich.

Leider heizen wir oft falsch und »verheizen« damit unsere Ressourcen. Dabei kann man durch richtiges Heizen besonders gut Energie und damit auch bares Geld sparen.

• Der einfachste Tipp lautet: weniger heizen! Schon ein Grad weniger kann bis zu sechs Prozent Heizkosten sparen. 19 oder 20 Grad Raumtemperatur genügen normalerweise völlig, um es angenehm warm zu haben. Mit jedem Grad weniger können wir etwas Gutes für die Umwelt tun. Also einfach die Heizung Grad für Grad herunterdrehen. Oft hilft dabei eine kuschelige Decke oder der gute alte Wollpulli.

• Heizkörper sollten nicht durch dicke Gardinen oder das Sofa verdeckt sein, sonst verteilt sich die Wärme nicht im Raum und wir heizen mehr als nötig.

Richtiges Heizen und Lüften können viel Energie und Geld sparen und sorgen für ein gesundes Raumklima.

- Programmierbare Thermostate können bis zu zehn Prozent Heizkosten sparen. Gute selbstlernende Thermostate bieten bis zu 30 Prozent Sparpotenzial. Als Mieter kannst du der Hausverwaltung vielleicht eine Umrüstung vorschlagen.

- Nie die Heizung komplett runterdrehen, auch nachts nicht. Zum Schlafen am besten vier bis fünf Grad niedriger einstellen. Das Hochheizen von »null« auf »warm« braucht mehr Energie als eine konstante Wärme.

- Lieber zwei- bis viermal am Tag stoßlüften, als das Fenster stundenlang gekippt halten.

- Mindestens einmal im Jahr die Heizung entlüften, sie heizt dann effizienter.

- Elektrische Heizgeräte sind ein No-Go. Der Stromverbrauch ist extrem hoch, und die Wärme verpufft sehr schnell.

- Wohneigentümer und Hausbauer sollten in gute Fenster, Dämmung und Heizung investieren. Dreifach verglaste Fenster beispielsweise isolieren zwölfmal so gut wie einfach verglaste. Energieberater helfen dabei, geeignete Maßnahmen zu finden. Manche Investitionen wie etwa in eine Pelletheizung, Wärmepumpe oder in Solarthermie werden finanziell gefördert. Wie schnell sich die Kosten amortisieren, lässt sich ziemlich exakt berechnen.

Johann Schmidt

Bereichsleiter Energiewirtschaft bei Greenpeace Energy

Johann Schmidt ist seit 2009 bei Greenpeace Energy und dort Bereichsleiter Energiewirtschaft. Er und seine Kollegen arbeiten nicht nur in vielen Projekten zur Energiewende und Weltrettung mit, sondern entwickeln auch Energielösungen für Kunden und Kundinnen.

Warum brauchen wir eine Energiewende?

Meine erste bleibende Erinnerung an Energie stammt von 1986. Ich war in der Grundschule, und auf einmal durften wir nicht mehr auf den Spielplatz und sollten lieber drinnen spielen. Nach und nach habe ich verstanden, dass irgendwas in einem weit entfernten Land passiert ist. Die Stadt, in der das Unglück passierte, war kaum auszusprechen: Tschernobyl. Wir waren in der ersten Klasse und sind auf dem Schulhof mit Plakaten rumgerannt. Ich kann mich noch sehr gut an diese diffuse Angst erinnern. Alle waren sehr besorgt. Nicht ganz zufällig bin ich dann einige Jahre später in der Branche für Energiewende gelandet. Auch ich habe jetzt Kinder, die in dem Alter sind wie ich damals. Sie gehen bei *Fridays for Future* mit und können schon selbst die Zusammenhänge herstellen. Das motiviert mich. Ich möchte später und auch jetzt schon zeigen können, was ich getan habe, um die Erde für die beiden lebenswert zu halten.

Warum ist Ökostrom gut fürs Klima?

Mit Ökostrom ernten wir die Energie, die um uns herum ohnehin da ist. Die Windbö wird in Elektrizität umgewandelt, um unser Wohnzimmer zu beleuchten; die Sonnenstrahlung wandeln wir um, damit wir Essen kochen können. Noch toller ist aber, dass es die Möglichkeit gibt, sich selbst an der Herstellung von Ökostrom zu beteiligen. Ein Großkraftwerk kann nur ein großer Konzern finanzieren und bauen. Eine Photovoltaik-Dachanlage kann fast jeder, der eine Dachfläche besitzt, in Betrieb nehmen. Auch eine Windkraftanlage kann durch den Zusammenschluss von Bürgern gebaut werden – mit entsprechender Unterstützung durch Projektingenieure. Kurzum: Ökostrom trägt dazu bei, dass Energie demokratischer erzeugt wird und vor allem dezentraler. Es gibt einfach sehr viele Erzeugungsanlagen, die sehr vielen Menschen gehören. Nebenbei wird bei der Erzeugung des Stroms kein Treibhausgas ausgestoßen.

Mittlerweile stammen knapp 40 Prozent des Stroms in Deutschland aus Wind-, Sonnen-, Wasserkraft oder Biomasse. Ist das viel oder wenig?

Aus Sicht von vor zehn Jahren ist das unvorstellbar viel. Wenn wir den im Pariser Abkommen festgelegten Klimaprozess ernst nehmen, ist es aber nicht genug. Wir wollen ja nicht nur den Stromsektor auf grüne Erzeugung umstellen, sondern große Teile unseres Energiebedarfs. Da ist also noch viel zu tun, aber derzeit bremsen wir unseren Ausbau herunter. Deutschland ist immer noch Energiewendepionier, wird aber gerade sehr unattraktiv, da wir im Land selber nicht mehr vorankommen. Die Energiewende stolpert gerade beträchtlich. In diesem Zusammenhang wird oft vergessen, dass die erneuerbaren Energien bereits jetzt sehr viele Arbeitsplätze schaffen. 2016 arbeiteten 160 200 Menschen in der Windenergiebranche, Tendenz steigend. Das sind mehr Arbeitsplätze als in der Braunkohle und Steinkohle zusammen.

Sind manche Energiequellen besser als andere?

Ich persönlich gucke mit meiner Job-Brille drauf: Für jede Art der Energieerzeugung muss ich Prognosen machen. Meine Aufgabe ist es, zu sagen, wann eine Anlage wie viel Energie erzeugt, und diese Erzeugung dann mit dem Verbrauch von vielen Kunden zu »verbinden«. Bei Photovoltaik ist das einfacher als beim Wind. Die erzeugt nämlich nur tagsüber und macht im Verlauf des Tages einen schönen Erzeugungshügel. Wind hingegen produziert auch nachts, da brauchen wir ja auch Strom. Der Wind lässt sich aber deutlich schwieriger vorhersagen. Je nachdem, wie die Windbö am Windrad eintrifft, geht es mal ordentlich rauf

und dann wieder runter bei der Erzeugung. Das erinnert mich oft an Achterbahnfahren auf dem Hamburger Dom. Die Mischung macht es.

Was passiert, wenn plötzlich über einen längeren Zeitraum keine Sonne scheint oder kein Wind weht?

Wir nennen das Phänomen eine »kalte Dunkelflaute«. Könnte auch der Titel für einen Tarantino-Film sein. Wenn kein Wind weht, keine Sonne scheint und dann noch der Verbrauch hoch ist, ist das die absolute Herausforderung. Bei solchen Wetterlagen können meistens auch nicht die Nachbarländer helfen, weil die dann dieselben Probleme haben. Eine kalte Dunkelflaute ist also kein regionales Problem. Unsere Lösung: Wir brauchen einen Langzeitspeicher für erneuerbaren Strom. Dazu wird mithilfe von Elektrolyseuren Wasser in Wasserstoff und Sauerstoff aufgespalten. Den Wasserstoff speichern wir im Gasnetz und nehmen ihn in Zeiten der Dunkelflaute wieder heraus. Der Wasserstoff kann in einer Gastherme mittels Verbrennung in Wärme umgewandelt werden, oder man wandelt ihn in einem Blockheizkraftwerk wieder in Strom um und erhält zusätzlich auch noch Wärme. www.youtube.com/watch?v=2IViXkAu7mk

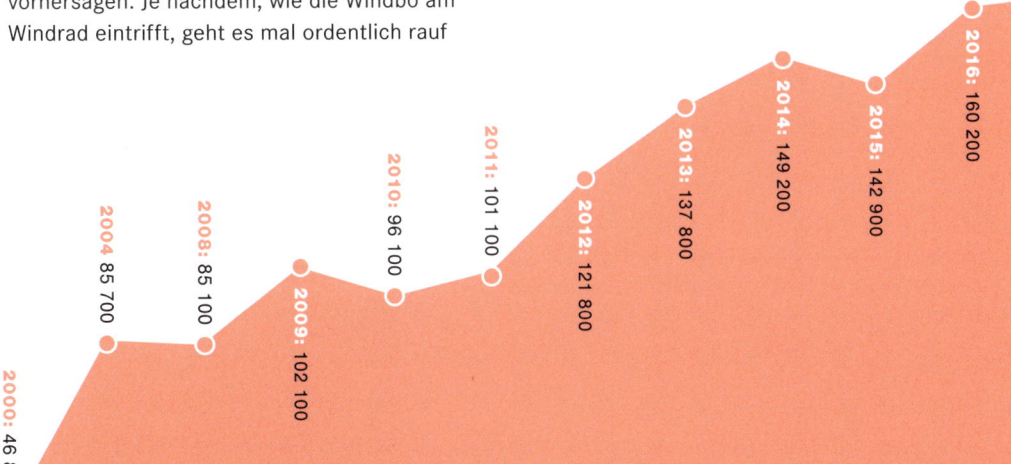

2000: 46 800

2004: 85 700

2008: 85 100

2009: 102 100

2010: 96 100

2011: 101 100

2012: 121 800

2013: 137 800

2014: 149 200

2015: 142 900

2016: 160 200

Arbeitsplätze in der Windenergie-Branche
Bruttobeschäftigung im Windsektor in Deutschland 2000 – 2016

160 200

—

Menschen arbeiteten 2016
in der Windenergiebranche.

Und was passiert bei viel Sonne und viel Wind? Kann man diese Energie speichern?

Strom als solches muss in dem Moment der Erzeugung sofort verbraucht werden. Eine Speicherung ist aber dennoch möglich, etwa mithilfe von Pumpspeicherkraftwerken. Es gibt auch erste Anbieter, die in Großbatterien (Schiffscontainer) Energie speichern oder auch Batterien für Haushalte anbieten. Das ist besonders geeignet, wenn man eine eigene Photovoltaik-Anlage auf dem Dach hat. Es gibt aber auch hier wieder die Möglichkeit, in Elektrolyseuren mithilfe des Stroms aus Wasser Wasserstoff herzustellen, der im Gasnetz gespeichert und bei Bedarf wieder in Wärme oder Strom zurückverwandelt werden kann.

Wenn du dir von der Politik etwas wünschen dürftest, um die Energiewende voranzutreiben – was wäre das?

Das ist ein abendfüllendes Thema! Ohne aber zu sehr ins Detail zu gehen: Ich würde mir wünschen, dass die Politik die Energiewende wieder mutiger anpackt und sie vor allem als Chance sieht. Als Chance für die deutschen Hersteller von Anlagen. Wir sind technisch führend und können weltweit die Energiewende voranbringen. Als Chance für das Entstehen von Arbeitsplätzen in dieser Zukunftsbranche. Als Chance für einen Wandel, damit wir unseren Kindern eine lebenswerte Welt hinterlassen.

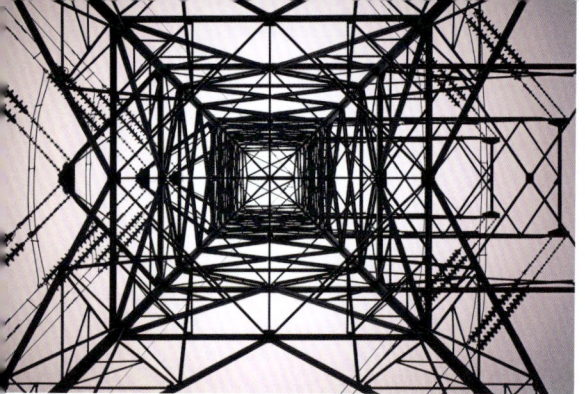

Wir stehen ganz schön unter Strom: Lasst uns runterkommen!

Ich habe neulich versucht aufzuzählen, was in meiner Wohnung Strom verbraucht und was ich täglich oder zumindest wöchentlich nutze: Lampen, Herd, Mixer, Kühlschrank, Spülmaschine, Waschmaschine, Handy, Radio, Laptop, manchmal einen Föhn und bestimmt noch einiges mehr. In den meisten Haushalten kommen sicherlich der Fernseher, die Elektrozahnbürste und der Kaffeeautomat oder die Kaffeemaschine dazu.

Im eigenen Haushalt kann man sehr einfach etwas für eine positivere Klimabilanz tun, denn beim privaten Stromverbrauch können wir sehr viel einsparen, ohne dass es schwierig oder anstrengend ist. Es geht hier nicht um das Ökoklischee »Atomstrom – nein danke«, oder zumindest nicht nur. Es geht vor allem darum, dass wir im Haushalt viele Ressourcen gedankenlos vergeuden. Wenn wir uns jedoch einige Tatsachen klarmachen, können wir diese Verschwendung leicht bremsen und Geld sparen. Tatsächlich sind die Maßnahmen so einfach und fast schon banal, dass ich lange überlegt habe, ob ich sie hier nennen soll. Andererseits habe ich bei der Recherche auch noch etwas gelernt. Und jede Maßnahme hilft.

Stromsparen: kleine Maßnahmen, große Wirkung

1 Zu einem Ökostrom-Anbieter wechseln

Viele kennen ihren Stromanbieter nicht und wissen nicht, aus welchen Energiequellen ihr Strom stammt. Zu Ökostrom wechseln geht schnell, und es wirkt sofort. Wer Ökostrom bezieht, setzt auf regenerative Energien, investiert in die Energiewende und somit in die Zukunft. Ökostrom ist auch längst nicht so teuer, wie viele denken, sondern manchmal sogar günstiger. Anbietervergleiche und Tarifrechner findest du online. Die Abmeldung beim alten Anbieter übernimmt der neue Anbieter. Es gibt keinen Grund, nicht zu wechseln. Manche wechseln jährlich, um immer den günstigsten Tarif zu bekommen.

> Durch den Wechsel zu einem Ökostrom-Anbieter vermeidet ein durchschnittlicher Drei-Personen-Haushalt mit einem Verbrauch von 3.600 kWh rund 1.990 kg CO_2 pro Jahr. Um so viel CO_2 zu binden, wären rund 160 Bäume nötig.

2 Ineffiziente Haushaltsgeräte abschaffen

Es kann tatsächlich ökologischer sein, sich ein energieeffizienteres, neues Elektrogerät zu kaufen, als das alte zu behalten. Besonders bei alten Kühlschränken und Gefriertruhen lohnt sich der Wechsel. Achte bei dem neuen Gerät auf Energieeffizienzklasse A+++. Der Wechsel von einem alten Kühlschrank zu einem neuen mit Energieeffizienzklasse A+++ spart bis zu 70 Euro im Jahr, weil das neue Gerät weniger Strom verbraucht. (Quelle: co2online.de)

3 Kühl- und Gefrierschrank regelmäßig abtauen

Das verringert den Stromverbrauch um circa 30 Prozent. Bereits eine dünne Vereisung lässt den Stromverbrauch des Gerätes in die Höhe schnellen. Oft ist auch die Temperatur zu hoch eingestellt. Beim Kühlschrank reichen 7 °C, bei der Gefriertruhe –18 °C. Am besten steht der Kühlschrank nicht in der Nähe von Geräten, die Wärme erzeugen, vor allem nicht direkt neben dem Herd. Die Kühlschranktür nicht länger als nötig öffnen: In einem Durchschnittshaushalt entstehen dadurch jährlich etwa 15 kg unnötiges CO_2. Auf der Stromrechnung schlägt das mit etwa 7 Euro im Jahr zu Buche.

4 Wasser im Wasserkocher erhitzen

Wasser im Wasserkocher und nicht auf dem Herd zu erhitzen geht schneller und spart Strom. Immer nur so viel Wasser erhitzen, wie man braucht. Wer aber so viel heißes Wasser braucht, dass er den Wasserkocher dafür zweimal verwenden müsste, sollte das Wasser lieber im Topf auf dem Herd erhitzen. Manche Wasserkocher schalten sich nicht sofort ab, wenn das Wasser kocht, sondern lassen das Wasser noch eine Zeit lang sprudeln. Es hilft in diesem Fall viel, den Kocher einfach rechtzeitig von Hand auszumachen.

5 Den Backofen effizient nutzen

Aus Bequemlichkeit nicht genutzte Backbleche beim Backen im Ofen zu lassen ist ein Fehler. Denn der Backofen braucht in diesem Fall wesentlich mehr Energie, um aufzuheizen. Auch Vorheizen muss außer bei sensiblen Backwerken oft nicht sein. Ich heize den Ofen nur sehr selten vor und schalte ihn auch oft schon vor der Backzeit aus, weil die Restwärme zum Fertiggaren ausreicht.

6 Die richtige Kochtopfgröße wählen

Fast 40 kg CO_2 (und circa 20 Euro) kann man einsparen, wenn man die Topfgröße passend zur Herdplatte wählt. Der Topf kann etwas größer, sollte aber nie kleiner als die Herdplatte sein. Beim Kochen außerdem immer einen Deckel auf den Topf legen.

Die falsche Topfgröße kann den Stromverbrauch der Herdplatte um bis zu 50 Prozent erhöhen!

7 Kurzprogramme bei Wasch- oder Spülmaschinen meiden

Die Kurzprogramme versuchen, in kürzerer Zeit Ähnliches zu leisten wie ein normaler Spülgang. Das ist aber in der Regel nur mit höherem Stromverbrauch möglich, zum Beispiel für die Wassererwärmung. Stattdessen lieber Ökoprogramme nutzen. Sie verwenden niedrigere Temperaturen, brauchen dafür aber etwas mehr Zeit, zum Beispiel zum Einweichen. So erreicht man ein ebenso gutes Ergebnis. Es genügt oft, Wäsche bei 30 °C zu waschen und nur ab und zu bei 60 °C. Dagegen wird oft argumentiert, dass bei Niedrigtemperaturen die Wäsche nicht keimfrei sauber wird. Aber zum einen wird sie das auch nicht immer bei 60 °C und zum anderen ist unsere Wäsche normalerweise nicht hochgradig verkeimt. Leben kranke Menschen im Haushalt, kann man auch bei höherer Temperatur waschen. Auch für Putzlappen ist eine höhere Temperatur sinnvoll. Eine 90 °C-Wäsche verursacht 1060 g CO_2, eine 60 °C-Wäsche nur die Hälfte. Die Herstellerangaben geben Auskunft darüber, wie viel Strom Wasch- und Spülmaschine in dem jeweiligen Programm verbrauchen.

8 Hände mit kaltem Wasser waschen

Es ist viel Energie notwendig, um Wasser zu erhitzen. Bei der Waschmaschine und der Spülmaschine kann man über die Wahl des Programms Energie sparen. Aber auch kleine Aktionen wie Händewaschen oder Zähneputzen verändern viel, wenn wir bewusster handeln. Ist es wirklich sinnvoll, das Wasser ein bis zwei Minuten laufen zu lassen, bis es warm genug zum Händewaschen ist, und die Hände dann nur wenige Sekunden in das warme Wasser einzutauchen?

9 Standby-Modus nutzen

Sehr viele elektrische Geräte verfügen über einen Standby-Modus. Auch wenn man meist nur ein kleines Lämpchen leuchten sieht, verbrauchen die Geräte im Standby-Modus noch relativ viel Energie. Ein TV-Gerät beispielsweise verursacht im Standby-Modus CO_2-Emissionen von 79–250 g pro Tag. Ähnlich verhält es sich bei Computerbildschirmen. Also öfter mal abschalten, nicht nur im Urlaub. Insgesamt kann das bis zu zehn Prozent des Stromverbrauchs ausmachen.

10 Ungenutzte Ladekabel aus der Steckdose ziehen

Ladekabel verbrauchen auch Strom, wenn kein Handy oder anderes Gerät angeschlossen ist. Wer nicht immer ausstecken will, verwendet eine Masterslave-Steckdose, die man per Knopfdruck ausschalten kann. Perfekt auch, wenn man mehrere Geräte gleichzeitig ausschalten möchte.

11 Kleine Bildschirme verwenden

Kleinere Fernseh- oder Computerbildschirme verbrauchen weniger Energie als große. Verdoppelt sich die Bildschirmdiagonale, vervierfacht sich der Stromverbrauch.

12 Geräte leihen statt kaufen

Mal ehrlich: Brauchen wir wirklich alle elektrischen Geräte, die wir kaufen? Mein Waffeleisen nutze ich maximal einmal im Jahr. Das gleiche gilt für den Mixer. Warum also nicht öfter mal ein Gerät bei netten Nachbarn ausleihen, anstatt es selbst zu kaufen?

13 LED statt Glühbirne

Als die EU die Produktion von Glühlampen und Halogenlampen verboten hat, fürchteten viele, dass sie ihre Abende bei kaltem LED- oder Energiesparlampenlicht verbringen müssen. Doch mittlerweile gibt es LED-Beleuchtung nicht nur in kühlem, hellem Licht, sondern auch in warmem Weiß. Die Farbtemperatur erkennt man an der Kelvinzahl auf der Verpackung. Je niedriger die Kelvinzahl, desto wärmer das Licht. Eine Farbtemperatur von 1000–3000 Kelvin entspricht dem Warmweiß einer Glühbirne. Im Vergleich zur alten Glühbirne verbrauchen LEDs bis zu 90 Prozent weniger Energie. Sie sind auch energieeffizienter als Energiesparlampen. Energiesparlampen haben einen großen Nachteil: Sie enthalten Quecksilber und sind somit nach dem Gebrauch Sondermüll. Sie dürfen daher nicht in den Hausmüll gelangen, sondern müssen über spezielle Sammelstellen entsorgt werden.

123

Liter Wasser wurden in
Deutschland 2017 pro
Kopf und Tag verbraucht

↓

36%

verwenden wir zum
Duschen und Baden

↓

27%

verbraucht die
Klospülung

↓

12%

die Waschmaschine

Wie viel Wasser verbrauchen wir wirklich?

Circa 123 Liter Wasser wurden in Deutschland 2017 pro Kopf und Tag verbraucht. Ein paar Liter trinken wir, circa 36 Prozent verwenden wir zum Duschen und Baden, immerhin 27 Prozent Wasser verbraucht die Klospülung und circa zwölf Prozent die Waschmaschine. In Deutschland sind wir in der glücklichen Lage, dass sauberes Wasser überall zur Verfügung steht und wirklich sehr günstig ist. Erstaunlich, denn obwohl die Erde zu zwei Dritteln mit Wasser bedeckt ist, ist doch das meiste Wasser salziges Meerwasser (97,5 Prozent) und somit kein Trinkwasser. Nur 0,4 Prozent des Süßwassers auf der Erde sind nutzbar. Der Rest befindet sich unterirdisch oder ist gefroren. Flüssiges Süßwasser findet

Der virtuelle Wasserverbrauch gibt an, welche Menge Wasser für die Herstellung eines Produkts verwendet wird.

sich in Gewässern wie Seen oder Flüssen, im feuchten Boden oder in Lebewesen oder fällt als Regen. Der Zugang zu sauberem Trinkwasser ist auf der Erde jedoch sehr ungleich verteilt. Während in Europa und Amerika viele Menschen Zugang zu sauberem Wasser haben, ist das in Afrika und Asien keine Selbstverständlichkeit. Doch zurück zu den 123 Litern Wasser, die wir in Deutschland täglich pro Kopf verbrauchen. Diese Zahl ist nämlich eigentlich falsch, denn wir verbrauchen viel mehr Wasser. Jede Tasse Kaffee, jedes Glas Milch, jedes Stück Fleisch, jede Jeans und jedes Blatt Papier benötigt Wasser in der Herstellung. Wenn wir diesen virtuellen Wasserverbrauch der von uns verwendeten Produkten mit einberechnen, kommen wir in Deutschland auf einen täglichen Wasserverbrauch von ungefähr 25 vollen Badewannen. Das sind 5288 Liter Wasser pro Tag und Person.

Eine Tasse Kaffee verbraucht etwa 140 Liter Wasser während des gesamten Herstellungsprozesses, da der Kaffee angebaut, bewässert, geerntet, verarbeitet, gereinigt und geröstet wird.

Die Produktion von 1 kg Rindfleisch verbraucht 15 500 Liter Wasser, darin ist das Wasser enthalten, das das Rind trinkt, aber vor allem das Wasser, das für den Anbau des Futters verbraucht wird.

Ein Blatt Papier im DIN-A4-Format hat einen virtuellen Wasserverbrauch von knapp zehn Litern, die bei der Herstellung vor allem für die Aufbereitung der Holzfasern verwendet werden.

Eine Jeans verbraucht circa 8000 Liter Wasser, das vor allem beim Anbau der Baumwolle, aber auch bei der Verarbeitung anfällt. Da Baumwollpflanzen sehr viel Wasser brauchen, haben vor allem Textilien einen großen Wasserfußabdruck.

Die Herstellung von Produkten, die wir ge- oder verbrauchen, kostet Wasser. Und nicht immer wird dieses Wasser in Deutschland direkt verbraucht, sondern oft in Ländern, wo Wasserknappheit herrscht. Ungefähr die Hälfte unseres Wasserbedarfs importieren wir in Deutschland über Produkte aus dem Ausland. Kaffee, Kakao, Baumwolle und Rindfleisch, aber auch andere Agrarprodukte machen hier einen großen Anteil aus. So sind wir zwar mit 123 Litern pro Tag und Kopf im täglichen Wasserverbrauch wahre Sparer, im virtuellen Wasserverbrauch sind wir Deutschen aber leider neben den USA und Japan Spitzenreiter im Import von Wasser. Um klimafreundlicher zu handeln, müssen wir uns also auch den virtuellen Wasserverbrauch unseres Konsums vor Augen führen und uns darüber im Klaren sein, dass wir eine Ressource verbrauchen, die woanders sehr knapp ist.

Eine Tasse Kaffee verbraucht etwa 140 Liter Wasser in der Herstellung.

Die Produktion von 1 kg Rindfleisch verbraucht 15 500 Liter Wasser.

Ein Blatt A4 Papier hat einen virtuellen Wasserverbrauch von knapp zehn Litern.

Eine Jeans verbraucht circa 8000 Liter Wasser.

Müssen wir in Deutschland Wasser sparen?

Der tägliche Wasserverbrauch (nicht der virtuelle) ist in den letzten Jahren in Deutschland zurückgegangen. Durch den Austausch alter Haushaltsgeräte und wassersparender Armaturen werden wir wohl weiter Wasser einsparen können. Das meiste Trinkwasser wird aus dem Grundwasser gewonnen. Momentan wird nicht (oder nur in Ausnahmefällen) mehr entnommen, als sich neu bilden kann. Der geringe Wasserverbrauch führt in manchen Gegenden sogar zu Problemen, da die Abwassersysteme für größere Wassermengen gebaut wurden, als momentan tatsächlich durchfließen. Die Folge: Faulgase oder Stagnation des Wasserflusses. Manche Gemeinden und Städte spülen die Leitungen mit Frischwasser, um eine gute Qualität zu gewährleisten und den lästigen Geruch loszuwerden. Wir als Verbraucher sollten trotzdem kein Wasser verschwenden, nur um dieses Problem zu lösen. Denn Wasser ist und bleibt eine knappe weltweite Ressource, und auch wenn wir in Deutschland noch in der glücklichen Lage sind, genug Trinkwasser zu haben, sind die Folgen des Klimawandels jetzt schon spürbar. Im heißen Sommer 2018 beispielsweise wurde in manchen Gebieten Deutschlands bereits das Trinkwasser knapp.

Durch den richtigen Konsum können wir viel virtuelles Wasser sparen, aber auch mit dem Wasser im Haushalt sollten wir achtsam umgehen:

- weniger warmes Wasser verwenden. Aufgrund des hohen Energieverbrauchs ist warmes Wasser 50-mal schlimmer für die Umwelt als kaltes Wasser. Und normalerweise werden Hände auch mit kaltem Wasser sauber.

- sparsame Duschköpfe und Armaturen verwenden. Regenschauerduschen sind wahre Wasserschleudern.

- den Wasserhahn zudrehen, während wir uns einseifen oder die Zähne putzen

- Leitungswasser trinken statt Mineralwasser in Glas- oder Plastikflaschen, die wieder gereinigt werden müssen

- Dusche statt Vollbad, denn die Dusche braucht pro Minute circa 15 Liter Wasser, ein Vollbad circa 140 Liter. Wer weniger als zehn Minuten duscht, ist also in der Dusche sparsamer im Verbrauch. Es gibt Timer für die Dusche, sodass man seine Duschzeit immer gut im Blick hat.

- beim Kauf auf den Wasserverbrauch von Geräten wie Spülmaschine und Waschmaschine achten

- Spül- und Waschmaschine immer voll beladen. Eine voll beladene Spülmaschine verbraucht weniger Wasser, als wenn die gleiche Menge Geschirr mit der Hand gespült wird. Geschirr und Töpfe vorspülen ist nicht nötig.

- die Spartaste bei der Toilette verwenden

- im Garten oder auf dem Balkon Regenwasser sammeln und zum Gießen verwenden

Das Wohnzimmer – grün und gemütlich

Das Wohnzimmer ist ein Raum, in dem wir viel Zeit verbringen und entspannen. Die Einrichtungsstile sind heute so vielfältig wie die Bewohner. Uns alle eint jedoch, dass wir es uns zu Hause gemütlich machen und trotz Minimalismus-Trend auf vieles nicht verzichten wollen und können.

> Es gibt zahlreiche Berichte, Blogs und Bücher von Menschen, die ihre Wohnung und manchmal auch ihr Leben minimalistisch gestaltet haben (siehe S. 267).

Minimalismus – Freiheit statt Unordnung

Nichts ist schlimmer, als aufräumen zu müssen, aber keinen Platz zu haben, um die Dinge verstauen zu können. Der naheliegende Schritt ist dann oft, noch eine Kommode zu kaufen oder einen größeren Schrank. Das eigentliche Problem ist jedoch, dass wir zu viel kaufen. Wir kaufen, weil beispielsweise Wohnungsdeko günstig ist und uns zu Ostern, Halloween und Weihnachten weisgemacht wird, dass wir unsere Wohnungen dekorieren müssen. Wir kaufen, weil wir glauben, dass die Produkte uns glücklich machen. Wir kaufen, weil es Einrichtungstrends gibt und wir up to date sein wollen. Aber schnell landen wir wieder bei dem Ausgangsproblem, nämlich dass unsere Wohnungen zu voll sind mit Dingen, die wir nicht wirklich brauchen. Es ist schwer, bei wenigen Dingen zu bleiben. Denn dafür müssen die Dinge eine gute Qualität und ein zeitloses Design haben und außerdem ihren Zweck lange erfüllen. Diese Kombination zu finden ist nicht einfach und auch nicht immer günstig. Aber wer es schafft, kommt weg vom Dauerkonsum und wird seine Wohnung Stück für Stück erleichtern.

Minimalismus beim Wohnen ist ein Prozess, der einem immer mehr Freiheit verschafft und bei den meisten von uns mit dem Ausräumen, Verkaufen und Verschenken von Dingen beginnt. So lernt man, sich bei jedem Teil zu fragen: »Brauche ich das wirklich?« In der Folge wird man sich dann auch weniger kaufen. Du kannst beim Reduzieren klein anfangen, zum Beispiel mit einer Schublade oder einem Zimmer und dich nach und nach vorarbeiten. So kannst du Stück für Stück im eigenen Tempo herausfinden, was dir wirklich wichtig ist. Minimalismus kann sehr befreiend sein, nicht zuletzt, weil es einfacher wird, Ordnung zu halten, wenn wenige Dinge plötzlich viel Platz haben.

Günstig gekauft ist manchmal doppelt bezahlt

Laut Statista besitzen zwei Drittel aller Deutschen Ikea-Möbel. Als ich mit Anfang zwanzig meine ersten Möbel gekauft habe, habe ich schnell festgestellt, dass es für meinen Geldbeutel wenig Alternativen gibt. Entweder waren die anderen Möbel zu altbacken oder zu teuer. Als Studentin konnte ich mir nicht viel leisten. Alles, was zählte, waren das Aussehen und der Preis. Nachhaltigkeit bei Möbeln war, zumindest bei mir damals, leider noch kein großes Thema. Fängt man aber einmal an, hinter die Kulissen zu schauen und ähnlich wie bei Kleidung, Kosmetik oder Essen bestimmte Dinge zu hinterfragen, merkt man schnell, dass günstig gekauft eben nicht immer gut ist. Denn die Lebensdauer, die sozialen Aspekte und der Umweltschutz sind im günstigen Preis nicht enthalten. Das fängt bei den Materialien an. Viele günstige Möbel

bestehen aus Pressspanplatten und Sperrholz, die meist verklebt werden. Die Klebstoffe können gesundheitsgefährdend sein. Auch Folienbeschichtungen auf Möbeln tragen durch ihre Ausdünstungen nicht zum gesunden Raumklima bei. Besonders Span- und MDF-Platten können Formaldehyd ausgasen, welches im Herstellungsprozess verwendet wird. Am wenigsten falsch macht man, wenn man auf nachwachsende Rohstoffe setzt, also Massivholz, nachhaltig produzierten Bambus oder Baumwolle bei Polstermöbeln. Tropenhölzer wie Mahagoni, Teak, Bangkirai oder Meranti sollte man meiden und stattdessen auf die Verwendung heimischer Hölzer wie Buche, Kiefer, Nussbaum oder Eiche achten, am besten aus nachhaltiger Forstwirtschaft. Auch Stein kann manchmal eine Alternative sein, zum Beispiel bei Tischplatten. Wer bei Möbeln aus Holz auf das FSC- oder PEFC-Siegel achtet, weiß, dass das Holz aus sozial- und umweltverträglicher Waldwirtschaft kommt. Man muss für Massivholzmöbel auf jeden Fall etwas mehr Geld in die Hand nehmen, aber da diese meist in kleinen Werkstätten oder Manufakturen hergestellt werden, kann man oft individuelle Wünsche mit einfließen lassen, und man hat am Ende ein Möbelstück, das frei von Schadstoffen ist, keine Allergien auslöst und perfekt in die Wohnung passt.

Statt nagelneu: Möbel mit Ecken und Kanten

Man muss Möbel auch nicht immer neu kaufen. Ich habe einige meiner Möbel über Kleinanzeigenportale gekauft. Dort kann man lokale Anbieter suchen und spart Zeit, wenn man ungefähr weiß, welchen Stil man sucht. Man findet Möbel für jeden Geldbeutel und Geschmack, vor allem wenn man das Möbelstück nicht sofort braucht. Ein Freund von mir fährt gern zum lokalen Wertstoffhof, wo er schon Möbel und andere Dinge gegen geringes Entgelt mitnehmen durfte. Gut daran ist auch, dass die Möbel keine weiten Wege hinter sich bringen müssen, denn sie sind immerhin schon in der gleichen Stadt. Seit einigen Jahren gibt es darüber hinaus den Trend, Möbel selbst zu bauen. So kann man aus alten Paletten vom Sofa übers Regal bis hin zur Garderobe vieles selbst zimmern. Dabei sollte man aber immer alte Paletten verwenden, die nicht mit Insektenschutzmittel oder Pestiziden in Berührung gekommen sind, was auf Überseetransporten oft der Fall ist. Viele DIY-Inspirationen findet man auf Pinterest, in Blogs oder auch in Büchern. Nachhaltige Möbeldesigner denken bei der Herstellung den Lebenszyklus des Möbelstücks bereits mit (Recyclingfähigkeit) oder versuchen, Möbelstücke möglichst flexibel zu gestalten, sodass sie mitwachsen oder lange verwendet werden können, weil sie mehrere Funktionen zugleich erfüllen. Nachhaltigkeit sollte also bereits bei der Konzeption des Möbelstücks eine Rolle spielen und sich im Design, aber auch in der Wahl der geeigneten Materialien widerspiegeln.

Faire Deko und nachhaltige Wohntextilien

Egal ob Vasen, Schalen, Regale, Bilderrahmen oder Körbe – Wohnungsdeko gibt es auch aus nachhaltigen Materialien und aus fairem Handel. Solche Produkte findet man beispielsweise in den Weltläden, bei El Puente oder auch bei Avocadostore. Fairer kaufen kann man auch regional, wenn man etwa Werkstätten für Menschen mit Behinderung unterstützt. Eine dieser Werkstätten ist »Side by Side«, die besonders schöne Deko- und Wohnprodukte aus heimischen Hölzern herstellt und regelmäßig Designpreise dafür gewinnt.

Bei Wohntextilien wie Gardinen oder Tischdecken kann man bei der Nachhaltigkeit die Maßstäbe für Mode anlegen (siehe S. 19). Auch hier gilt: Secondhand ist besser als neu, und wenn man etwas Neues kauft, sollte man auf die Textilsiegel (siehe S. 28-29) achten oder Wohntextilien kaufen, die in kleinen Manufakturen sozial- und umweltverträglich hergestellt wurden.

Nachhaltige Boden-beläge, Tapeten und Wandfarben

Da ich in den letzten Jahren zur Miete in einem Hamburger Altbau gewohnt habe, mit sehr alten Holzdielen und teilweise ohne Tapete an der Wand, musste ich mir über Bodenbeläge oder Tapeten nie viele Gedanken machen. Doch auch bei Bodenbelägen, Tapeten und Wandfarben sollten wir genauer hinschauen – aus Gründen des Umweltschutzes, aber auch wegen unserer Gesundheit.

Elastische Bodenbeläge

Zu den elastischen Bodenbelägen zählen PVC, Linoleum, Kautschuk und Kork. Kork und Linoleum sind gegenüber PVC auf jeden Fall die nachhaltigere Variante, weil sie oft recycelbare oder sogar kompostierbare Stoffe enthalten, während PVC fast immer Weichmacher enthält, die dann mit unseren nackten Füßen in Berührung kommen. Manchmal findet man sogar Zinn im PVC, der dem Belag eine höhere Lichtbeständigkeit verschafft, aber für unsere Gesundheit nicht gut ist. Linoleum besteht aus Leinöl, Naturharzen und Füllstoffen wie beispielsweise Kork- oder Holzmehl, Kalksteinpulver und gegebenenfalls Farbpigmenten. Linoleum soll durch das Leinöl sogar antibakterielle Eigenschaften haben. Auch Kautschuk gilt als extrem widerstandsfähig und hat den großen Vorteil, dass er als Bodenbelag nicht extra beschichtet werden muss. Als elastischer Bodenbelag ist Kautschuk sicherlich noch nicht sehr verbreitet, aber einer der nachhaltigsten.

Teppiche

Teppiche gibt es aus Wolle, Baumwolle, Sisal und synthetischen Fasern. Wer bei Teppichen auf Nachhaltigkeit achten möchte, muss zum einen berücksichtigen, dass viele Teppiche auch heute noch in Kinderarbeit hergestellt werden. Vor allem bei Teppichen, die nicht verlegt werden müssen, ist das häufig der Fall. Zum anderen gilt es, Gesundheits- und Umweltaspekte zu beachten. Kunstfasern sind das Gegenteil von natürlich und deswegen weder gut für die Umwelt noch für unseren Organismus. Kunstfaserteppiche bestehen meist aus Polyacryl, Polyester, Polypropylen oder Viskose. Beim Waschen kann sich Mikroplastik lösen und in die Umwelt gelangen. Auch unsere Haut kommt mit den Kunststoffen in Berührung. Bei Teppichen sind also natürliche Materialien wie Wolle, Baumwolle und Naturfasern eine gute Alternative. Sie sind hautfreundlich und kommen ohne Chemikalien, Weichmacher, Lösungsmittel und Klebstoff aus. Wolle beispielsweise speichert Luft, Baumwolle ist äußerst strapazierfähig, beide binden Staub und haben damit anderen Bodenbelägen gegenüber eben einen großen Vorteil. Auch Sisal, der aus der Agave gewonnen wird, oder andere nachwachsende Rohstoffe wie Hanf, Kokos oder Seegras eignen sich gut als Teppichboden, denn sie sorgen für ein gutes Raumklima. Allerdings sollten sie nicht nass werden, da sich sonst die Form verziehen kann. Bei Teppichen gibt es mehrere Siegel, die zu erkennen helfen, ob die Auslegware ohne Kinderarbeit hergestellt wurde, zum Beispiel CARE & FAIR, GoodWeave (ehemals RugMark) und STEP.

Holzböden und Fliesen

Holzböden, also Dielen oder Parkett, sind äußerst langlebig. Wenn sie nicht mit Lösungsmittel und Formaldehyd behandelt werden, wie das zum Beispiel beim Parkettersatz Laminat der Fall ist, sondern aus ökologischer Waldwirtschaft stammen und mit pflanzlichen Leimen, Ölen und Wachsen behandelt wurden, sind sie durchaus eine nachhaltige Alternative. Wer bei Holzböden auf das FSC-Siegel oder das Naturland-Siegel achtet, erkennt die nachhaltigen Varianten.

Auch Fliesen können äußerst langlebig sein. Wenn eine Fliese kaputtgeht, kann sie leicht ausgetauscht werden. Fliesen sind außerdem recycelbar und werden für die Herstellung neuer Fliesen verwendet. Fliesen lassen sich darüber hinaus einfach und mit wenig Reinigungsmittel sauber halten. Aus diesem Grund haben Milben, Schimmel und andere Krankheitserreger weniger Chancen als beispielsweise auf Holzböden. Deswegen findet man Fliesen meist in der Küche und im Badezimmer. Heimische Keramikfliesen unterliegen Umweltschutzauflagen und haben kurze Transportwege, sodass man mit diesen Produkten in der Regel nicht viel falsch machen kann.

> Nachhaltige Möbel und Bodenbeläge erkennt man an folgenden Siegeln: Blauer Engel, FSC-Siegel, Öko-Control (für Holz, Polster und Bezugsstoffe), natureplus, Naturland, eco-institut, PEFC-Siegel, GuT-Siegel, CARE & FAIR, GoodWeave (ehemals RugMark)

Wandfarbe

Farbige Wände liegen im Trend, aber auch weiße Wände sind meist tapeziert oder zumindest gestrichen. Frisch gestrichene Räume riechen nach Farbe und sollten am besten einige Tage auslüften, bevor man sie bezieht. Was viele aber meist nicht wissen: Das Lüften nützt eigentlich nicht viel, denn herkömmliche Farben und Tapeten können flüchtige und schädliche Stoffe enthalten, die auch noch lange nach dem Auftragen in den Wohnraum dringen und uns schaden können.

Die meisten Farben beinhalten als Grundstoffe Bindemittel, Lösungsmittel und Pigmente. Dazu kommen oft noch Füllstoffe, Zusatzstoffe und Wasser. Früher wurden auch

sehr oft Spuren von Asbest und Formaldehyd in Farben gefunden. Schon geringe Mengen von Formaldeyhd, das als krebserregend eingestuft wird, oder anderen flüchtigen Substanzen können gesundheitsschädlich für uns sein. Asbest und Formaldehyd findet man daher heute nicht mehr in Farben. Allerdings werden immer noch Isothiazolinone als Konservierungsmittel eingesetzt. Isothiazolinone wirken gegen Bakterien und Pilze und wurden früher sogar in Kosmetika eingesetzt, was kaum noch geschieht, weil sie bekannt dafür sind, Allergien auszulösen. Ob eine Farbe diese Stoffe enthält, erkennt man an dem Hinweis »kann allergische Reaktionen auslösen« auf der Verpackung. Die meisten Hersteller werben inzwischen damit, ohne Konservierungsstoffe auszukommen. Wer sichergehen möchte, kauft emissionsarme Farbe, die nicht gesundheits- oder umweltschädlich ist, und achtet auf das Umweltzeichen »Blauer Engel«.

Allerdings lässt das »Blaue Engel«-Siegel auch Isothiazolinone bis zu einem Grenzwert von 200 mg pro kg Farbe zu. Lüften während und nach dem Streichen ist also auch weiterhin eine gute Maßnahme.

Am nachhaltigsten sind **ökologische Wandfarben,** zum Beispiel Lehmfarben, Silikatfarben, Kalkfarben und Kaseinfarben. Diese vier sind auch gute Alternativen für Menschen, die aufgrund von Allergien empfindlich auf Konservierungsstoffe und Lösungsmittel reagieren. Aber was genau sind eigentlich **Lehmfarben?** Sie bestehen aus natürlichen Rohstoffen wie Sand, Tonmehlen und Pflanzenfarben und sind rein biologisch. Meist kann man Lehmfarbe als Pulver kaufen, das man dann selbst anrührt. Es gibt sie auch fertig angerührt, was den Vorteil hat, dass der Farbton immer genau gleich ist. Wenn man selbst anrührt, sollte man immer etwas mehr anrühren, denn dieselbe Farbe durch mehrmaliges Anmischen hinzubekommen ist nicht einfach. Den Effekt kann man natürlich auch gezielt einsetzen. Das Auftragen der Farbe ist etwas aufwendiger als bei normaler Farbe. Lehmfarbe ist übrigens feuchtigkeitsregulierend und sorgt somit für ein perfektes Raumklima.

Kalkfarbe wirkt wie die Lehmfarbe feuchtigkeitsregulierend. Sie eignet sich besser für Feuchträume als Lehmfarbe, weil sie wasserabweisend ist und aufgrund ihres hohen pH-Werts nicht anfällig für Schimmelbildung ist. **Silikatfarbe** hat ähnliche Vorteile, man kennt sie auch als Mineralfarbe. Sie ist besonders langlebig und besteht aus Quarzsand und Kaliumcarbonat. **Kaseinfarbe** wird aus Milcheiweiß gewonnen. Die Technik der Herstellung ist sehr alt, schon vor Jahrtausenden mischten die frühen Menschen für Höhlenmalereien Quark mit Kalk als Bindemittel für Farbpigmente. Auch in Kirchen kann man heute noch Wandmalereien aus Kaseinfarbe bestaunen. Das für die Herstellung verwendete Kasein stammt aus der Milchproduktion, das heißt, die Farbe ist nicht vegan. Einige Hersteller bieten jedoch mittlerweile vegane Alternativen an. Sie sind jedoch schwer zu finden und nicht ganz günstig. Alle ökologischen Wandfarben sind verträglich für Umwelt und Gesundheit, haben aber auch einen Nachteil: Das Auftragen ist aufwendig und oft auch teurer als bei herkömmlicher Farbe, weil man mehrere Schichten auftragen muss.

Tapeten

Auch Tapeten können Formaldehyde enthalten und an die Umgebungsluft abgeben. Der Blaue Engel als Umweltsiegel informiert, welche Tapeten umwelt- und gesundheitsverträglich sind. Auf Vinyltapeten sollte man verzichten, da sie fast immer Phthalate enthalten. Textiltapeten werden oft geklebt, wobei dann der Klebstoff oder das Harz problematisch ist. Wenn Textiltapeten aus Jute, Baumwolle oder Leinen hergestellt wurden, können sie zum Schutz gegen Motten behandelt worden sein und somit auch chemisch ausdünsten. Am besten sind immer noch Vliestapeten, die aus Zellstoff oder Textilfasern bestehen, oder Papier- und Raufasertapeten, sofern sie den Blauen Engel als Textilsiegel tragen.

Mit der App Scan4Chem vom Umweltbundesamt kannst du den Barcode eines Produkts, beispielsweise Spielzeug, Möbel oder Elektronik, scannen und eine Anfrage direkt an den Anbieter schicken, der dann innerhalb von 45 Tagen eine Auskunft geben muss.

Xenia Rosengart

Einrichtungsberaterin, Inhaberin
des Concept Store »Minimarkt«
im Hamburger Schanzenviertel

Xenia Rosengart betreibt seit über acht
Jahren den »Minimarkt«, einen wunderbaren
Concept Store im Hamburger Schanzenviertel. Außerdem ist sie in der Einrichtungsbe-
ratung, PR und Brand Strategy tätig. Im Juni
2019 hat sie zusammen mit dem Fotografen
Peter Fehrentz »nen-do« herausgebracht,
das sind Lehmfarben, die besonders durch
ihre sehr schöne Farbauswahl herausstechen.

**Wie bist du auf das Thema ökologische
Lehmfarbe gekommen?**

Peter Fehrentz und ich haben »nen-do« gemeinsam mit dem Ziel entwickelt, eine Wandfarbe zu
kreieren, die natürlich ist – sowohl in Hinblick
auf die Ästhetik als auch auf die Zusammensetzung der Inhaltsstoffe. Generell finde ich,
dass Wandfarbe sehr viel zur Harmonie eines
Raums beitragen kann, und ich mag es gerne,
mit dem klassischen cleanen Weiß zu brechen
und so eine wohlige Stimmung zu erzeugen.
Der kreative Prozess, das Entwickeln der 14
Farbtöne, ging dann tatsächlich superschnell,
da wir bereits eine genaue Vorstellung von den
Farbtönen hatten.

**Du hast unter anderem deine Ladenfläche
in Hamburg mit der Farbe gestrichen. Was
ist das Besondere an der Farbe?**

Besonders ist vor allem, dass sich die Farbtöne
aus unserem lokalen Mutterboden zusammen-
setzen, sie sind komplett natürlich. Auch die
Textur ist besonders: Die Lehmfarben haben

durch die Zusammensetzung und die Auftrage-
technik ein sehr lebendiges, natürliches Finish.
Außerdem ist die Farbe öko-zertifiziert und
trägt durch feuchtigkeitsregulierende Eigenschaften zu einem besseren Raumklima bei.
Das war mir wichtig, da ich das Gefühl habe,
der ökologische Aspekt kommt beim Thema
Wandfarbe manchmal etwas zu kurz. Dabei sind
wir ja ständig von der Substanz umgeben, die
wir an unsere Wände streichen.

**Eure Farben heißen »nen-do«, bedeutet
das was?**

»nen-do« ist japanisch und bedeutet Lehm. Der
Begriff steht also für die inhaltliche Zusammensetzung und unsere Farbnuancen.

**Kann man die Farbe genauso streichen wie
herkömmliche Wandfarbe? Geht das auf
jeder Wand?**

Auf jede streichfähige Fläche im Innenbereich
kann die Lehmfarbe aufgetragen werden. Wir
liefern sie als Pulver, so bedarf es keiner Konservierungsstoffe. Das Pulver muss nur kurz
mit Wasser angerührt werden und kann dann
mit einem Pinsel oder Quast im Kreuzschlag

aufgetragen werden. Durch die individuelle Körperbewegung entsteht dann eine tolle, einzigartige Struktur. Für ein einheitliches Finish würde ich daher dazu raten, das Streichen des Raums von einer Person durchführen zu lassen, sodass ein einheitliches Ergebnis entsteht. Für das Auftragen ist kein Profi nötig, der Kreuzschlag ist nicht kompliziert – auf der »nen-do«-Website erklären wir den Vorgang, und bei Rückfragen beraten wir gerne im Minimarkt.

Wenn du dir jetzt einen Raum aussuchen dürftest, was für ein Raum wäre das und in welcher Farbe würdest du ihn streichen?

Ich bin gerade dabei umzuziehen und plane fleißig an der neuen Wohnung. Gerne möchte ich »Pale Clay« streichen, das ist ein Off-White, das zum Beispiel superschön mit hellen Holzdielen oder -möbeln harmoniert. Die Kinderzimmer möchte ich jeweils ein Viertel hoch in »Summer Skin« (für meinen Sohn) und in »Matcha Garden« (für meine Tochter) streichen, zwei verhältnismäßig dunkle Töne, die durch einen sparsamen Einsatz auch für Kids ein total schönes Raumgefühl erzeugen. Und superpraktisch: So sind Flecken an den Wänden nicht so schnell zu sehen.

Verkauf der »nen-do«-Lehmfarben im Minimarkt-Ladengeschäft (Bartelsstraße 37, 20357 Hamburg) und im Onlineshop **www.minimarkt.com.**

Besser schlafen im Schlafzimmer

Im Durchschnitt schlafen wir sieben Stunden pro Tag. Das sind 49 Stunden pro Woche und hochgerechnet bei einem 60-jährigen Menschen schon 20 Jahre. In keinem anderen Zimmer verbringen wir so viel Zeit wie im Schlafzimmer. Und an keinem anderen Ort der Wohnung atmen wir so tief wie im Schlafzimmer, weil es der Ort ist, an dem wir entspannen. Aus diesen beiden Gründen ist es besonders wichtig, im Schlafzimmer auf Materialien und deren Verarbeitung zu achten. Was ich über nachhaltige Wohnzimmermöbel, Teppiche, Tapeten und Wandfarben geschrieben habe, gilt auch für das Schlafzimmer. Denn das Raumklima hat einen großen Einfluss auf einen guten Schlaf. Wir wollen nachts keine Formaldehyde oder andere schädliche Chemikalien einatmen.

Das Bett ist eines der meistgenutzten Möbelstücke in unserer Wohnung. Und Bettwäsche, Decken, Kissen und die Matratze kommen unserer Haut sehr nah. Wer im Schlafzimmer auf Nachhaltigkeit achtet, tut vor allem sich selbst etwas Gutes.

Wie man sich bettet, so liegt man

Für den Bettenkauf gilt dasselbe wie für alle anderen Möbeln. Ideal ist Massivholz, gebraucht ist besser als neu, und auch Betten kann man selbst bauen oder upcyceln. Heimische Hölzer mit FSC-Siegel stammen aus ökologischer Produktion. Und wer ein Bett fürs Leben sucht, kann sich beim Tischler sein Bett nach den eigenen Wünschen gestalten lassen. Wer ein Bett aus heimischem Massivholz möchte, aber kein großes Budget hat, kann beispielsweise ein Bett aus Kiefer kaufen.

Kiefer ist meist günstiger als Buche oder Zirbe und trotzdem sehr vielseitig und langlebig. In Süddeutschland und insbesondere Österreich wird Zirbenholz sehr gerne für Schlafzimmermöbel verwendet, denn es duftet würzig nach Wald. Der Geruch soll sich positiv auf unseren Schlaf auswirken. Die Zirbe ist ein nachhaltiges Holz, weil sie heimisch ist und momentan mehr Zirbe nachwächst, als abgeholzt wird. Die Bäume, die gefällt werden, sind eine Verjüngung, die dem Wald guttut. Traditionell werden in Österreich Babywiegen aus Zirbenholz gemacht. In österreichischen Hotelzimmern bestehen meist Betten und Schränke aus Zirbenholz.

> Der Zirbenduft soll auch Motten abhalten. Es gibt Zirbensäckchen, die man sich in den Schrank legen kann.

Beim Kauf eines Bettes sollte man darauf achten, dass Gestell und Lattenrost metallfrei sind, denn dann entstehen keine elektromagnetischen Felder, was den Schlaf erholsamer macht. Solche Betten sind außerdem meist sehr hochwertig, da es einiges an Tischlerhandwerk bedarf, um ein Bett ganz ohne Schrauben und Nägel zu bauen. Metallfreie Betten können darüber hinaus später leichter recycelt werden. Man investiert bei ihnen in ein Möbelstück, das einen ein Leben lang begleitet und nicht beim nächsten Umzug auseinanderfällt. Metallfreie Betten werden meist zusammengesteckt und sind daher leicht auseinanderzubauen. Eines meiner Lieblingsbetten ist übrigens aus Pappe, man kann es bei Bedarf zusammenklappen, es braucht keinen Lattenrost, ist sehr günstig und sieht auch noch gut aus. Perfekt für Studenten oder als Gästebett. Mittlerweile gibt es eine große Auswahl an veganen Betten. Am besten fragt man direkt beim Hersteller nach, ob Bienenwachs, Schellack oder Knochenleim beim Bau verwendet wurden.

Worauf solltest du beim Matratzenkauf achten?

Wenn man der Werbung glaubt, ist das Thema Matratze schnell erledigt, weil man viele Matratzen günstig, schnell, einfach und ohne Probeliegen nach Hause liefern lassen kann. Diese Matratzen schonen jedoch meist nicht das Klima und sind auch sonst nicht besonders umweltverträglich. Wie findet man also eine nachhaltige Matratze, die auch noch zu den eigenen Bedürfnissen passt?

Die meisten Matratzen bestehen aus Synthetikmaterial, also aus Kunststoff. Für die Herstellung von Kunststoff braucht man Erdöl. Deswegen sind diese Matratzen nicht biologisch abbaubar, sondern im Grunde Sondermüll, der bei der Entsorgung – meist Verbrennung – dann auch noch Schadstoffe freigibt, insbesondere CO_2. Aber auch während ihrer Nutzungsdauer sind Synthetikmatratzen nicht optimal. Im Schlafzimmer atmen wir in der Nacht besonders tief und sondern nachts bis zu einem halben Liter Schweiß ab. Das Raumklima ist im Schlafzimmer also anders als in anderen Räumen. Matratzen aus synthetischen Materialien können Feuchtigkeit meist nicht gut regulieren. Die Folge: Wir schwitzen noch mehr und schlafen dadurch schlechter. Wer das vermeiden möchte, sollte auf Federkernmatratzen, Boxspringbetten, Kaltschaummatratzen und sogenannte Viscoschaum-Matratzen verzichten.

Gut für die Gesundheit und auch für die Umwelt sind hingegen Matratzen aus Naturlatex oder geschichtete Matratzen, die aus Naturlatex und Naturfasern hergestellt werden. Kombiniert werden sollte das Ganze dann mit einem Unterbett aus Naturfaser, wie zum Beispiel Schurwolle, Baumwolle, Hanf oder Tencel, das auf die Matratze gelegt wird. So erreicht man eine optimale Feuchtigkeitsregulierung. Naturkautschuk wird aus dem Pflanzensaft des Gummibaums gewonnen und hat eine sehr gute Ökobilanz. Allerdings kann es vorkommen, dass Wälder gerodet werden, um mehr Gummibaum-Plantagen zu schaffen. Auch sind die Arbeitsbedingungen in der Naturkautschukproduktion nicht überall gut. Das QUL-Siegel hilft, die Spreu vom Weizen zu trennen. Manche Matratzenhersteller achten auf faire Arbeitsbedingungen und eine FSC-Zertifizierung für die Gummibäume, ohne dass sie ein Siegel haben. Am besten fragst du vor dem Bettenkauf nach.

Ökologische Matratzen gibt es übrigens in einer genauso großen Auswahl wie herkömmliche Matratzen. Sie bieten meist auch Liegezonen, die für einen optimalen Liegekomfort individuell ausgesucht werden können. Ökologische Matratzen werden nicht selten noch handwerklich hergestellt und sind deswegen qualitativ die Investition wert. Wer sich unter ökologischen Matratzen nichts vorstellen kann, sollte einmal zum Probeliegen in ein Geschäft gehen. Naturlatexmatratzen gibt es auch für Babybetten und Kinderbetten, denn viele Eltern wollen, dass ihre Kinder mit möglichst wenig Schadstoffen und anderen Chemikalien in Berührung kommen.

> Grüne Erde, Allnatura, Avocadostore und auch Prolana sind gute Adressen, um sich über alle Produkte rund ums nachhaltige Schlafzimmer zu informieren.

Konservierungsstoffe, Parabene und Formaldehyde

Wir kaufen Bettdecken, Kissen und Bettwäsche meist nach Größe und Kuschelfaktor und fragen uns dabei nicht, woraus sie bestehen. Es gibt jedoch auch hier die herkömmlichen Produkte, die oft aus Kunstfasern auf Erdölbasis bestehen. Sie verursachen Mikroplastik und sind auch sonst meist nicht optimal für

Gesundheit und Umwelt. Synthetische Bettwaren können Schadstoffe an die Umgebung, also auch an unsere Haut, abgeben. Gerade beim Schlafen ist eine gute Feuchtigkeitsregulierung wichtig. Synthetische Fasern können Feuchtigkeit jedoch nur sehr schlecht aufnehmen. Sie haben aber den Vorteil, dass sie für Allergiker gut geeignet sind und sich leicht reinigen lassen.

Früher waren fast alle Bettdecken mit Daunen gefüllt. Das sind die Unterfedern von Wasservögeln. Meist stammten sie von Gänsen oder Enten. Daunen haben keinen harten Federkiel und gleichzeitig gute Wärmeeigenschaften. Daunen sind jedoch problematisch, da sie den Tieren meist bei lebendigem Leib herausgerupft werden. Man nennt das Lebendrupf. Als wäre das nicht schon schlimm genug, leben die Tiere in Massentierhaltung, bekommen bei Krankheiten keine Medikamente und werden einzig für den Zweck der Daunen möglichst schnell möglichst groß gefüttert. Bevor die Tiere gerupft werden, werden sie im schlimmsten Fall auch noch kilometerweit zum Schlachthof transportiert. Daunen stammen häufig aus China, Ungarn, Rumänien, Polen, und auch in Deutschland wurde bereits Lebendrupf aufgedeckt. Manche Gänse werden bis zu viermal lebend gerupft, was selten ohne Verletzungen geschieht. Manche Daunen fallen als Nebenprodukt bei der Gänsestopfleberproduktion an, wobei die Produktion von Gänsestopfleber zu Recht von Tierschützern stark kritisiert wird.

Wer weder synthetische Materialien noch Daunen verwenden möchte, hat als Alternativen Baumwolle, Wolle, Hanf, Kapok, Kamelhaar, Yakhaar, Kaschmir, Tencel oder auch Alpaka. Kissen können darüber hinaus mit Naturlatex, Zirbenspänen oder Getreide gefüllt sein. Die Hüllen sind dann meist aus Baumwolle gefertigt.

Bei Bettbezügen ist die nachhaltige und umweltschonende Alternative Baumwolle oder Leinen. Nachhaltige Bezüge bestehen zu 100 Prozent aus Bio-Baumwolle aus kontrolliert biologischem Anbau (kbA), bei dem keine Pestizide und synthetische Dünger eingesetzt werden. Natürlich kannst du auch auf die im Modekapitel genannten Textilsiegel GOTS- und IVN-Siegel achten (siehe S. 28).

Egal ob du Möbel, Matratzen, Bettzeug oder Bettwäsche kaufst: Du solltest auf eine ökologische Produktion achten, denn so ist gewährleistet, dass die Produkte sozialverträglich, ohne Tierleid und umweltfreundlich hergestellt wurden. Meine Empfehlung ist, sich beraten zu lassen, damit sich die Investition ein Leben lang lohnt.

Für einen guten Schlaf: einfach mal den Stecker ziehen

Laut einer Studie der DAK hat jeder zehnte Deutsche Schwierigkeiten mit dem Einschlafen oder Durchschlafen. Ob das daran liegt, dass wir im Bett Netflix gucken, Instagram auf dem Handy checken, fernsehen, oder daran, dass wir zahlreiche Elektrogeräte im Schlafzimmer haben, muss jeder für sich selbst beurteilen. Nachgewiesen ist allerdings, dass Elektrogeräte nicht nur oft unnötig Strom verbrauchen, sondern auch Elektrosmog verursachen. Deswegen sollte man im Schlafzimmer Masterslave-Steckdosen oder Zwischenstecker verwenden oder einfach möglichst wenige elektrische Geräte im Schlafzimmer benutzen. Viele verwenden das Handy als Wecker. In diesem Fall sollte das Handy mindestens 1 m vom Kopf entfernt liegen und auf Flugmodus gestellt sein. Eine Alternative ist natürlich der gute alte Rasselwecker mit Batterie. Wer gar keine elektromagnetischen Felder im Schlafzimmer haben möchte, kann sich einen Netzfreischalter besorgen. Er macht nach dem Abschalten der Geräte den Stromkreis spannungsfrei. Manche schalten nachts die Sicherung für das Schlafzimmer aus. Das funktioniert jedoch nur, wenn an der Sicherung nicht auch der Kühlschrank hängt.

4BETTERDAYS

Das Kinderzimmer, alles im grünen Bereich?

Ich selbst habe keine Kinder, aber aus dem Freundes- und Familienkreis weiß ich, dass Freunde und Verwandte ihrer Freude über das Baby oft mit Geschenken und Babyzubehör Ausdruck verleihen. Für werdende Eltern ist es jedoch oft schwierig zu wissen, was sie wirklich für das erste Kind brauchen. Wie bereitet man sich vor, wenn zunächst einmal nur feststeht, dass das neue Familienmitglied das eigene Leben auf den Kopf stellen wird? Man muss die Wohnung oder das Haus umräumen, man braucht Dinge, von denen man vorher nicht wusste, dass sie existieren, und man wird auch den eigenen Lebensstil an das Baby anpassen müssen. Nachhaltigkeit im Baby- und Kinderzimmer bedeutet zunächst einmal herauszufinden, welche Dinge wirklich notwendig sind und ob man sie tatsächlich neu kaufen muss. Im nächsten Schritt kann man dann auf die Materialien von Kleidung, Spielzeug und Möbeln achten. Hier kommen die besten Tipps für ein ökologisches Kinderzimmer von tollen Mamas, Papas, Omas, Opas, Tanten und Onkeln aus meinem Freundes- und Bekanntenkreis.

Wie kann man das Kinderzimmer nachhaltig gestalten?

- Wer in einer kleinen Stadtwohnung wohnt, kann gut die ersten Jahre auf ein Kinderzimmer verzichten und muss nicht sofort umziehen, nur weil ein Baby unterwegs ist. Vielleicht reicht es ja, eine Ecke in der Wohnung in einer anderen Farbe zu streichen oder schön zu dekorieren. Ein Baby braucht eigentlich kein eigenes Zimmer.

- Überlege, ob sich ein Möbelstück vielleicht als Wickelkommode umfunktionieren lässt. Vielleicht reichen auch zwei Schubladen im Schrank zunächst einmal als Kleiderschrank für das Baby. Man muss nicht immer alles sofort kaufen. Meist schafft ein wenig Ausmisten schon etwas Raum, und man kann dann in Ruhe später entscheiden, was man wirklich braucht. Denn beim Thema Baby kommt ohnehin immer alles anders, als man ursprünglich geplant hat.

- Regelmäßiges Ausmisten hilft auch noch später, neuen Platz für neue Dinge zu finden. Wenn das Kind älter ist, könnt ihr mit dem Kind folgenden Deal machen: Für jedes neue Spielzeug, wird ein anderes zum Beispiel an jüngere Kinder im Freundeskreis weggegeben oder gespendet.

- Wer Möbel kaufen möchte, kann sie auch gebraucht kaufen. Das spart Geld. Außerdem wachsen Babys und Kinder schnell aus den Sachen heraus. Wer beim Kauf von Möbeln von Anfang an auf eine hohe Qualität achtet, hat wesentlich länger etwas von den Stücken und kann sie später auch eher wieder weiterverkaufen, weil sie nicht nach ein paar Jahren schon kaputt sind.

- Wenn es neue Möbel sein müssen, solltest du auf das FSC-Siegel achten. So stellst du sicher, dass das Holz aus verantwortungsvoll bewirtschafteten Wäldern stammt. In Deutschland produzierte Möbel sind besser für die Klimabilanz als Möbel aus dem Ausland. Auch falsch behandeltes Holz, Farbe, Beschichtung, Kleber oder Lack von Kindermöbeln können Schadstoffe ausdünsten. Orientierung geben das Siegel »Blauer Engel«, RAL oder eine TÜV-Kennzeichnung. Verzichte am besten auf lackierte Möbel, kaufe Massivholzmöbel und achte auf natürliche Materialien, auch bei Teppichen, Gardinen und Matratzen (siehe S. 153 und 159).

- Natürlich ist es verlockend, das ganze Kinderzimmer in der Lieblingsfarbe des Kindes zu streichen und die Möbel passend darauf abzustimmen. Wer auf langlebige, klassische und neutrale Möbel setzt, hat jedoch länger etwas von ihnen und kann sie später auch außerhalb des Kinderzimmers weiterverwenden. Auch mit Bildern, Postern und kleinen Accessoires kann man ein Kinderzimmer toll gestalten und man bleibt flexibler, wenn die Basics schlicht sind und zu allem passen.

- Es gibt für Kinder sehr viele Möbel, die mitwachsen. Manche lassen sich beispielsweise vom Kindersitz später zu einem Tisch umfunktionieren. Solche Möbel sind perfekt für Eltern, die mehr als ein Kind planen.

- Spielzeug besteht häufig aus Plastik. Doch gerade kleine Kinder kauen auf allem herum, was sie in die Hände bekommen. Greife daher lieber zu Spielzeug aus unbehandeltem Holz.

- Auf manchem Kindergeburtstag ist der Geschenkeberg größer als das Geburtstagskind. Kinder sind meist mit der Situation überfordert. Frage deswegen am besten die Eltern, was gebraucht wird. Warum nicht mal ein Erlebnis schenken? Zum Beispiel Eis essen gehen oder einen Ausflug? Auch Bücher und Spiele sind tolle Geschenke, da sie oft an die Geschwister weitergegeben oder auf dem Flohmarkt verkauft werden können, wenn das Kind zu alt dafür wird.

- Wenn das Kind in den Kindergarten oder in die Schule geht, kannst du auf langlebige und wiederverwendbare Utensilien wie Brotdosen und Trinkflaschen aus Edelstahl, einen Lederranzen, hochwertige Buntstifte und nachhaltige Filzstifte, ein langlebiges Federmäppchen (zum Beispiel aus Stoff), Recyclingpapier und Papiereinbände oder zumindest wiederverwendbare Einbände für Hefte und Bücher achten. Meine Erfahrung ist: Wenn man mit den Kindern über Umweltschutz redet, muss es oft gar nicht mehr der Eisprinzessin-Schulranzen sein, sondern die Kinder möchten lieber etwas, das die Umwelt schont.

Nachhaltige Babyausstattung

- Erstlingsausstattungen enthalten meist mehr, als tatsächlich benötigt wird. Hol dir daher beim ersten Kind Rat bei anderen Eltern, was man am Anfang tatsächlich braucht. Lieber erst mal weniger kaufen und dann selbst rausfinden, was noch fehlt.

- Werdende Eltern bekommen oft sehr viel Babykleidung für ihr Neugeborenes geschenkt, aber wenig Kleidung für später. Wünscht euch von Freunden und Verwandten gezielt, was ihr braucht, oder lasst euch einen Gutschein oder Geld zur Geburt des Babys schenken. Umgekehrt gilt das auch für alle, die etwas schenken wollen: Mit Geld oder einem Gutschein kann man nichts falsch machen.

- Vom Schnuller über die Windel bis hin zum Babyfläschchen gibt es inzwischen alles in nachhaltigen Varianten, und das meist schon im Bio-Supermarkt.

> Nachhaltige Kinderwagen gibt es von Angelcab oder Naturkind. Auch ein Secondhandkinderwagen ist eine gute Alternative.

- Kinder windelfrei aufwachsen zu lassen ist gerade im Trend. Infos dazu findet man unter dem Stichwort »Elimination Communication«. Wer das Baby jedoch wickeln möchte, kann sich zwischen verschiedenen Stoffwindelsystemen entscheiden. Die All-in-one-Windel ist komplett waschbar. Bei der Snap-in-one-Windel wird nur die Überhose gewaschen, die Saugkerne werden ausgetauscht. Bei Pocketwindeln wird der Saugkern, den es in verschiedenen Stärken gibt, in eine Tasche eingelegt und ausgewechselt. Die All-in-three-Windel besteht aus Außenwindel, Innenwindel und Einlage.

Allein in Deutschland werden pro Tag rund acht Millionen Einmalwindeln benutzt und danach weggeworfen.

Natürlich gibt es auch die klassischen Mullwindeln, Höschenwindeln und Strickbindewindeln. Und wer Einmalwindeln verwenden möchte, kann etwas nachhaltigere Einmalwindeln im Bio-Supermarkt und in Drogerien finden. Sie bestehen zu einem großen Teil aus biologisch abbaubaren Materialien oder chlorfrei gebleichtem Zellstoff.

In den meisten Städten gibt es Stoffwindelberaterinnen, die helfen, die passende Windel zu finden.

- Vieles, was man für das Baby braucht, muss man nicht teuer kaufen. Feuchttücher oder Babybalsam kann man leicht selbst machen. Statt auf der Wickelkommode kann man das Kind am Anfang auch auf einer Decke wickeln. Eine Babywanne kann man sich leihen, und Babykleidung kann man wunderbar auf dem Flohmarkt oder im Secondhandladen kaufen, alternativ online oder von Freunden leihen.

- Babyhaut ist empfindlich, bei der Babypflege ist daher weniger mehr. Manche Eltern verwenden nur Kokosöl oder Olivenöl. Überflüssig sind auf jeden Fall spezielle Babylotionen mit Duftstoffen (siehe S. 83).

- Natürlich ist Stillen die nachhaltigste Babyernährung. Wenn das Baby anfängt, feste Nahrung zu sich zu nehmen, lohnt es sich jedoch, den Babybrei saisonal selbst mit wenig Gewürzen selbst zuzubereiten. Babybrei aus dem Supermarkt enthält meist Zusatzstoffe. Außerdem spart man mit selbst gemachtem Brei die Verpackung. »Quetschies«, die gezuckertes Obst enthalten, sind weder für das Kind gut noch aufgrund der Verpackung für die Umwelt.

KADOLIS

Das Badezimmer – *stay clean*

Im Badezimmer verbringen wir nicht so viel Zeit. Dennoch ist das Bad wohl der Bereich, der für unser Wohlbefinden mit am wichtigsten ist, denn wir duschen hier, rasieren uns, putzen uns die Zähne, pflegen und schminken uns und gehen in den meisten Fällen auch auf die Toilette. Was also kannst du im Badezimmer für die Nachhaltigkeit tun?

Neben der Verwendung von nachhaltiger Kosmetik (siehe S. 90) und dem sparsamen Umgang mit Wasser (siehe S. 146) kannst du im Bad sehr viel Müll vermeiden. Plastikzahnbürsten, Zahnseide, Abschminkpads, Shampoo und Duschgel in Plastikbehältern, Wattestäbchen, Einmalrasierer und vieles mehr lässt sich alles sehr einfach durch plastikfreie Alternativen ersetzen, die Müll vermeiden. Alles auf einmal zu ersetzen ist mutig und radikal. Leichter tut man sich, wenn man Schritt für Schritt auf nachhaltige Alternativen umsteigt. Am besten startest du dort, wo es dir leicht fällt.

Zahnpflege

Ich habe als Erstes die Plastikzahnbürste durch eine Bambuszahnbürste ersetzt. Bambuszahnbürsten sind, bis auf die Borsten, meist biologisch abbaubar, das heißt, man kann den Kopf abbrechen und mit dem Hausmüll entsorgen und den Stiel sogar kompostieren oder in den Biomüll geben. Bei der Zahnbürste fiel mir der Umstieg leicht, weil ich mir den Berg an Plastikzahnbürsten vorgestellt habe, den ich in meinem Leben bereits verursacht habe. Ein 50-jähriger Mensch, der alle drei Monate die Zahnbürste wechselt, hat bis dahin 200 Zahnbürsten gebraucht. Allein in meinem Wohnhaus, in dem 17 Menschen leben, sind das pro Jahr fast 70 Zahnbürsten, die vermieden werden könnten. Es gibt mittlerweile eine elektrische Zahnbürste, die zumindest aus recyceltem Plastik hergestellt wird und mit weniger Verpackung auskommt als die herkömmlichen elektrischen Zahnbürsten. Zahnseide bekommt man in Unverpackt-Läden im Glasbehälter oder ganz ohne Verpackung. Auch bei der Zahnpasta gibt es plastikfreie Alternativen, zum Beispiel Zahnputzpulver oder Zahnputztabletten, die man zerkauen muss, bevor man zu putzen beginnt. Manche Zahnpastahersteller im Naturkosmetikbereich haben innovative Verpackungen für Zahnpasta entwickelt. Geschmacklich merkt man bei den Reinigungsprodukten keinen Unterschied.

Im Badezimmer eignen sich übrigens natürliche Materialien wie Stein, Holz, Bambus und Glas besonders gut als Alternativen für herkömmliche Badezimmermöbel.

Duschgel, Seife und Shampoo

Duschgel, Seife und Shampoo lassen sich ganz leicht durch plastikfreie Alternativen ersetzen. Zum Duschen gibt es feste Seifen. Statt Shampoo kann man Haarseife oder festes Shampoo verwenden. Das funktioniert bei den meisten Haaren sehr gut. Wichtig ist, dass man nicht sofort nach dem ersten Waschen aufgibt. Denn Haare, die zuvor mit silikonhaltigem Shampoo gewaschen wurden, brauchen eine gewisse Zeit, bis sie sich von den synthetischen Stoffen befreit haben. Wenn sich die Haare nach der Wäsche mit Haarseife nicht gut anfühlen, kannst du sie mit einer Apfelessigspülung behandeln. Mische dazu einen bis zwei Esslöffel Apfelessig mit einem Liter Wasser. Das macht die Haare glänzend und weich. Besonders bei Schuppen oder sehr trockenem Haar kann Haarseife eine Lösung sein. Inzwischen gibt es eine so große Anzahl an Haarseifen, dass man vielleicht einige ausprobieren muss, bis man das richtige Produkt gefunden hat. Beim Duschgel ist das einfacher, denn hier kann man auf die gute alte Seife zurückgreifen und spart damit viel Plastik. Für die bessere Handhabung empfehle ich, die Seife in ein Seifensäckchen zu stecken, das man in der Dusche aufhängen kann. So hat man beim Einseifen einen tollen Peelingeffekt. Seife kannst du unterwegs einfach in eine Seifendose packen, die manchmal genau passend zur Seifengröße angeboten wird. Natürlich kannst du auch ein altes Glas oder eine Dose nehmen. Wenn du dein Bad plastikfrei haben möchtest, solltest du dir auch die Duschvorhänge vornehmen. Sie bestehen oft aus PVC und können Weichmacher ausdünsten. Leider gibt es bei Duschvorhängen noch nicht so viele Lösungen ohne Plastik. Duschvorhänge aus altem Segeltuch, gewachster Baumwolle oder gewachstem Leinen oder einfach kein Duschvorhang sind hier noch die besten Alternativen.

Rasieren

Beim Rasieren gibt es eine Alternative, die für Männer und Frauen passt: der Rasierhobel. Man bekommt ihn als sehr teure Variante, aber auch günstig und dennoch hochwertig. Der Rasierhobel ist leicht zu benutzen, und man kann die Rasierklinge austauschen, was ihn hygienisch und umweltfreundlich macht. Viele haben Angst, sich mit der Klinge zu schneiden. Doch das ist völlig unbegründet. Das Gegenteil ist der Fall: Man muss den Hobel in einem bestimmten Winkel halten, damit das Rasieren funktioniert. Das erfordert anfänglich etwas Übung. Statt Rasierschaum benutzt man Rasierseife oder auch einfach nur Wasser. Da die Austauschklingen sehr günstig sind, lohnt sich die Anfangsinvestition von circa 30 Euro für den Rasierhobel.

Deo

Im Kapitel Kosmetik (siehe S. 80) habe ich darauf hingewiesen, dass herkömmliche Deos nicht gut für unseren Körper sind, weil viele von ihnen Aluminium enthalten. Außerdem sind sie meist in Plastik verpackt. Umweltfreundlicher sind Deocremes, die mit den Fingern aufgetragen werden, oder Deos aus dem Naturkosmetikregal. Du kannst dein Deo aber auch selbst machen. Das hat den Vorteil, dass du die Zusammensetzung und den Duft selbst bestimmen kannst. Im Internet findest du viele Rezeptideen. Ich habe selbst lange nach dem richtigen Deo gesucht und bin inzwischen mit einer Deocreme, die nach Orange duftet, sehr glücklich. Da jeder Körper verschieden ist und jeder einen anderen Duft bevorzugt, gebe ich bewusst keine Markenempfehlung. Probiere doch einfach mal eine nachhaltige Alternative aus. Es gibt viele neue Produkte, die gesünder und umweltfreundlich sind und trotzdem das können, was ein Deo können muss.

Bürsten und Haarzubehör

Kaufe (Haar-)Bürsten am besten aus Holz oder Bambus. Je nach Haarstruktur sind Naturborsten besonders gut für die Haare – sofern man tierische Produkte verwenden will. Haargummis gibt es inzwischen in fast jeder Drogerie auch in einer Öko-Variante, zum Beispiel aus Bio-Baumwolle. Haarklammern findet man auch aus Metall oder Holz. Bei beiden plädiere ich für gute Qualität und lieber Klasse statt Masse.

Wattestäbchen und Abschminkpads

Wir verwenden im Badezimmer oft Einmalprodukte, weil wir glauben, sie seien hygienischer. Auch gab es lange Zeit keine Alternativen für Abschminkpads oder Wattestäbchen aus Kunststoff. Natürlich ist es für die Hersteller lukrativ, wenn wir Verbraucher laufend neue Einmalartikel kaufen. Wattestäbchen aus Plastik landen darüber hinaus nicht selten im Meer, wo sie zum Plastikmüll- und Mikroplastikproblem beitragen. Doch es gibt umweltfreundlichere Alternativen. Wattestäbchen aus Bambus oder Pappe sind biologisch abbaubar. Darüber hinaus gibt es waschbare Ohrreiniger, die immer wieder verwendet werden können. Auch herkömmliche Abschminkpads sind unnötiger Müll. Hier liegt die Lösung in wiederverwendbaren Abschminkpads, die man im Biosupermarkt, in der Drogerie oder im Unverpackt-Laden kaufen kann. Oder du stellst sie aus Stoffresten, zum Beispiel aus alten Waschlappen oder Handtüchern, selbst her. Manche schwören auf gehäkelte Abschminkpads. Wiederverwendbare Abschminkpads nach der Benutzung einfach mit der regulären Wäsche waschen, idealerweise in einem kleinen Wäschesäckchen, damit man die einzelnen Pads nicht in der Waschmaschine suchen muss.

Checkliste: Plastikfrei im Badezimmer

- ☐ Bambuszahnbürste
- ☐ Zahnseide im Glas oder ohne Verpackung
- ☐ Bio-Zahnpasta, Zahnputztabletten oder Zahnputzpulver
- ☐ feste Seife
- ☐ Rasierhobel
- ☐ Rasierseife
- ☐ waschbare Abschminkpads
- ☐ Holz- oder Papierwattestäbchen
- ☐ Deocreme oder festes (Bio-)Deo
- ☐ recyceltes Toilettenpapier oder Podusche
- ☐ Menstruationstassen, Periodenunterwäsche, Bio-Tampons oder Stoffbinden
- ☐ Naturkosmetik oder einfache Öle
- ☐ fair produzierte und chemiefreie Handtücher und Waschlappen

Handtücher, Waschlappen & Co.

Viele Badtextilien gibt es in nachhaltigeren Varianten, die unter dem Einsatz von weniger Schadstoffen und fair hergestellt wurden. Sehr viele nachhaltige Badezimmertextilien sind inzwischen mit dem GOTS-Siegel (siehe S. 28) ausgestattet. Da die Textilien direkt mit der Haut in Kontakt kommen, lohnt es sich besonders, auf gute Qualität zu achten. Meist sind diese Handtücher etwas teurer, aber sie haben dafür eine kuscheligere Qualität und halten länger als herkömmliche Handtücher.

Für die Herstellung von 1 kg Frische-fasertoilettenpapier braucht man 2,2 kg Holz.

Für die Herstellung von 1 kg Recycling-toilettenpapier braucht man 1,2 kg Altpapier.

Toilette

Brauchen wir wirklich Toilettenpapier in Pastellfarben mit lustigen Aufdrucken, Duft, mindestens drei Lagen und besonderer Flauschqualität? Seitdem ich in Nepal war, wo Toilettenpapier ein Luxusgut ist, weiß ich Toilettenpapier wirklich zu schätzen. Doch recyceltes Toilettenpapier reicht vollkommen aus. Es ist ein typisches Alltagsprodukt, bei dem viele von uns einfach nicht darüber nach-denken, was sie kaufen. Oft ist es die Marke, die die Eltern schon gekauft haben, oder das Toilettenpapier, das im Regal in Reichweite liegt. Recyclingpapier macht für den Po keinen großen Unterschied, aber für die Umwelt schon. Denn Recyclingtoilettenpapier wird aus Altpapier statt aus Holz hergestellt. So müssen keine Bäume gefällt werden, nur damit wir uns damit den Po abwischen können. In manchen Drogerien und Biomärkten gib es das »Goldei-mer Klopapier«. Mit dem Kauf unterstützt man Sanitärprojekte weltweit.

Toilettenpapier ist meist im Plastiksack verpackt. Wirf ihn nicht sofort weg, sondern benutze ihn als Müllbeutel im Hygieneeimer (dieser Tipp kommt aus dem Avocadostore-Team). Wer ganz auf Plastik verzichten möch-te, kauft Toilettenpapier als Jahresvorrat im Karton. Und wer komplett auf Papier verzich-ten möchte, kann die sogenannte »Podusche«

ausprobieren. Das ist ein kleines Gerät, mit dem man sich ähnlich wie beim Bidet den Po mit Wasser reinigt. Zum Abtrocknen verwen-det man ein Handtuch. Auch Klobürsten gibt es mittlerweile plastikfrei aus Holz mit Natur-borsten. Mehr zum Thema Toilettenreinigung siehe S. 193.

Menstruation

Die Tamponwerbung verspricht, dass Tam-pons sauber und hygienisch sind. Tatsächlich sind herkömmliche Tampons nur so weiß, weil sie mit Chlor behandelt werden. Auch wurden schon Pestizidrückstände in Tampons gefunden. Sie stammen aus der Produktion der Baumwolle, aus der Tampons hergestellt werden. Tampons kommen direkt mit der Vaginalschleimhaut in Kontakt. Und die ist besonders aufnahmefähig. Eine ungünstige Kombination. So praktisch Tampons auch sind, sie sind nicht so sauber wie ihr Werbeimage. Denn sie verursachen sehr viel Müll bei einer gleichzeitig sehr kurzen Verwendungsdauer. Laut einer Statista-Umfrage verwendeten 2018 immerhin 12,53 Millionen Frauen in Deutsch-land hauptsächlich Tampons während ihrer Periode. Weitere 7,05 Millionen verwendeten Tampons zusätzlich zu einem anderen Produkt. Dabei kommt ein riesiger Müllberg zusammen. Auch wird sehr viel Baumwolle als Rohstoff für die Tamponherstellung gebraucht.

Ökologische Tampons, die es in großer und sehr guter Auswahl gibt, enthalten im-merhin keine Pestizide oder sonstige Che-mikalien. Außerdem sind sie fast vollständig biologisch abbaubar. Wer noch mehr Abfall vermeiden möchte, greift zu Menstruationstas-sen, Schwämmchen, waschbaren Binden und Slipeinlagen oder Menstruationshöschen, die die Binde quasi eingebaut haben und waschbar sind (siehe Interview S. 170).

Cordelia Röders-Arnold

Head of Menstruation
bei einhorn

Cordelia Röders-Arnold ist Head of Menstruation bei einhorn und hat eine Mission: Die Enttabuisierung der Menstruation. Menstruation ist keine Schwäche und kein Igitt-Thema, sondern im Gegenteil: Was während der Tage in unserem Körper passiert, ist ziemlich spannend, weshalb man auf jeden Fall darüber reden sollte.

Schön, dass wir beide mal über Menstruation reden können. Warum hat dieses Thema etwas mit Nachhaltigkeit zu tun?

Das Interesse an nachhaltigem Konsum und die Sehnsucht nach Transparenz bei den Inhaltsstoffen schwappen langsam von der Nahrungsmittelindustrie auf den Bereich Periodenprodukte über. Viele Jahrzehnte lang haben Menstruierende sich wenig Gedanken darüber gemacht, woraus die meisten Tampons eigentlich bestehen. Oder darüber, dass 50 Prozent der Abfälle, die im Meer landen, Einwegkunststoffprodukte sind und 90 Prozent der am Markt erhältlichen Tampons, Slipeinlagen und Binden zu einem großen Teil aus Kunststoffen bestehen. Herkömmliche Tampons werden zum leichteren Einführen mit einem Plastiknetz umwickelt, konventionelle Ultra-Binden enthalten meist Superabsorber, ein saugfähiges Kunststoffgranulat. All dieser Kunststoff wird aus Erdöl hergestellt und ist biologisch nicht abbaubar. Es dauert bis zu 500 Jahre, bis er verrottet ist. Die Konsument*innen werden jedoch immer aufmerksamer und interessieren sich zunehmend für den ökologischen Fuß-

abdruck ihrer Periodenprodukte und für die Frage, welche Inhaltsstoffe sie an ihre Vulva oder die besonders aufnahmefähige Schleimhaut ihrer Vagina lassen. Viele greifen mit einem guten Gewissen zu Tampons, Binden und Slipeinlagen aus 100 Prozent zertifizierter Bio-Baumwolle. Idealerweise kann diese Baumwolle sogar bis auf das Baumwollfeld zurückverfolgt werden. Immer mehr Menstruierende gehen noch einen Schritt weiter und entscheiden sich für wiederverwendbare Periodenprodukte, Menstruationstassen, Stoffbinden oder Menstruationspanties. Eine menstruierende Person verbraucht in ihrem Leben 10 000–17 000 Tampons oder Binden. Pro Jahr werden weltweit 45 Milliarden Menstruationsprodukte entsorgt. Wahnsinnig viel Müll, der unseren Planeten belastet und den man mit wiederverwendbaren Produkten einsparen könnte.

»Der rote Baron«, »die rote Tante zu Besuch«, »auf der roten Welle surfen«, »Erdbeerwoche«, »Los Wochos«, »Bloody Mary« – warum tun sich viele immer noch so schwer, über Menstruation zu reden?

Bereits im Alten Testament wurde der Grundstein für ein inzwischen jahrtausendealtes

Tabu gelegt. Im dritten Buch Mose steht: Eine Frau, die ihre Periode hat, ist unrein und wird für die Zeit ihrer Periode von allen gesellschaftlichen Aktivitäten ausgeschlossen. Lange Zeit rankten Mythen rund um das Thema Periode. Früher wunderte man sich, wie Frauen bluten konnten, ohne zu sterben. Noch 1920 wurden in Deutschland wissenschaftliche Arbeiten über die »Giftigkeit der menstruierenden Frau« veröffentlicht. Manche Großmutter erzählt noch heute, dass es zwecklos sei, während der Periode Sahne zu schlagen, denn sie würde gerinnen.

Die Kombination aus jahrtausendealter Scham, mangelnder Aufklärung und Mystifizierung führte dazu, dass wir uns immer noch freundlicher Kosenamen bedienen, um die Menstruation nicht beim Namen nennen zu müssen.

Zurück zur Menstruationstasse. Für alle, die – so wie ich lange Zeit auch – skeptisch sind: Wie finde ich die richtige Größe? Kann die Menstruationstasse nach innen verrutschen und verloren gehen? Wie oft muss man sie wechseln? Muss man sie bei jedem Ausleeren auswaschen? Benutzt du sie auch unterwegs? Hast du weitere Tipps für Skeptiker?

Fast alle Hersteller von Cups bieten auf ihrer Website Größenfinder an, mit denen man die jeweils korrekte Größe ermitteln kann. Die Papperlacup von einhorn gibt es in zwei Größen. Größe 1 empfehlen wir für jüngere Menstruierende mit einer leichten bis mittleren Blutung. Größe 2 ist interessant bei einer mittleren bis starken Blutung oder wenn bereits vaginal entbunden wurde. Die Frage, ob die Menstruationstasse in der Vagina verschwinden kann, hören wir oft. Sie zeigt, wie wenig wir über unsere Anatomie wissen. Der Scheidenkanal ist kein unendliches Universum, sondern begrenzt durch den Muttermund. Verschwinden kann da nix, höchstens verrutschen. Das passiert, wenn der Cup zu klein ist oder nicht richtig sitzt. Wie man ihn gut positioniert, hat man schnell raus. Ich benutze meinen Cup auch unterwegs und auf Reisen. Ich finde das praktisch, weil ich nicht mehr Tampons abzählen und vorausplanen muss. Man kann den Cup bis zu zwölf Stunden tragen. Danach leert man ihn in die Toilette aus, wäscht ihn mit milder Seife aus und führt ihn wieder ein. Nach der Periode wird er abgekocht und ist bereit für viele weitere Jahre im Einsatz. Viele Cup-Benutzer*innen sagen uns, sie wünschten, sie hätten den Cup eher ausprobiert, weil sie mit ihm ein besseres Verständnis für ihren Körper entwickelt haben, nicht mehr ständig Tampons kaufen müssen und der Cup die Schleimhaut nicht so austrocknet. Einige berichten sogar, dass sie mit dem Cup weniger Krämpfe haben. Warum das so sein könnte, versuchen Forscher gerade herauszufinden. Der Cup hat so viele Vorteile, man muss ihn nur ausprobieren.

Ich hoffe ja, dass auch viele Männer dieses Interview lesen. Was gibst du ihnen zum Thema Menstruation mit auf den Weg?

Die Periode ist nichts Dubioses, sondern ein extrem ausgeklügelter körperlicher Vorgang, der es uns Menschen ermöglicht, uns zu vermehren. Ein Wahnsinns-Skill. Ohne Periode keine Menschheit. Gebärmutterschleimhaut wird aufgebaut, damit ein potenzielles, befruchtetes Ei sich in einer besonders kuscheligen Umgebung einnisten kann. Wenn sich kein Ei einnistet, beginnt die Gebärmutter zu kontrahieren, damit die Schleimhaut wieder abgestoßen wird und alles von vorn beginnen kann. Forscher fanden heraus, dass die Schmerzintensität von Menstruationskrämpfen die eines Herzinfarktes erreichen kann. Hier ist also Empathie gegenüber Menstruierenden durchaus angebracht. Und: Manche Männer denken beim Wort Menstruation an unglaubliche Blutmengen. Dabei passt das, was während einer Blutung durchschnittlich abgestoßen wird, in eine Espressotasse.

Wenn ich dich schon als Expertin fragen kann: Wie verhütet man nachhaltig?

Mit Kondomen von einhorn natürlich ;-) Die sind vegan, fair und nachhaltig produziert. Für Partner in festen Beziehungen, in denen keine sexuell übertragbaren Krankheiten drohen, lohnt es, sich mit der natürlichen Familienplanung (NFP) zu befassen. Per Temperatur-messung und Zervixschleim- oder Muttermundkontrolle werden die fruchtbaren Tage ermittelt – und nur an denen verwendet man ein Kondom. Auf den ersten Blick fand ich das ganz schön befremdlich. Aber dank NFP habe ich Mitte zwanzig zum ersten Mal ein Verständnis für meinen Zyklus entwickelt und meinen Körper ganz neu kennengelernt. Richtig angewendet, ist die Methode so sicher wie die Pille.

Die Küche

Die Küche ist definitiv das Zimmer in der Wohnung, in dem ich mich am liebsten aufhalte. Küchen sind außerdem nicht nur der beste Ort bei Partys, sondern ein Platz, an dem viel passiert. Wir kochen und essen in der Küche, wir lagern viele unserer Einkäufe dort, und es befindet sich in der Küche eigentlich immer mindestens ein Mülleimer. Die Küche ist ein Ort, an dem man sich viele Gedanken über Nachhaltigkeit machen kann. Das beginnt schon beim Einkaufen.

Plastiktüte, Papiertüte oder Stoffbeutel?

Ob unser Einkauf nachhaltig ist, entscheidet sich schon in dem Moment, wenn wir ein Geschäft betreten. Denn wer kennt das nicht: Man geht in den Supermarkt, und an der Kasse muss man überlegen, ob man nun eine Papiertüte oder eine Plastiktüte nimmt, weil man keinen Beutel dabeihat. Die Frage, ob etwas nachhaltig ist, lässt sich leider oft nicht eindeutig mit »ja« oder »nein« beantworten. Häufig ist die Antwort: »Es kommt darauf an.« So verhält es sich auch bei der Tüte. Ob eine Tüte nachhaltig ist oder nicht, hängt davon ab, wie oft man sie verwendet. Plastiktüten bestehen nicht aus nachwachsenden Rohstoffen, sondern werden meist aus der endlichen Ressource Erdöl hergestellt. Landen sie in der Umwelt, schaden sie Tier und Mensch. Nachhaltig ist das nicht. Und die Papiertüte? Sie ist leider nicht so nachhaltig, wie viele denken. Denn viele Papiertüten sind nicht aus Reyclingmaterial hergestellt, auch wenn wir Verbraucher das gerne annehmen. »Recycelbar« ist nicht dasselbe wie »recycelt«. Da Papiertüten, wenn sie feucht oder nass werden, schnell reißen, halten sie meist nicht so lang. Um sie stabiler zu machen, werden in der Herstellung mehr Wasser und mehr Material verbraucht. Im Ergebnis müssen Papiertüten bis zu viermal benutzt werden, um in ihrer Ökobilanz besser abzuschneiden als eine Plastiktüte.

Papiertüten müssen bis zu viermal benutzt werden, um in ihrer Ökobilanz besser abzuschneiden als eine Plastiktüte.

Wie sieht es mit dem Stoff- oder Jutebeutel aus? Der ist nur nachhaltiger als eine Plastiktüte, wenn er mindestens zwanzigmal verwendet wird. Baumwolle wird unter dem Einsatz von sehr viel Wasser und meist auch Pestiziden angebaut und ist aufwendig in der Produktion. Baumwollbeutel sind daher nur sinnvoll, wenn sie sehr lange verwendet werden. Da sie robust und waschbar sind, ist das auf jeden Fall möglich. Das Problem liegt meist eher darin, dass man zu viele Beutel zu Hause hat, weil man sie häufig geschenkt bekommt, und nicht alle Beutel dauernd im Einsatz sind.

Einwegtüten sollte man also am besten vermeiden. Stattdessen lieber einen eigenen Beutel in den Supermarkt mitbringen und diesen möglichst oft benutzen. Lässt es sich nicht vermeiden, an der Kasse eine Plastik- oder Papiertüte

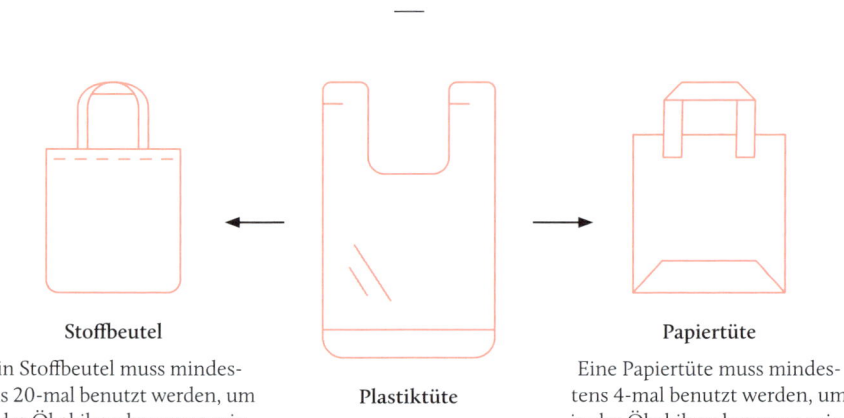

Stoffbeutel

Ein Stoffbeutel muss mindestens 20-mal benutzt werden, um in der Ökobilanz besser zu sein.

Plastiktüte

Papiertüte

Eine Papiertüte muss mindestens 4-mal benutzt werden, um in der Ökobilanz besser zu sein.

zu kaufen, dann sollte man die Tüte möglichst häufig verwenden und erst entsorgen, wenn sie wirklich nicht mehr zu gebrauchen ist.

> Wenn du zu viele Stoffbeutel hast, kannst du im nächsten Unverpackt-Laden nachfragen, ob Stoffbeutel gebraucht werden, und deine dort als Spende abgeben. Taschen, die auf Messen und Veranstaltungen als Werbegeschenk oder Goodiebag angeboten werden, höflich ablehnen oder nur eine Tasche mit nach Hause nehmen.

Lieber geplant als spontan einkaufen

Das Plastiktütenbeispiel zeigt nicht nur, dass es beim Thema Nachhaltigkeit schwierig ist, eindeutige Wahrheiten zu finden, sondern auch, dass wir bei jedem Einkauf Entscheidungen treffen müssen. Ist mir die Ökobilanz wichtiger? Oder ist es mir wichtiger, dass kein Plastik in den Umlauf gebracht wird? Will ich die umweltfreundliche Papiertüte oder die komfortable Plastiktüte, weil es draußen regnet? Soll ich meinen Einkauf auf morgen verschieben, weil ich meinen Stoffbeutel vergessen habe? Wenn wir zu viel entscheiden

müssen, wird das Leben anstrengend, und wir resignieren schnell. Einfacher wird es mit einer guten Vorbereitung. Wer nachhaltiger einkaufen will, macht sich am besten vorher Gedanken, was gebraucht wird, und schreibt sich einen Einkaufszettel für die ganze Woche. Denn wer genau weiß, was gekocht wird, kann die benötigten Zutaten zielgerichtet einkaufen. So werden auch weniger Lebensmittel verschwendet, weil man nur das kauft, was man wirklich braucht.

Die Lebensmittelverschwendung fängt meist schon beim Einkauf an.

Wenn du sorgfältig Einkaufslisten schreibst, kannst du auch planen, wo du welche Lebensmittel kaufst: saisonales Gemüse zum Beispiel auf dem Markt, Nudeln oder Reis verpackungsfrei im Unverpackt-Laden. So weißt du genau, welche Tragetaschen oder Behälter du mitnehmen musst. Wer zu Hause einen schlauen Vorrat hat, kann auch spontan kochen. Eine gute Vorbereitung lohnt sich nicht zuletzt deswegen, weil selbst kochen gesünder ist als Fertiggerichte, weil es günstiger ist, als im Restaurant zu essen, und weil es außerdem Spaß macht. Das gesparte Geld kann man in hochwertige Zutaten stecken.

Zero Waste – besser einkaufen und Abfall vermeiden

Das Wort »waste« stammt aus dem Englischen und bedeutet sowohl »Abfall« als auch »Verschwendung«. Die Zero-Waste-Bewegung hat das Ziel, die eigene Lebensführung so zu gestalten, dass möglichst wenig Abfall oder Verschwendung von Ressourcen entsteht.

Zero Waste ist die Bewahrung aller Ressourcen durch verantwortungsvolle Produktion, Konsum, Wiederverwendung und Rückgewinnung von Produkten, Verpackungen und Materialien ohne Verbrennung und ohne Belastungen von Land, Wasser oder Luft, die die Umwelt oder die menschliche Gesundheit bedrohen.

- Zero Waste International Alliance

Man kann Zero Waste auch einfach mit »kein Müll« übersetzen. Es geht schlicht um Müllvermeidung. Um Zero Waste im Alltag umzusetzen, helfen die sogenannten »Fünf R«:

REFUSE (nicht kaufen)
REDUCE (weniger kaufen)
REUSE (wiederverwenden)
RECYCLE (recyceln oder recycelte Dinge nutzen)
ROT (kompostieren, wenn möglich)

Eigentlich fehlt noch ein weiteres »R«, nämlich REPAIR, also Dinge reparieren, anstatt neue zu kaufen.

Gerade in der Küche können wir durch richtiges Einkaufen viel für Nachhaltigkeit tun. Im Kapitel Ernährung bin ich auf die CO_2-Bilanz einzelner Lebensmittel eingegangen. Wie gelingt nun aber müllreduziertes oder sogar abfallfreies Einkaufen?

Möglichst viel ohne Verpackung kaufen

In Unverpackt-Läden bringt man leere Behälter wie Gläser oder Dosen sowie eigene Stoffbeutel mit. Die Behälter werden gewogen, und das Gewicht wird notiert. An Abfüllstationen füllt man die gewünschten Waren in die Behälter, und an der Kasse wird nach Gewicht abzüglich des Behältergewichts bezahlt. In Unverpackt-Läden bekommt man inzwischen von Trockenware wie Haferflocken, Mandeln, Nüsse oder getrocknete Früchte über Reinigungsmittel und Kosmetik bis hin zu Süßigkeiten und Kaffeebohnen eigentlich alles, was man im Haushalt braucht. Oft sind die Basics sogar günstiger als in herkömmlichen Supermärkten. Viele Unverpackt-Läden verkaufen darüber hinaus inzwischen Waren in Bioqualität.

Die bessere Verpackung wählen

Am besten ist natürlich keine Verpackung. Falls es verpackte Artikel sein müssen, dann greife lieber zu Pfand- bzw. Mehrwegbehältern. Mehrweg ist besser als Einweg. Kaufe außerdem lieber wenige große Verpackungen als viele kleine und besser Papier- als Plastikverpackungen. Je mehr ein Produkt verpackt ist, desto eher sollten wir darauf verzichten.

Viel Verpackungsmaterial enthalten Tetrapaks. Die Getränkekartons bestehen aus Karton (75 Prozent), Plastik (21 Prozent) und Aluminium (4 Prozent). Die Ausgusshilfen sind auch aus Plastik. In der Masse sind Tetrapaks laut Deutscher Umwelthilfe im Lebensmittelbereich mit die größten Plastikmüllverursacher neben den Firmen Nestlé und Coca-Cola. Jährlich sind es rund 721 000 Tonnen Plastikmüll.

Besser als Tetra Paks sind Mehrweggläser, wenn sie mindestens 15-mal benutzt und weniger als 200 km transportiert werden. Einwegglas ist laut Umweltbundesamt die umweltschädlichste Verpackung, weil Herstellung und auch Recycling sehr energieaufwendig sind. Bei der Frage »Dose oder Glas?« schneidet die Dose in der Umweltbilanz ein klein wenig besser ab. Allerdings sind Dosen innen mit Kunststoffen beschichtet, die Chemikalien enthalten, die an die Lebensmittel abgegeben werden und dann in unserem Körper landen. Die Lösung wäre laut Ifeu-Institut eine Verbundverpackung, die es aber leider noch nicht für alle Lebensmittel gibt.

Die Verpackung im Supermarkt lassen
Wenn man im Supermarkt doch mal die Gurke in der Plastikhülle kaufen muss, kann man die Verpackung im Supermarkt lassen und damit ein Zeichen setzen. Je mehr Müll dort entsorgt werden muss, desto weniger wird es hoffentlich in der Zukunft werden.

Eigene Behälter mitbringen
Wer keinen Unverpackt-Laden in der Nähe hat, kann auch im Supermarkt an der Frischetheke seinen eigenen Behälter mitbringen; in sehr vielen Supermärkten ist das inzwischen möglich.

Mehrwegglas	Einwegglas, Tetrapak & Dose
Dose	Einwegglas
Große Verpackung	Kleine Verpackung

Obst und Gemüse lose kaufen
Äpfel oder Möhren muss man nicht in ein Plastiksäckchen packen, wenn man sie im Supermarkt kauft. Alternativ kannst du Säckchen oder Netze selbst mitbringen.

Beim Bäcker lose kaufen
Jedes Brot, Brötchen oder Gebäckstück wird beim Bäcker in eine Tüte verpackt. Genau betrachtet ist der Papierverbrauch bei Backwaren höher als der Müll, der durch To-Go-Becher entsteht, weil wir viel mehr Backwaren in Papier einkaufen, als wir Kaffee to go bestellen. Mein Bäcker freut sich mit mir, wenn er Papier spart, und gibt mir meine Backwaren gerne in meinem mitgebrachten Beutel mit. Für süße, klebrige Sachen bringe ich eine Dose mit. Bei spontanen Bäckerbesuchen lasse ich mir die Brezel oder das Gebäckstück einfach auf die Hand geben.

Ein Herz für Dellen und Macken haben
Nimm auch mal einen Apfel, der schon eine Delle hat, oder den Salat, der leicht welk ist. Diese Lebensmittel werden sonst abends aussortiert und höchstwahrscheinlich weggeworfen, weil niemand sonst sie kauft. Wenn man den Apfel am nächsten Morgen ins Müsli schnippelt, ist eine kleine Delle nicht so schlimm. Und den Salat kannst du in Wasser oder in ein feuchtes Tuch legen und dadurch wieder auffrischen. Wenn wir als Verbraucher diese Lebensmittel kaufen, retten wir sie vor dem Mülleimer, und ganz nebenbei zeigen wir den Produzenten, dass wir auch bereit sind, Gemüse zu kaufen, das nicht perfekt ist. So wird es langfristig vielleicht nicht mehr aussortiert. Der Tipp gilt auch für fast abgelaufene Lebensmittel. In manchen Städten gibt es auch Gemüse-Abos mit Gemüse und Obst, das krumm und schief gewachsen ist (zum Beispiel die etepetete-Kiste).

Weniger kaufen
Wer weniger kauft, wirft weniger weg. Lieber öfter frisch nach Bedarf, also geplant kaufen,

als spontan zu viele Dinge, die dann weggeworfen werden müssen.

Leihen statt kaufen

Die Backform, die Küchenmaschine, das Fondue-Set, das Waffeleisen, der Mixer: Wenn man Dinge nicht so oft braucht, kann man sie sich zu bestimmten Gelegenheiten von den Nachbarn ausleihen. Alternativ kannst du vor dem Kauf das Gerät der Nachbarn testen, um zu wissen, ob du es wirklich brauchst.

Lieber zu Fuß als mit dem Auto

Wie nachhaltig ein Einkauf ist, hängt nicht nur davon ab, was wir kaufen, sondern auch wie und wo wir es kaufen. Es ist wegen der CO_2-Emissionen besser für die Klimabilanz, zu Fuß, mit dem Fahrrad oder den öffentlichen Verkehrsmitteln einzukaufen als mit dem Auto.

Zero Waste: weniger Zeug, mehr Übersicht

Im Wesentlichen lagern wir in der Küche Lebensmittel und bereiten dort unser Essen zu. Dabei können wir viele kleine Dinge tun, die insgesamt viel bewirken. Lebensmittelverschwendung zu vermeiden ist ein großer Themenbereich. Wer keine überflüssigen Lebensmittel kauft und die gekauften Lebensmittel gut lagert, hat immer einen guten Überblick, und die Lebensmittel werden nicht schlecht. Aber auch die richtigen Utensilien in der Küche zu haben ist wichtig für die Nachhaltigkeit.

Geschirr und Gläser

Geschirr und Gläser kann man sozial- und umweltverträglich kaufen. Ich habe fast mein gesamtes Geschirr auf dem Flohmarkt gekauft. Mit etwas Geduld findet man dort zeitloses und qualitativ hochwertiges Geschirr und Gläser. Oder man unterstützt regionale, wie zum Beispiel deutsche oder französische Hersteller oder die Töpferwerkstatt vor Ort

und verzichtet auf weit gereiste Billigware. Qualität bedeutet Langlebigkeit. Lieber wertige Dinge kaufen und diese länger benutzen. Gläser, Karaffen und Schüsseln gibt es auch schön designt aus Recyclingglas.

> ### Auch nicht Nachhaltiges lang benutzen
> Teflonpfannen, Plastikdosen, Papierservietten oder Silikonbackformen musst du nicht gleich wegwerfen – das wäre auch nicht nachhaltig. Wenn jedoch eine Neuanschaffung ansteht, kannst du dich für die nachhaltigere Variante entscheiden.

Töpfe und Pfannen

Bei Pfannen und Töpfen wird es schon schwieriger, nachhaltige Produkte zu finden. Viele Töpfe und Pfannen kommen aus China und sind beschichtet. Das Material ist hier ausschlaggebend. Komfortabel und wohl am beliebtesten sind beschichtete Antihaftpfannen oder auch Aluminiumpfannen. Diese sind leider in der Herstellung sehr aufwendig und haben darüber hinaus eine sehr kurze Lebenszeit. Am nachhaltigsten sind Eisenpfannen, die jedoch etwas Übung in der Handhabung erfordern und sicher nicht die günstigsten Pfannen sind. Je häufiger man sie jedoch benutzt, desto besser funktionieren sie, weil sei eine Patina bilden. Edelstahlpfannen sind ebenfalls eine gute Alternative. Sie sind allerdings kaum ohne Beschichtung zu finden.

Aber warum ist eine Antihaftbeschichtung problematisch? Beschichtete Pfannen lassen sich einfach handhaben, für die Umwelt sind sie im Lauf der Zeit jedoch leider schlecht. Die Beschichtungen bestehen zum Beispiel aus Polytetrafluorethylen (PTFE), das bei hohen Temperaturen von 320 °C und mehr giftige Dämpfe freisetzen kann. Noch ist der Stoff für Pfannenbeschichtungen nicht verboten, da die Pfanne im normalen Gebrauch nicht so heiß wird. Aber allein die Herstellung von PTFE ist bereits eine große Umweltsünde, denn sie ist erstens sehr aufwendig und damit energieintensiv, und zweitens werden für die Herstellung bedenkliche Stoffe verwendet. Das Ergebnis ist dann meist eine Bratpfanne, die nur eine kurze Haltbarkeit hat und schlecht recycelt werden kann. Teflon ist nicht besser, denn es kann nachweislich gesundheitsschädliche Wirkungen haben. Verwendet man zu hartes Kochgerät, können sich Kratzer bilden, das Teflon löst sich, und wir nehmen es über die Nahrung auf. Einige Hersteller haben nachhaltigere Produktlinien im Angebot, zum Beispiel mit Keramikbeschichtung. Es ist sinnvoll, gut zu recherchieren und sich eine teurere, aber langlebige Pfanne zu kaufen, die nicht aus China kommt, sondern aus Europa. Für Töpfe gilt dasselbe wie für Pfannen. Hier ist auch der gute alte Emaille-Topf eine prima Alternative.

Besteck

Beim Besteck schlägt Langlebigkeit Designtrends! Besteck besteht meist aus rostfreiem Edelstahl. Natürlich kann man auch Omis Tafelsilber weiterverwenden, es ist nur in der Reinigung und Pflege aufwendiger. Bei Schneidemessern würde ich jedem empfehlen, in wirklich gute Messer in drei verschiedenen Größen zu investieren, die ewig halten. Mit hochwertigen Messern macht auch das Schneiden mehr Spaß. Wenn sie stumpf werden, können sie im Fachhandel wieder geschärft werden. Wer kann, macht es selbst.

Qualität statt Quantität
Es ist besser, wenige Pfannen, Messer, Töpfe oder Teller zu besitzen, aber dafür qualitativ hochwertige. Außerdem macht es wirklich mehr Spaß, mit hochwertigen Utensilien zu kochen. Die Neuanschaffungen sind zwar teurer, die Investition lohnt sich aber langfristig.

Kochutensilien

Plastik schmilzt schnell, bricht leicht und liegt auch nicht so gut in der Hand. Schneidebretter aus Holz sind hygienischer, weil sie durch die natürlich enthaltenen Gerbsäuren eine antibakterielle Wirkung entfalten. Auch Kochlöffel, Pfannenwender & Co. sind bei mir aus Edelstahl oder Holz, aber nie aus Plastik. Viele Hersteller setzen auf Olivenholz oder Bambus, ein schnell nachwachsender, natürlicher Rohstoff, der auf jeden Fall gut sein kann, sofern man sich beim Hersteller versichert, dass er aus nachhaltigem Anbau und nicht aus Monokultur stammt.

Back- und Auflaufformen

Verwende statt Silikonformen lieber Backformen aus Glas, Kupfer, Edelstahl, Emaille, Porzellan, Keramik oder Weißblech. Silikon ist ein Kunststoff, und wenn Kunststoffe warm werden, können sich giftige Stoffe lösen und in die Lebensmittel gelangen. Ähnlich verhält es sich bei Aluminium. Durch fettige, saure, salzige oder basische Lebensmittel können sich Aluminiumionen lösen und im Essen und somit in unserem Körper landen. Apropos backen: Backpapier – auch wiederverwendbares – ist oft mit Silikon beschichtet, deswegen am besten Backpapier im Bioladen kaufen. Oder komplett abfallfrei backen und die Form einfach mehr einfetten und mit Semmelbröseln oder Mehl bestäuben. Die Investition in hochwertige Backformen und Auflaufformen lohnt sich, denn je hochwertiger die Form, desto besser funktioniert sie und desto länger hält sie. Erfahrungsgemäß lassen sich hochwertige Formen auch leichter reinigen. Den guten alten Römertopf kann man übrigens oft auf dem Flohmarkt günstig erstehen. Er eignet sich nicht nur für Fleischgerichte, sondern auch für viele leckere vegetarische Gerichte.

Vorratsbehälter

Als ich in meine erste eigene Wohnung eingezogen bin, habe ich mir voller Tatendrang in einem großen Einrichtungshaus viele Behälter aus Plastik gekauft, um Lebensmittel aufzubewahren. Heute würde ich das anders machen, denn die besten Aufbewahrungsbehälter sind aus meiner Sicht Einmachgläser und Einweggläser, die ich weiterverwende. Es gibt sie in allen Größen, sie passen immer gut zusammen, sind stapelbar und ich kann sie beschriften. Man kann darin sogar Lebensmittel einfrieren, indem man das Glas nur zu drei Vierteln befüllt, damit sich der Inhalt beim Gefrieren ausdehnen kann. So spart man Gefrierbeutel aus Plastik. Andere Lebensmittel verwahre ich in leeren Marmeladengläsern oder Edelstahldosen. Wenn ich neue Behälter anschaffe, kaufe ich Glas oder Edelstahl. Letzteres ist auf jeden Fall langlebiger und gesünder als Plastik. Die angeschnittene halbe Zwiebel oder den Käse im Kühlschrank halte ich hauptsächlich mit Bienenwachspapier frisch, als Alternative zur Frischhaltefolie oder Alufolie. Bienenwachspapier eignet sich auch hervorragend zum Abdecken von Schüsseln, in denen man im Kühlschrank Lebensmittelreste aufbewahrt. Außerdem bleiben auch Pausenbrot oder Käse darin lange frisch. Bienenwachspapier kann Frischhaltefolie und Alufolie komplett ersetzen.

Küchentücher und Servietten

Statt Einwegprodukte kann man als Küchentücher alte Geschirrtücher verwenden oder waschbare Küchentücher aus Bambus kaufen. Letztere gibt es auch auf der Rolle. Man kann die einzelnen Blätter nach der Nutzung häufig waschen und wiederverwenden. Statt Papierservietten verwende ich Servietten aus Leinen.

Strohhalme

Nachhaltige Alternativen zu Plastikstroh-
halmen findet man inzwischen sehr oft. Sie
werden aus Bambus, Glas, Edelstahl, Papier
und auch aus echtem Stroh hergestellt. Strohhalme aus Bambus, Glas und Edelstahl lassen
sich mit der passenden Bürste leicht reinigen
und häufig wiederverwenden.

Elektrogeräte

Achte bei Elektrogeräten immer auf die
Energieeffizienz und den Plastikanteil. Wenn
möglich, leihst du dir das Gerät, anstatt gleich
alles zu kaufen. Nicht immer ist ein elektri-
sches Gerät notwendig. Manchmal tut es
beispielsweise auch der gute alte Schneebe-
sen. Wasserkocher gibt es übrigens mittlerweile plastikfrei.

Geschirr spülen

Geschirr mit der Hand zu spülen verbraucht
mehr Wasser als das Spülen in einer vollen (!)
Geschirrspülmaschine. Wer dennoch mal
mit der Hand spült, kann darauf achten, eine
plastikfreie Spülbürste aus Holz, nachhaltige
Spülschwämme aus Recyclingmaterial und
biologisch abbaubares Spülmittel zu benutzen.
Herkömmliche Spülschwämme verlieren bei
der Nutzung kleine Plastikteilchen, die dann im
Ausguss landen und Mikroplastik in Gewässern
und auf Äckern verursachen. Spülmittel kannst
du sehr gut und günstig selbst herstellen.

Rezepte findest du im Internet, in Büchern oder
im Kapitel »Reinigung« auf Seite 194. Alte Bett-
laken oder T-Shirts oder Geschirrtücher eignen
sich als Putzlappen, wenn man sie passend
zuschneidet. Sind Töpfe oder Auflaufformen
stark verschmutzt, kannst du sie mit einem
langlebigen Kupfertuch reinigen, manchmal hilft
auch schon längeres Einweichen.

Checkliste: Plastikfrei in der Küche

- ☐ gebrauchtes Geschirr
- ☐ Eisen-, Edelstahl-, Emaille-Pfannen ohne Beschichtung
- ☐ Holzbretter
- ☐ Edelstahl- oder Holzutensilien
- ☐ Qualität statt Quantität
- ☐ Backformen aus Edelstahl, Emaille oder Glas
- ☐ Bienenwachstücher
- ☐ recycelte Spüllappen und Holzbürsten
- ☐ Stoff- oder Bambustücher
- ☐ Mehrwegstrohhalme
- ☐ Mehrwegkaffeekapseln
- ☐ Stoffbeutel

Till Zimmermann

Experte für Ökologie und Kreislaufwirtschaft, Leiter des Projekts »Ökologisierung des Onlinehandels« bei Ökopol – Institut für Ökologie und Politik GmbH

Wie schädlich ist Onlineshopping wirklich? Wegen der Verpackung und der vielen Retouren glauben viele, Onlineshopping ist schlecht für die Umwelt. Dr.-Ing. Till Zimmermann ist Themenfeldverantwortlicher »Ressourcen und Kreislaufwirtschaft« bei Ökopol – Institut für Ökologie und Politik GmbH. Aktuell leitet er das Projekt »Ökologisierung des Onlinehandels« im Auftrag des Umweltbundesamtes.

Das Thema Onlineshopping wird inzwischen wissenschaftlich erforscht. Wie misst man den Umwelteinfluss verschiedener Shopping-Arten, sodass man Onlineshopping und das Einkaufen im Ladengeschäft vergleichen kann?

Bei der Umweltbewertung wird bilanziert, wie viele Ressourcen und Energieträger in Anspruch genommen werden und wie viele Emissionen und Abfälle entlang der betrachteten Prozesskette entstehen. Auf dieser Basis wird bestimmt, wie groß das Potenzial ist, beispielsweise zum Klimawandel beizutragen. Bei der vergleichenden Betrachtung von Onlineshopping und Einkaufen im Ladengeschäft kann man sich auf die Prozesse beschränken, in denen sich beide unterscheiden. Beim Onlineshopping sind die Lagerung und der Transport von Warenverteilzentrum, Start- und Zielpaketzentrum bis zum Kunden zu betrachten. Beim Ladengeschäft sind es der Transport der Waren zum Geschäft, der Energieverbrauch im Geschäft und die Fahrt des

Kunden zum Geschäft (und zurück). Es geht also um die Fragen: Wie erfolgen die Transporte? Wie groß sind die Distanzen? Wie ist die Auslastung?

Was hat nun die bessere Ökobilanz: Onlineshopping oder der Einkauf im Ladengeschäft? Und warum?

Studien zu dem Thema kommen überwiegend zu dem Ergebnis, dass der Kauf im Onlinehandel – bezogen auf die Klimawirkung, also auf CO_2-Emissionen – ökologisch vorteilhaft ist. Das ergibt sich aus den effizienteren Prozessen von der Lagerung über die Kommissionierung bis zur Lieferung im Onlinehandel. Im stationären Handel haben wir Läden mit vergleichsweise langer Lagerzeit (Lager plus Auslage) mit Umweltwirkungen, die im Onlinehandel wegfallen beziehungsweise deutlich geringer sind, zum Beispiel die Emissionen in Lagern oder Umschlagzentren. Außerdem kommt im stationären Handel die Fahrt des Konsumenten zum Geschäft dazu. In Einzelfällen kann der Vergleich auch zugunsten des stationären Handels ausfallen, beispielsweise wenn der Weg zum Geschäft mit dem Fahrrad oder zu Fuß zurückgelegt wird. Im Onlinehandel haben wird dagegen höhere Umweltwirkungen aufgrund von Overnight-Lieferung, gekühltem Transport oder Ähnlichem.

Ist der Onlinehandel auch noch öko-logisch im Vorteil, wenn Bestellungen retourniert werden?

Retouren verschlechtern die Ökobilanz der Bestellung im Onlinehandel. In jedem Fall ergeben sich zusätzliche Umweltwirkungen durch den Rücktransport der Waren. Studien, die Retouren berücksichtigen, zeigen jedoch, dass hierdurch in den meisten Fällen nicht der ökologische Vorteil des Onlinehandels verloren geht. Anders sieht es aus, wenn die retournierte Ware vernichtet wird. In diesen Fällen verschlechtert sich die Ökobilanz erheblich.

Welche Rolle spielt die Verpackung?

Wenn wir uns den gesamten Lebenszyklus des Produkts anschauen, spielt die Verpackung eine untergeordnete Rolle. Vielmehr dominieren in der Umweltbilanz die Herstellung des Produkts, die Produktnutzung – vor allem bei Produkten, für deren Nutzung Energie erforderlich ist – und die Entsorgung des Produkts. Dennoch ist Verpackungsmüll insgesamt ein relevantes Umweltproblem. Die jährlichen Mengen des anfallenden Verpackungsabfalls wachsen stetig, und auch wenn es für die meisten Materialien eine Recyclinginfrastruktur gibt, ist eine Kreislaufführung nur eingeschränkt möglich.

Zu bedenken ist hier auch, dass die Versandverpackung in erster Linie nur ein Mittel ist, um das Produkt sicher zum Kunden zu bringen. Von jeder ökologischen Optimierung profitiert die Umwelt, während sich für den Kunden keine Nachteile ergeben.

Gibt es noch andere Aspekte, die das Ganze beeinflussen?

Bei den angesprochenen Ökobilanz- und Carbon-Footprint-Studien gibt es Einschränkungen, die sich teils aus der angewendeten Methodik ergeben.

1. Die Studien beziehen sich immer auf ein einzelnes Produkt, sie bewerten aber nicht das Konsumverhalten. Das heißt zum einen: Wer viel auf einmal kauft, schneidet besser ab als der, der wenig kauft, da die Umweltwirkungen des Transports auf mehr Produkte »verteilt« werden. Zum anderen heißt das: Onlinehändler, die in großem Maßstab agieren, wie beispielsweise Amazon, stehen ökologisch besser da als ein kleiner Onlinehändler.

2. Die Studien betrachten in der Regel nicht Lärmbeeinträchtigungen, den Verkehr als Umweltwirkung sowie die Inanspruchnahme von Raum. Diese Faktoren nehmen durch das Wachstum des Onlinehandels aber tendenziell zu.

3. Weitgehend unbeantwortet bleibt auch die Frage, ob im Onlinehandel – wegen der größeren Breite des Produktangebots und teilweise niedrigerer Preise – mehr oder andere Produkte konsumiert werden, als dies im stationären Handel der Fall wäre.

Was können wir als Verbraucher tun, um umweltfreundlich einzukaufen?

Verbraucher sollten in jedem Fall überlegt konsumieren. Im Onlinehandel sollte man möglichst auf Auswahlbestellungen verzichten und so Retouren (und gegebenenfalls die Vernichtung der retournierten Waren) vermeiden. Beim Kauf im stationären Handel sollte man möglichst nicht mit dem Pkw zum Ladengeschäft fahren. In beiden Fällen kann es die Ökobilanz verbessern, wenn Käufe gebündelt und nicht auf mehrere Bestellungen bzw. einzelne Einkaufsfahrten aufgeteilt werden. Im Online- wie im stationären Handel sollte man auf Mehrverpackungen – soweit verfügbar – zurückgreifen.

Mülltrennung und Recyclingmythen

Zwischen 1950 und 2015 wurden laut Plastik-atlas 2019 weltweit 8,3 Milliarden Tonnen Plastik produziert. Auf jeden heute auf der Erde lebenden Menschen entfällt damit mehr als eine Tonne Plastik. Den größten Anteil an diesem Plastikberg haben Einwegprodukte und Verpackungen. Nicht einmal zehn Prozent des jemals produzierten Kunststoffes sind recycelt worden.

Zwischen 1950 und 2015 wurden weltweit 8,3 Milliarden Tonnen Plastik produziert - größtenteils Einwegprodukte und Verpackungen. Nicht einmal zehn Prozent des jemals produzierten Kunststoffes sind recycelt worden.

Dass wir Müll verursachen, ist eine Sache. Dass wir den Müll gar nicht, zu wenig oder falsch recyceln, ist jedoch ein Riesenproblem. Laut Umweltbundesamt fielen 2017 allein in Deutschland 18,7 Millionen Tonnen Verpa-ckungsmüll an. Für 47 Prozent davon sind die privaten Endverbraucher verantwortlich. Jeder

So setzt sich in Deutschland unser Müll zusammen

30,6%
Hausmüll

16,9%
Papier, Pappe, Kartonagen

12,8%
Garten- und Parkabfälle

12,4%
Gemischte Verpackungen, Wertstoffe

9,7%
Bioabfälle

5,7%
Sperrmüll

5,6%
Glass

4,9%
Sonstiges

1,4%
Elektrogeräte

von uns verursacht pro Jahr also rund 107 kg Verpackungsmüll. Damit ist Deutschland einer der größten Plastikmüllverursacher Europas – Tendenz steigend. Die Statistik zeigt: Je größer das Wirtschaftswachstum, desto höher der Verpackungsverbrauch. Unser Müll besteht aber nicht nur aus Verpackungen, sondern umfasst auch Elektrogeräte, Sperrmüll, Bioabfälle und Hausmüll (siehe Grafik links).

Deutschland ist als Recyclingmeister bekannt, wir sind fleißige Mülltrenner. Laut Europäischer Umweltagentur (EUA) werden in Deutschland zwei Drittel des Haushaltsmülls recycelt. Das Bundesumweltministerium gibt die Recyclingquote für Deutschland mit 80 Prozent an. Etwa 70 Prozent des Verpackungsmülls werden laut Umweltbundesamt recycelt, der Rest wird energetisch verwertet, also verbrannt. Der

Grund für diese sehr hohen Zahlen liegt in der Berechnung der Quoten. Sie basieren nämlich nicht auf der Abfallmenge, die tatsächlich recycelt wird, sondern auf der Menge des Abfalls, der in der Recyclinganlage ankommt. Was dort mit dem Abfall geschieht, ob er wirklich recycelt oder wieder abtransportiert oder verbrannt wird, ist für die Berechnung der Quote nicht relevant. Die Deutsche Gesellschaft für Abfallwirtschaft (DGAW) schätzt die tatsächliche Recyclingquote in Deutschland daher eher auf 31–41 Prozent.

Je nach Abfallart gibt es große Unterschiede, wie und wie viel recycelt werden kann. Die vom Bundesumweltamt offiziell herausgegebenen Recyclingquoten verschiedener Verpackungen scheinen auf den ersten Blick sehr hoch zu sein:

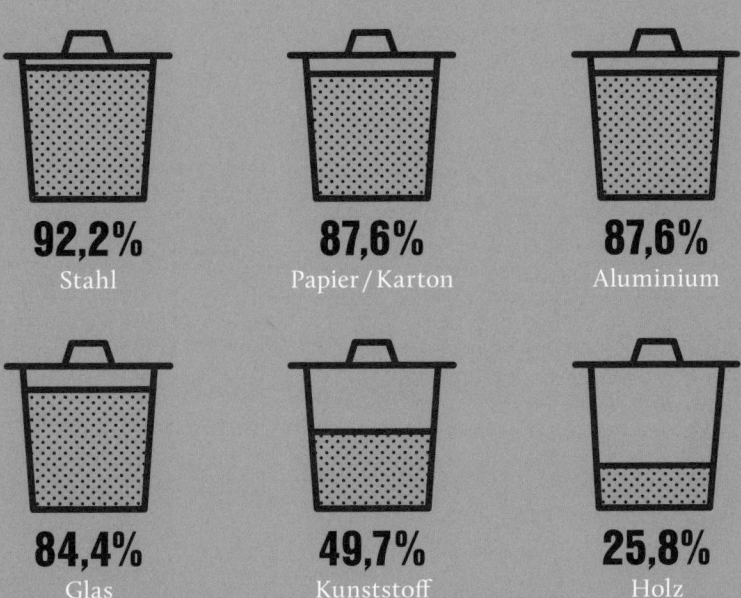

Recyclingquoten verschiedener Verpackungen

Die Zahlen beziehen sich auf Deutschland.

92,2%
Stahl

87,6%
Papier / Karton

87,6%
Aluminium

84,4%
Glas

49,7%
Kunststoff

25,8%
Holz

Man kann die Zahlen jedoch auch so interpretieren: Im Sammeln von Müll sind wir gut. Bei dem, was danach mit dem Müll passiert, gibt es viel Verbesserungspotenzial. Tendenziell wächst unser Müllberg, was auch an den Verpackungen der Produkte liegt. Viele Verpackungen haben Dosierungs-, Aufbewahrungs- oder Portionierungsfunktionen, die das Recycling erschweren, beispielsweise der Plastikausguss am Tetra Pak. Viel Müll könnte schon im Produktionsprozess vermieden werden, indem Hersteller von Anfang an auf Mehrwegverpackungen setzen.

Richtiges Mülltrennen ist wichtig

Wenn wir Müll trennen, haben wir das gute Gefühl, etwas für den Umweltschutz zu tun. Haben wir Altpapier, Bioabfälle oder Joghurtbecher in die vermeintlich richtige Tonne geworfen, denken wir nicht mehr darüber nach. Aber was passiert mit dem Müll, nachdem er in der hoffentlich richtigen Tonne gelandet ist? Und wie entsorgt man richtig?

Hausmüll
Fast alles, was im Hausmüll landet, wird verbrannt oder landet in einer Mülldeponie. Über die Verbrennungswärme wird zwar Energie gewonnen, jedoch nicht so viel, wie die Herstellung der Gegenstände, die verbrannt werden, gekostet hat. Über die Deponien kommen Schadstoffe in die Luft. Deswegen sollte im Hausmüll nichts landen, was man recyceln könnte.

Biomüll
Biomüll getrennt zu entsorgen ist allein deshalb sinnvoll, weil dadurch die Menge des Hausmülls verringert wird und weniger Müll verbrannt werden muss. Biomüll wird entweder kompostiert und zu Humus verarbeitet, oder er wird in der Biogasanlage zur Energie-

erzeugung genutzt. Biomüll sollte man nicht in spezielle Biomülltüten verpacken, da diese in der Kompostieranlage nur sehr schwer aussortiert und auch kaum von anderen Tüten unterschieden werden können. Da sie langsamer verrotten als der restliche Biomüll, sind sie kontraproduktiv für den Kompostiervorgang. Stattdessen sollte man entweder keine Tüte verwenden oder Tüten aus alter Zeitung selbst machen. Die Druckerschwärze stellt dabei nur ein geringes Problem dar. Wenn möglich, sollte man aber kein farbig bedrucktes Zeitungspapier verwenden.

Kunststoff und andere Wertstoffe
Es gibt so viele verschiedene Kunststoffe, die für Verbraucher oft schwer zu unterscheiden sind. Folglich landet zwar viel Kunststoff in der gelben Tonne, der Wertstofftonne oder im gelben Sack, die Sortierung danach ist jedoch immer noch sehr aufwendig. Um den Sortieraufwand zu reduzieren, ist jeder Kunststofftyp mithilfe eines bestimmten Recyclingcodes gekennzeichnet (siehe Grafik rechts). Zumindest theoretisch können alle Kunststofftypen in den Wiederverwertungskreislauf zurückgeführt werden.

Das duale System beziehungsweise der gelbe Sack wurde in Deutschland 1991 eingeführt, um Verpackungen zu entsorgen. Industrie und auch Handel bezahlen Lizenzgebühren an Unternehmen, die sich um die Entsorgung kümmern. Leider sind wir von einer Kreislaufwirtschaft noch weit entfernt, obwohl viele Kunststoffe wiederverwertet werden könnten. Recycelt wurden 2017 laut einer Studie von Conversio lediglich 17,3 Prozent Kunststoffverpackungen. Ein Grund dafür ist sicherlich, dass es einfach billiger ist, neuen Kunststoff statt Rezyklate zu verwenden. Doch zurück zum Plastikmüll: Der Inhalt von gelbem Sack oder gelber Tonne wird entgegen der landläufigen Meinung nicht wieder mit dem Hausmüll zusammengeworfen und verbrannt, sondern tatsächlich sortiert. Kunststoff, der zu stark verschmutzt oder mit anderen Kunststoffen verbunden ist und

Der Plastik-Kreisel

Anteile verschiendener Kunststofftypen und deren
Kennzeichnung mit Recyclecodes in Deutschland 2017

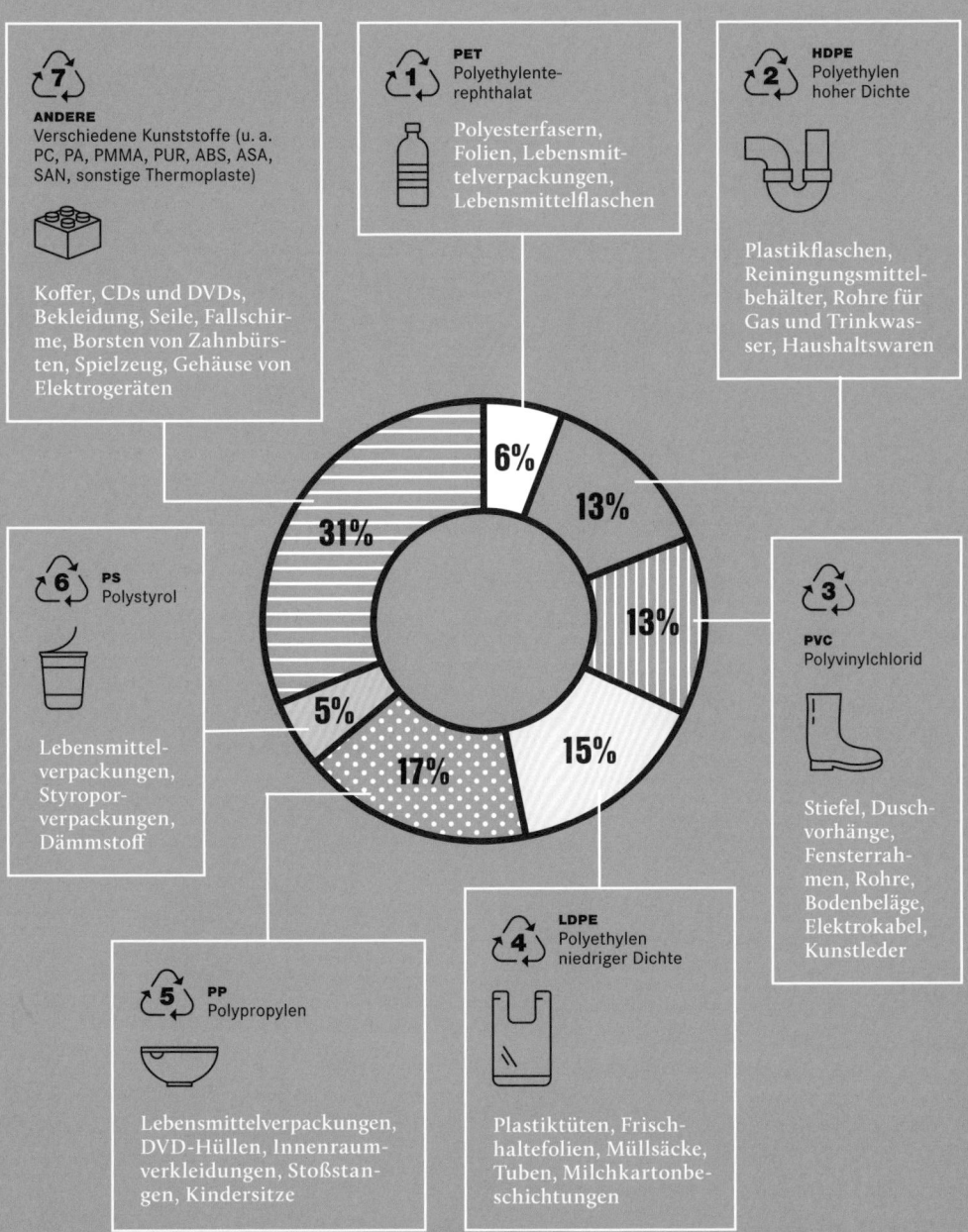

7 ANDERE
Verschiedene Kunststoffe (u. a.
PC, PA, PMMA, PUR, ABS, ASA,
SAN, sonstige Thermoplaste)

Koffer, CDs und DVDs,
Bekleidung, Seile, Fallschir-
me, Borsten von Zahnbürs-
ten, Spielzeug, Gehäuse von
Elektrogeräten

1 PET Polyethylente-
rephthalat

Polyesterfasern,
Folien, Lebensmit-
telverpackungen,
Lebensmittelflaschen

2 HDPE Polyethylen
hoher Dichte

Plastikflaschen,
Reiningungsmittel-
behälter, Rohre für
Gas und Trinkwas-
ser, Haushaltswaren

6 PS Polystyrol

Lebensmittel-
verpackungen,
Styropor-
verpackungen,
Dämmstoff

3 PVC Polyvinylchlorid

Stiefel, Dusch-
vorhänge,
Fensterrah-
men, Rohre,
Bodenbeläge,
Elektrokabel,
Kunstleder

5 PP Polypropylen

Lebensmittelverpackungen,
DVD-Hüllen, Innenraum-
verkleidungen, Stoßstan-
gen, Kindersitze

4 LDPE Polyethylen
niedriger Dichte

Plastiktüten, Frisch-
haltefolien, Müllsäcke,
Tuben, Milchkartonbe-
schichtungen

6%
13%
13%
31%
5%
17%
15%

nicht getrennt werden kann, wird verbrannt. Ein weiterer Teil des Kunststoffmülls kann als Ersatzbrennstoff in der Industrie, zum Beispiel in Zementwerken, verwendet werden. Der Rest wird wiederverwertet. Dabei findet fast immer ein Downcycling statt, die neuen Produkte sind also von geringerer Qualität. Für die Umwelt ist es jedoch definitiv besser, den Kunststoffmüll zu recyceln als zu verbrennen, da beim Verbrennen Schadstoffe und klimaschädliches Kohlendioxid freigesetzt werden.

Deutschland exportiert Plastikmüll auch ins Ausland, etwa nach China oder Malaysia. Dabei handelt es sich allerdings fast nur um Abfälle aus Industrie und Gewerbe und nicht um unseren Haushaltsmüll. Für die Industrie lohnt sich das, denn das Sortieren des Mülls ist im Ausland schlichtweg günstiger. Außerdem werden für den Mülltransport die ohnehin zwischen Europa und China pendelnden Containerschiffe genutzt. China kann Plastik darüber hinaus gut als Rohstoff für die eigene Produktion gebrauchen. Und last but not least finden sich im Müll auch immer wieder andere Wertstoffe, wie zum Beispiel Aluminium, die man in China günstiger aussortieren lassen kann als in Europa.

Altpapier

Papier lässt sich sehr gut recyceln. Altpapier wird meist zu Recyclingpapier oder auch Kartons verarbeitet. Je mehr Papier recycelt wird, desto weniger Holz muss für die Papierherstellung verwendet werden. Papier kann mehrmals recycelt werden. Da sich beim Recyceln jedoch die Papierfasern verkürzen, leidet die Qualität. Deshalb werden immer auch frische Fasern untergemischt. Dennoch verbraucht die Herstellung von Recyclingpapier aus Sekundärfasern weniger Energie als die Herstellung von neuem Papier aus Primärfasern. Übrigens musst du Metallklammern oder die Folienfenster von Briefumschlägen nicht entfernen, wenn du Papier entsorgst. Sie können in der Verwertung aussortiert werden.

Elektrogeräte und Batterien

Elektrogeräte, Smartphones & Co. sind aus wertvollen und seltenen Rohstoffen hergestellt, gleichzeitig enthalten sie aber auch zahlreiche Schadstoffe. Altgeräte sollten auf keinen Fall in Schubladen ihr Dasein fristen, sondern entweder weitergegeben, repariert oder recycelt werden. Inzwischen gibt es dafür an vielen Sammelstellen spezielle Container. Elektrogeräte können auch in Wertstoffhöfen entsorgt werden. Darüber hinaus kann man die Geräte im Handel zurückgeben. Geschäfte, die mehr als 400 m² Verkaufsfläche für Elektrogeräte haben, müssen das Altgerät zurücknehmen, wenn der Kunde ein neues Gerät kauft. Kleine Produkte mit einer Kantenlänge von bis zu 25 cm dürfen jederzeit abgegeben werden.

Batterien dürfen nicht im Hausmüll entsorgt werden, da sie sich entzünden können. Achte bereits beim Kauf darauf, ob man bei einem Gerät einzelne Teile austauschen und reparieren kann. Es ist sinnvoll, langlebige Elektrogeräte zu kaufen, da Recycling alter Geräte schwierig ist und leider bisher wenig recycelt wird.

Müll trennen – so geht's richtig

Je nach Bundesland gibt es bei der Mülltrennung Unterschiede. In den gelben Sack dürfen nur Verpackungen, in der Wertstofftonne dürfen auch andere Gegenstände aus Plastik entsorgt werden. Mindestens einmal pro Jahr bekommen alle Haushalte eine Infobroschüre mit den wichtigsten Vorschriften sowie den Kontaktdaten der zuständigen Behörde, an die man sich bei Fragen wenden kann. Leider landet Müll trotzdem oft in der falschen Tonne und kann somit nicht recycelt werden. Die falsche Entsorgung – sogenannte Fehlwürfe – erschwert darüber hinaus den gesamten Recyclingprozess. In manchen Gegenden in Deutschland gibt es bis zu 60 Prozent solcher Fehlwürfe. Mit sorgfältiger Mülltrennung kann jedoch jeder Einzelne einen erheblichen Beitrag zu mehr Recycling und einer besseren Verwertung von Müll leisten. Wird Müll richtig getrennt, kann er besser recycelt werden, und weniger davon wird verbrannt.

Plastiktüten sollte man nicht als Mülltüte verwenden. Sie können im Hausmüll nicht recycelt werden. Plastiktüten sollten so häufig wie möglich genutzt werden (siehe S. 173) und nicht nur einmal als Müllsack. Falls du sie doch als Mülltüte benutzt, leere den Müll in die Tonne aus und gib die Plastiktüte in die gelbe Tonne oder den gelben Sack.

Batterien sollte man stets in Sammelstellen, beispielsweise im Drogerie- oder Supermarkt oder dem Wertstoffhof, entsorgen. Auch Elektrogeräte haben im Hausmüll nichts verloren.

Alte Medikamente kann man zum Entsorgen auch in manche Apotheken bringen; auf keinen Fall dürfen Medikamente über die Toilette oder das Waschbecken entsorgt werden!

Papier
- Zeitschriften, Zeitungen
- Prospekte, Kataloge
- Kartonagen
- Hefte
- Bücher
- Eierkartons
- saubere Pizzakartons ohne Beschichtung innen
- unbeschichtetes Geschenkpapier ohne Glitzer o. Ä.
- Briefumschläge, Nudelkartons, Brotverpackungen mit Sichtfenster (vorher das Plastik herauszutrennen ist noch besser, dieses kann dann in den gelben Sack)

Restmüll/Hausmüll
- Hygieneartikel
- Zahnbürsten
- Windeln
- Taschentücher, Küchentücher
- Keramik, Porzellan, Trinkgläser und Scherben davon
- Backpapier (da meist beschichtet)
- gebleichte Kaffeefilter
- gewachste Käserinde
- Asche
- Staub
- Katzenstreu
- Textilien
- Spielzeug
- Medikamente
- Glühbirnen (aber keine Energiesparlampen, Neonröhren oder LEDs)

Taschentücher, Küchenpapier – vor allem wenn sie stark verschmutzt sind – und **Kassenbons** aus Thermopapier dürfen nicht mit dem Papiermüll entsorgt werden. Kassenzettel mit dem Vermerk »Ökobon« – meist sind sie blau – dürfen hingegen zum Altpapier.

Auch **Backpapier** darf nicht ins Altpapier, denn die Beschichtung verhindert das Recycling.

Pizzakartons sollten lieber im Restmüll entsorgt werden, wenn sie mit Käse oder Fett verschmutzt sind oder eine Beschichtung haben. Auch **alte Fotos** gehören nicht ins Altpapier, sondern in den Restmüll.

Gelbe Tonne oder gelber Sack

- Verpackungen
- Behälter von Putzmitteln
- Behälter von Cremes, Duschgel, Shampoo oder Zahnpasta
- Aluschalen, Alufolie, Aludeckel, Alufolie von Schokolade
- Kaffeekapseln aus Aluminium oder Plastik
- Spraydosen
- Dosen (auch Tierfutter)
- Suppentüten
- Lebensmittelverpackungen
- Styropor
- Plastiktüten
- Saft- und Milchkartons
- Holzschachteln und -kistchen (z. B. von Pralinen)
- Steingutflaschen
- Arzneimittelblister

Joghurtbecher und ihre Verwandten darf man übrigens löffelrein im Kunststoffabfall entsorgen, das heißt, sie müssen nicht ausgespült werden. Viel wichtiger ist, dass man alle Komponenten voneinander trennt: also den Aludeckel vom Becher abzieht. Bei manchen Joghurtbechern kann man auch den Papier-

mantel abtrennen und im Altpapier entsorgen. Je sorgfältiger die Stoffe getrennt sind, desto leichter können sie später sortiert werden und desto höher ist die Wahrscheinlichkeit, dass sie recycelt und nicht verbrannt werden. Daher ist es auch wichtig, den Müll nicht ineinanderzuschieben, um Platz zu sparen, sondern immer getrennt voneinander wegzuwerfen, das erleichtert später das Sortieren.

Alufolie hat im gelben Sack oder in der gelben Tonne streng genommen nichts verloren. Da sie aber auf dem Fließband leicht aus dem Verpackungsmüll aussortiert und dann auch recycelt werden kann, ist es besser, sie mit den Wertstoffen zu entsorgen als im Restmüll, wo sie nicht recycelt wird.

CDs und DVDs enthalten wertvolle Rohstoffe und sollten daher weder im Hausmüll noch im gelben Sack weggeworfen, sondern zu Sammelstellen gebracht werden. Die örtlichen Umweltbehörden geben Auskunft, wo sich die nächste Sammelstelle befindet. In manchen großen Geschäften sind Sammelcontainer für CDs und DVDs aufgestellt, und auch der Wertstoffhof nimmt sie entgegen. Alte CD- oder DVD-Hüllen können im gelben Sack entsorgt werden.

Folgende Dinge gehören **nicht in die gelbe Tonne oder den gelben Sack**, sondern in den Hausmüll: Nylon-Strumpfhosen, Kugelschreiber, Klarsichthüllen, Katzenstreu, Pflaster, Luftmatratzen und Zelte, Blech, nicht geleerte Verpackungen, Windeln, Slipeinlagen, Filmrollen, Polaroids, Videokassetten, Feuerzeuge und Einwegrasierer.

> Wenn du dir nicht sicher bist, ob etwas in den gelben Sack gehört, hilft die Frage: »Ist es Verpackung?« Lautet die Antwort Ja, kann es in den gelben Sack.

DIE WURMKISTE

Sogar in Stadtwohnungen kann man kompostieren und zwar sogar geruchlos und auf kleinem Raum in der Wohnung. Das funktioniert entweder mit dem Bokashi Küchenkomposter oder der Wurmkiste. Der Vorteil: Man hat immer wertvollen Kompost und Flüssigdünger parat.

Glas

- weißes, grünes und braunes Altglas streng nach Farben getrennt
- andere Glasfarben, zum Beispiel blaues oder buntes Glas, in den grünen Container

Achte darauf, dass du Altglas **sorgfältig nach Farben getrennt** in die Container wirfst. Auch wenn der Eindruck entsteht, dass auf dem Müllwagen alles im selben großen Container landet, wenn die Leerung stattfindet, wird das Glas im Altglaswagen sehr strikt getrennt, um eine gute Recyclingqualität zu erreichen.
Schraubverschlüsse und Kronkorken gehören nicht in den Glascontainer. Sie können zwar aussortiert werden, das ist aber aufwendig und kostet viel Energie. Sie werden am besten in der gelben Tonne entsorgt.
Echter Kork ist ein wertvoller Rohstoff, der gut weiterverarbeitet werden kann. Er sollte daher nicht im Glascontainer landen. Viele Weinhändler und Unverpackt-Läden nehmen Korken an, in vielen Städten gibt es Sammelstellen. Korkimitat ist aus Kunststoff und kommt in die gelbe Tonne.
Trinkgläser, Spiegelglas, Weihnachtskugeln und **Fensterglas** sollten nicht im Glascontainer entsorgt werden, da sie aus anderem Glas bestehen als Flaschen. Sie gehören in den Hausmüll oder auf den Wertstoffhof.

Biomüll

- Gemüse- und Obstreste (auch Bananenschalen)
- Essensreste, Fleisch, Fisch, Fischgräten
- Eierschalen
- ungewachste Käserinde (Naturrinde)
- Brot
- organische Gartenabfälle
- Schnittblumen
- ungebleichte Kaffeefilter

Bitte verwende **keine Biomülltüten** aus sogenanntem Bioplastik, da sie viel zu langsam verrotten und in der Kompostieranlage nur schwer rausgefiltert werden können. Biomülltüten werden außerdem meist aus Maisstärke gemacht. Die Herstellung und der Transport der Maisstärke sowie die Herstellung der Tüten kosten jedoch viel Energie. Wer Biomülltüten verwendet, tut der Umwelt somit nichts Gutes, sondert schadet ihr eher. Zeitungspapier ist als Tütenersatz eine gute Alternative. Oder man trägt den Müll einfach im kleinen Eimer zur Biotonne oder zum Kompost.

Nachhaltig reinigen

Obwohl es beim Thema Nachhaltigkeit oft schwierig ist, eindeutige Wahrheiten zu formulieren, kann man bei Reinigungsmitteln ausnahmsweise eine eindeutige Aussage treffen: All die Reinigungsmittel in bunten Farben, Flaschen und Verpackungen, die in Supermärkten und Drogerien in langen Regalen stehen, sind überflüssig. Um die Wohnung gründlich zu reinigen, brauchen wir das alles nicht. Nachhaltiges Reinigen funktioniert genauso gut, schont die Umwelt, riecht besser, spart Zeit und kostet weniger Geld.

Während meines Soziologiestudiums durfte ich eine Kundenbefragung zum Thema Biowaschmittel vor einem Biosupermarkt durchführen. Ich fragte die Kunden, ob sie Biowaschmittel kaufen, und falls nicht, warum.

Die Antworten waren sehr eindeutig. Die meisten Kunden des Biosupermarkts kauften damals ihr Waschmittel dennoch in herkömmlichen Geschäften, weil sie es nicht für möglich hielten, dass Biowaschmittel genauso gut reinigen wie herkömmliche. Auch heute glauben immer noch viele Verbraucher, dass teure, herkömmliche Reinigungsmittel einen besseren Job machen. Dabei blenden sie jedoch aus, was der Haken daran ist: Herkömmliche Reinigungsmittel enthalten Tenside, Phosphonate, Konservierungsmittel, Duft- und Farbstoffe, Bleichmittel, gentechnisch veränderte Enzyme, Enthärter und Desinfektionsmittel. Tenside sind zwar inzwischen biologisch abbaubar, die anderen Inhaltsstoffe jedoch meist nicht oder nur in geringem Maße. Sie reichern sich in Organismen und der Umwelt an, schädigen Wasserlebewesen oder auch uns, da sie Allergien auslösen können und unsere Haut und Schleimhäute reizen. Außerdem tragen vor allem Phosphor- und Stickstoffverbindungen zur Überdüngung der Böden bei, wenn sie über den Klärschlamm auf den Äckern landen.

Pro Jahr werden in Deutschland 220 000 Tonnen Haushaltsreiniger und 260 000 Tonnen Geschirrspülmittel verbraucht.

Tipps für nachhaltiges Putzen

Das Vorurteil »Bio macht nicht sauber« hält sich wacker in vielen Köpfen, obwohl das Zuviel an Inhaltsstoffen bei herkömmlichen Reinigungsmitteln schädlich für unsere Gesundheit und die Umwelt ist. Hier sind ein paar einfache Tipps für nachhaltigeres Putzen.

• Auf Bio-Putzmittel umsteigen. Sie enthalten keine synthetischen Inhaltsstoffe, die uns oder die Umwelt schädigen. Du erkennst sie an Siegeln wie der Euroblume, dem EU-Umweltzeichen oder dem Blauen Engel.

- Putzmittel sparsamer anwenden und Überdosierung vermeiden. Die Dosierungsanleitungen verleiten dazu, mehr zu verwenden, als gebraucht wird.

Pro Jahr fließen circa 150 000 Tonnen chemische Reinigungsprodukte ins Abwasser.

- Auf Einmaltücher, zum Beispiel zum Boden- oder Staub wischen, verzichten. Das ist Ressourcenverschwendung.

- Spüllappen und Schwämme durch nachhaltige, recycelte Varianten ersetzen. Herkömmliche Spülschwämme geben Mikropartikel ab, ein Kupfertuch oder Luffaschwamm sind gute Alternativen. Eine Spülbürste aus Holz ist besser als die Plastikvariante. Lässt man sie trocknen, verhindert man auch die Keimbildung. Hygienischer ist es, verschiedene Putzlappen für verschiedene Orte zu benutzen, zum Beispiel einen für die Toilette, einen für die Küche usw. Spül- und Putzlappen öfter mal wechseln und regelmäßig waschen.

- Schmutz am besten gleich entfernen, bevor er trocknet, dann braucht man weniger Reinigungsmittel. Das gilt vor allem für Pfannen, Herd und Backofen. In der Dusche bilden sich erst gar keine Kalkflecken, wenn man feuchte Fliesen oder Duschtüren trocken reibt. Wenn sich Verschmutzungen schwer entfernen lassen, kann man sie eine Zeit lang einweichen, ohne gleich zur Chemiekeule zu greifen. Die mechanische Reinigung mit Muskelkraft dauert vielleicht ein paar Minuten länger, funktioniert aber genauso gut.

- Wer seine Wohnung sauber hält, braucht keine Desinfektionsmittel. Sie sind wirklich nicht notwendig, sondern eher ein Gesundheitsrisiko. Die antibakteriellen Stoffe wirken auch in unserem Körper und stehen im Verdacht, Allergien auszulösen. Möglicherweise haben sie auch Auswirkungen auf unseren Hormonhaushalt. Besser hochwertige Seife verwenden und regelmäßig 20–30 Sekunden lang die Hände waschen. Im Gegensatz zu Desinfektionsmittel tötet Seife nicht die Keime ab, die wir für unsere natürliche Hautflora benötigen. Zudem zerstören Desinfektionsmittel, die über das Abwasser in die Kläranlagen gelangen, dort die biologischen Abbauhelfer.

- Raumsprays und Duftspender sind überflüssiger Müll. Für eine gute Raumluft lieber öfter lüften oder Duftlampen mit wertvollen ätherischen Ölen verwenden.

- Keine chlorhaltigen Reiniger und keine WC-Reiniger mit Salz- oder Salpetersäure verwenden. Statt chemischem Abflussreiniger kann man auch eine Saugglocke oder Zylinderbürste verwenden. Starke Reiniger belasten die Umwelt sehr.

- Verpackung sparen: Waschmittel im Karton kaufen, Pulver ist besser als Flüssigwaschmittel in der Plastikflasche. Auch Geschirrspültabs gibt es als Bio-Produkt und sogar lose im Karton. Man kann auch pro Spülgang nur einen halben Tab in die Maschine geben, das funktioniert wunderbar. Großpackungen mit mehr Inhalt sind besser als kleine. In Unverpackt-Läden gibt es Reinigungsmittel zum Abfüllen, und auch manche Drogerien bieten schon Nachfüllpackungen oder -stationen an.

Reinigungs-Basics

Handspülmittel   Scheuermilch

Allzweckreiniger   Zitronensäurebasis
oder Essigessenz

Im Grund brauchst du nur vier Reinigungsmittel. Kaufe sie am besten in der Biovariante.

Reinigungsmittel selbst herstellen

Am nachhaltigsten putzt man mit selbst hergestellten Reinigungsmitteln. Im Grunde benötigt man dafür nur fünf Zutaten, aus denen sich fast alles zusammenmischen lässt.

Essig

Essig wirkt gut gegen Fett, Kalk und Rost. Außerdem sorgt er für Glanz und desinfiziert auf natürliche Weise. Einfach Essig mit Wasser im Verhältnis 1:5 mischen, und fertig ist der Allzweckreiniger.

Für einen alltagstauglichen Allzweckreiniger mit Duft gibst du Orangen- und Zitronenschalenreste in eine Flasche und füllst die Flasche mit Essig auf. Einige Tage ziehen lassen und gegebenenfalls etwas Essig nachfüllen. Wenn der Essig sich leicht verfärbt und nach Zitrone oder Orange riecht, ist der Allzweckreiniger fertig. Essig nicht auf Dichtungen, Gummi und Natursteinböden verwenden.

Zitronensäure

Zitronensäure wirkt perfekt gegen Kalk oder auch als natürlicher Weichspüler. In Pulverform ist sie im Supermarkt oder Drogeriemarkt erhältlich. Für den Weichspüler einen Teelöffel Zitronensäure mit ungefähr 50 ml Wasser mischen und ins Weichspülerfach der Waschmaschine geben.

Kernseife

Kernseife war in den letzten Jahrzehnten etwas aus der Mode, aber sie ist ein wahrer Allrounder. Achte beim Einkauf auf die pflanzliche Variante in Bioqualität. Es gibt sie in großer Auswahl in Bioläden und Reformhäusern. Für ein einfaches Handspülmittel 15 g gehobelte Kernseife, vier Teelöffel Natron und einen halben Liter Wasser vermischen. Für einen schönen Duft noch ein paar Tropfen ätherisches Öl hinzufügen. Die Mischung in ein Glas füllen und beim Spülen wie normales Spülmittel verwenden. Meist braucht man etwas mehr davon.

Soda

Soda (Natriumcarbonat) eignet sich hervorragend für die Reinigung von Herd, Töpfen und Arbeitsflächen. Auf aluminiumhaltigen Flächen sollte sie nicht verwendet werden. Mische zwei Esslöffel Soda mit einem Liter Wasser, und du erhältst einen Reiniger, der auch starke Verschmutzungen bewältigt. Hantiere vorsichtig mit Soda, denn sie kann Haut und Augen reizen. Für Waschmittel vermengst du 150 g Soda, 150 g Natron und 100 g geraspelte Kernseife und gibst pro Waschgang ein bis zwei Esslöffel ins Waschmittelfach.

Natron

Ist nahe verwandt mit Soda und sieht auch ähnlich aus. Man sollte die beiden aber auf gar keinen Fall verwechseln oder austauschen, achte deswegen genau auf die

Kennzeichnung: Natron wird fachsprachlich als Natriumhydrogencarbonat bezeichnet. Es ist auch als »Bullrich Salz« (gegen Sodbrennen) bekannt und in Backpulver enthalten, deswegen findet man in vielen Rezepten für Reinigungsmittel auf Natronbasis auch Backpulver als Alternative.

Bei angebrannten Töpfen etwas Natron mit Wasser in den Topf geben und langsam erhitzen. Danach sollte der Topf sehr einfach zu reinigen sein. Eine nachhaltige Alternative zur Chemiekeule Abflussreiniger ist folgendes Rezept: zwei Esslöffel Natron in den Abfluss und etwa eine halbe Tasse Essig nachgießen. 15 Minuten einwirken lassen und mit kaltem Wasser nachspülen. Natron wirkt auch gut als Fugenreiniger. Einfach mit der Zahnbürste einmassieren, einwirken lassen und abspülen.

Noch mehr Tipps für nachhaltiges Putzen

- Beim Putzen spielt die Wassertemperatur keine Rolle. Du kannst also auch Energie sparen, wenn du mit kaltem Wasser wischst oder Fenster putzt. Nur hart gewordenes Fett, zum Beispiel in der Bratpfanne, lässt sich mit warmem Wasser besser lösen.

- Rezepte für die Herstellung von Reinigungsmitteln findest du im Netz oder in Büchern zum Thema beim Buchhändler des Vertrauens.

- Waschnüsse als Alternative zu Waschmittel funktionieren laut Stiftung Warentest nicht gut. Sie bringen sogar zwei Nachteile mit sich: Die Waschnüsse werden aufgrund der Nachfrage aus Europa im Herkunftsland Indien teurer. Darüber hinaus hinterlassen sie einen Film auf der Kleidung, und der Stoff zerfasert langfristig und geht schneller kaputt. Da Kleidung möglichst lange getragen

werden sollte und ihre Produktion sehr aufwendig ist, ist das nicht nachhaltig. Angeblich sollten Waschkastanien besser funktionieren als Waschnüsse. Ich habe beides ausprobiert und bin mit dem Ergebnis nicht zufrieden. Allerdings waschen Freunde von mir schon lange ihre Wäsche damit und sind sehr überzeugt davon.

- Reinigungstabs statt Reinigungsmittel sind eine ganz neue Darreichungsform von Reinigungsmittel. Man löst die Tabs in Leitungswasser auf und bekommt dann je nach Sorte Allzweck-, Glas- oder Badreiniger. Der Vorteil: Es entsteht weniger Müll, weniger Mikroplastik und auch weniger CO_2, weil nur die Tabs und nicht das flüssige Reinigungsmittel im Behälter transportiert werden. Trotzdem sind die fertigen Reiniger biologisch abbaubar und reinigen hervorragend. Die Tabs gibt es zum Beispiel von ecotab.de, everdrop.de und biobaula.com sowie in Unverpackt-Läden.

Mach's dir grün: Garten, Balkon und Zimmerpflanzen

Leider hat nicht jeder einen Garten, einen Balkon oder eine Terrasse. Dabei sind Wissenschaftler überzeugt davon, dass Pflanzen uns guttun. In Japan und inzwischen auch im Schwarzwald wird »Waldbaden« (Shinrin Yoku) als Heilmethode angeboten, um Menschen zu entspannen. Selbst in der Wohnung sorgen Zimmerpflanzen für ein gutes Raumklima, denn sie wandeln CO_2 in Sauerstoff um. Manche Pflanzen sind sogar in der Lage, die Wohnungsluft von Formaldehyd und anderen Stoffen zu reinigen. Die Farbenlehre besagt, dass die Farbe Grün gut für uns ist. Sie wirkt harmonisch, beruhigend, positiv und entspannend.

Doch obwohl wir die Natur lieben und sie wichtig für unsere Gesundheit ist, wird weltweit immer mehr Wald gerodet und Natur zerstört, sodass die Artenvielfalt rapide abnimmt und in Deutschland vor allem Insekten und Vögel zunehmend verschwinden. Warum schützen wir nicht mehr, was gut für uns ist? Zum Abschluss des Kapitels »Wohnen« möchte ich dazu inspirieren, mehr Grün zu schaffen, Lebensräume zu erhalten und Tierarten zu schützen.

Tipps fürs nachhaltiges Gärtnern

Ganz gleich, ob auf dem Balkon, im Garten oder in der Wohnung: Die drei Hauptregeln des nachhaltigen Gärtnerns sind ganz einfach.

1. Verzichte auf synthetischen Dünger.
2. Verzichte auf Pestizide und Schädlingsbekämpfungsmittel, die nicht für den Bio-Anbau geeignet sind.
3. Verwende nur Saatgut und Jungpflanzen, die von biologisch wirtschaftenden Betrieben oder vertrauenswürdigen Bezugsquellen stammen.

Auf Verpackungen von Bio-Saatgut sollte der »Öko-Kontrollstellen-Code« zu finden sein. Er beginnt mit einem Länderkürzel, zum Beispiel DE. Danach kommt die Kennzeichnung »ÖKO« und dann eine dreistellige Nummer, zum Beispiel DE-ÖKO-123. Ist der Code auf der Verpackung zu finden, kannst du dir sicher sein, dass es sich um biozertifiziertes Saatgut handelt.

- Verwende nur **torffreie (Bio-)Erde.** Torf ist zwar gut für das Pflanzenwachstum, allerdings werden für die Torfgewinnung Moore und damit wichtige Lebensräume zerstört. Meist ist auf der Verpackung vermerkt, ob die Erde frei von Torf ist.

- Falls Schädlinge an Pflanzen oder im Garten auftauchen, kann man sie häufig mit **natürlichen Mitteln** bekämpfen. Kapuzinerkresse im Garten hält manche Schädlinge ab, Zwiebelschalen-Knoblauch-Brühe hilft gegen Blattläuse. Rezepte und Tipps findest du im Internet. Nachhaltig ist es auch, **Nützlinge** im Garten anzulocken: Vögel, Marienkäfer oder die Larven von Florfliegen fressen beispielsweise Blattläuse, Tigerschnegel vertilgen die schädlichen Wegschnecken und deren Gelege.

- Verzichte auf **Pflanzgefäße** aus Plastik. Ton ist eine gute Alternative. Wenn du neue Pflanzen kaufst, kommst du meist um den Plastikbehälter nicht herum. Wirf ihn nicht weg, sondern verwende ihn wieder, zum Beispiel für Ableger deiner Pflanzen. Manche Pflanzengeschäfte nehmen die Pflanzgefäße auch wieder zurück und verwenden sie selbst weiter.

- Wenn du Pflanzen aus Samen ziehst, brauchst du dafür keine Töpfe oder Plastikbehälter zu kaufen. Stattdessen lassen sich **Töpfchen aus Eierkartons, Eierschalen, Zeitungspapier** oder **WC-Rollen** selbst basteln. Der Vorteil: Du kannst die Pflanzen einfach mit dem Topf in die Erde setzen. Das schont die Wurzeln. Der Topf verrottet später.

- Informiere dich über die **Ansprüche der Pflanzen** an den Standort, bevor du sie kaufst. Wer in einer dunklen Wohnung wohnt oder einen Nordbalkon hat und selten zu Hause ist, sollte sich keine Pflanze zulegen, die viel Sonne und Wasser braucht. Auch auf dem Balkon und im Garten kann man Ressourcen sparen, wenn man nur Pflanzen kauft, die auch für die jeweiligen Gegebenheiten passen. Mitarbeiter eines guten Pflanzengeschäfts beraten gerne. Darüber hinaus findest du viele Informationen online oder bei Freunden, Nachbarn oder Kollegen mit grünem Daumen.

- **Minigewächshäuser** für die Fensterbank oder auch für draußen müssen nicht immer neu gekauft werden. Aus alten PET-Flaschen, Einmachgläsern und Obstverpackungen kann man für fast alle Größen improvisieren.

- Wer einen Garten hat, kann versuchen, weniger zu gießen, und so wirklich viel **Wasser sparen.** Je mehr man Pflanzen gießt, desto stärker bilden sie Wurzeln in die Breite aus. Gewöhnt man die Pflanzen dagegen von An-fang an daran, ohne viel Wasser auszukommen, bilden sie ein Wurzelsystem aus, das tiefer in den Boden reicht. Das funktioniert aber nur im Gartenbeet und nicht im Topf.

- Ein **Komposthaufen** im Garten oder ein Küchenkomposter beziehungsweise eine **Wurmkiste** in der Wohnung oder auf dem Balkon (siehe S. 191) versorgen dich das ganze Jahr über mit hochwertigem Dünger und Humus.

Aktiv gegen das Insekten- und Vogelsterben

In einem gesunden Ökosystem, das sich im Gleichgewicht befindet, sind Insekten sehr wichtig. Denn sie bestäuben Blüten und dienen vielen Vögeln und anderen Tieren als Nahrung. In den letzten Jahren ist jedoch die Zahl der Insekten drastisch zurückgegangen. Eine Studie des Wissenschaftsjournals PLOS ONE zeigt, dass die Biomasse der Fluginsekten in den letzten 27 Jahren in den untersuchten Schutzgebieten um 75 Prozent gesunken ist. Dramatisch ist das Ergebnis deswegen, weil die Studie repräsentativ für viele Gebiete gesehen werden kann. Beim Insektenschwund handelt es sich also um ein flächendeckendes Problem. Ohne Insekten gibt es keine Bestäubung und somit auch keine Früchte, was für die Landwirtschaft ein großes Problem ist. Ohne Insekten finden aber auch Vögel weniger Nahrung. Auch das macht sich bereits in Zahlen bemerkbar. Besonders außerhalb von Naturschutzgebieten sind heimische Vögel wie Star, Baumfalke, Feldlerche und Steinkauz gefährdet. Der NABU hat berechnet, dass zwischen 1998 und 2009 15 Prozent aller Vogelbrutpaare – das sind rund 25 Millionen Vögel – verschwunden sind, während die Zahl der Vögel zwischen 1990 und 1998 weitgehend stabil war.

Die Ursachen für diesen massiven Verlust sind noch nicht ganz klar. Laut NABU geht der Schwund weniger darauf zurück, dass viele

Vögel sterben. Vielmehr werden weniger Jung-vögel aufgezogen. Die Gründe dafür sind in der Vernichtung von Lebensräumen und dem Nahrungsmangel zu suchen, wofür zu großen Teilen die intensive Landwirtschaft und der Pestizideinsatz verantwortlich sind.

Die Biomasse der Flugin-sekten ist in den letzten 27 Jahren um 75 Prozent ge-sunken. Zwischen 1990 und 1998 sind 15 Prozent oder 12,7 Millionen Vogelbrutpaare in Deutschland verschwunden.

So schließt sich der Kreis: Wenn Insekten ster-ben, sterben auch die Insektenfresser. Doch wie bei so vielen anderen Themen in diesem Buch kann jeder Einzelne auch hier durch klei-ne Verhaltensänderungen oder Maßnahmen im eigenen Haus, Garten oder auf dem Balkon einiges tun.

Was kann jeder zum Schutz von Insekten, Vögeln und an-deren Wildtieren beitragen?

- **Biolandwirtschaft** unterstützen und Bio-Gemüse kaufen

- **heimische Wildblumen** und -gehölze statt exotische Pflanzen in den Garten und auf den Balkon holen. Die heimischen Insekten haben sich über lange Zeit an die heimischen Pflanzen angepasst. Von ihnen ernähren sie sich, legen ihre Eier darauf ab oder nisten darin. Exotische Pflanzen wie zum Beispiel die ursprünglich aus Südafri-ka stammenden Geranien locken Bienen, Hummeln & Co. zwar mit süßem Nektarduft, bieten ihnen aber oft keinen Nektar und Pol-len, von dem sie sich ernähren können. Oder die heimischen Insekten können die süße Nahrung mit ihrem nur an heimische Pflan-zen angepassten Rüssel nicht erreichen. Der aus Kleinasien stammende Kirschlorbeer ist eine beliebte Heckenpflanze in deutschen Gärten, für Vögel und Insekten jedoch als Futter- oder Nistpflanze völlig wertlos. Kein Schmetterling würde jemals seine Eier darauf ablegen und keine Raupe die Blätter fressen. Stattdessen sind heimische Pflanzen wie Weißdorn, Schlehe, Leimkraut, Rittersporn oder Akelei vogel- und insektenfreundliche Alternativen. Umweltschutzorganisationen wie BUND oder NABU veröffentlichen regel-mäßig Listen mit insekten- und vogelfreund-lichen Pflanzen für den Garten.

- **regionale Vielfalt** erhalten und alte Sorten anpflanzen, wie zum Beispiel Erdbeerspinat

- den **Rasen seltener mähen** und stattdes-sen Wiesenkräuter, Klee oder Wildblumen wachsen lassen. Alternativ kleine Inseln auf dem Rasen ungemäht lassen. Klee statt Gras macht sich auch gut im Garten.

- **Permakultur** im eigenen Garten umsetzen. Bei dem in den 1970er-Jahren für die Landwirtschaft und den Gartenbau erarbeiteten Konzept geht es darum, die natürlichen Abläufe und Ökosysteme der Natur im Anbau nachzuahmen. Das bedeutet in der Landwirtschaft zum Beispiel keine Monokulturen, sondern nachhaltige und natürliche Landnutzung. Im Garten sollte man Standort, Bodenbeschaffenheit, Licht- und Wasserversorgung beim Pflanzen berücksichtigen.

- **Schotter-** und **Steingärten** sowie zu viel Beton im Garten oder Vorgarten vermeiden. Eine gute und pflegeleichte Alternative ist beispielsweise Thymian, der großflächig angepflanzt wird. Er riecht gut, sieht hübsch aus und ist eine attraktive Pflanze für Bienen und andere Insekten. Außerdem kann man ihn zum Kochen verwenden.

- Pflanzen mit **blauen, violetten** und **weißen Blüten** anbauen, die mögen Bienen besonders. Außerdem immer auf **ungefüllte Blüten** achten. Gefüllte Blüten, die man häufig bei Rosen und anderen stark gezüchteten Blütenpflanzen findet, haben sehr viele Blütenblätter, die Bienen den Weg zum Pollen versperren. Oft wurden diesen Pflanzen für die vielen Blütenblätter sogar die Organe für die Bildung von Nektar oder Pollen weggezüchtet.

- **Insektenhotels und Nisthilfen** für Vögel aufstellen. Das funktioniert übrigens auch auf dem Balkon und in der Stadt.

- **Schlupfmöglichkeiten** für kleine und größere Tiere schaffen. Laubhaufen, Gehölz oder eine Steinmauer bieten **Lebensräume**, die immer seltener werden. Auch eine Ecke im Garten, die man sich selbst überlässt und in der auch Brennnesseln und andere Beikräuter wachsen dürfen, hilft heimischen Wildtieren.

> Welche Pflanzen für einen vogel- und insektenfreundlichen Garten und Balkon geeignet sind und wie du ein guter Gastgeber für Biene, Meise, Marienkäfer & Co. wirst, erfährst du auf den Seiten von BUND (www.bund.de) und NABU (www.nabu.de).

- Auch auf dem Balkon wachsen Kräuter sehr gut. Für Südbalkons sind mediterrane Kräuter gut geeignet, aber auch im Schatten wachsen leckere **Küchenkräuter**. Wenn sie blühen, einen Teil der Blütenstängel für die Bienen stehen lassen. Bei dem anderen Teil kann man die Blüten abschneiden, dann schmecken die Kräuter intensiver und lassen sich wunderbar in der Küche verwenden.

- Wer Vögel auch im Sommer füttern möchte, sollte auf **Hygiene am Futterhäuschen** achten. Wird Vogelfutter nass oder koten die Vögel auf das Futter, können auch Krankheiten übertragen werden, und man erreicht genau das Gegenteil. Vor allem im Sommer sollte man Insektenfutter wie zum Beispiel getrocknete Mehlwürmer anbieten. Auch über eine Schale mit täglich frischem Wasser freuen sich die gefiederten Besucher. Kaufe fettreiches Futter wie Meisenknödel für den Winter **ohne Netze** oder entferne die Netze vorher, damit sich die Vögel mit den Füßen nicht in dem Kunststoffgitter verfangen. Sonnenblumenkerne werden von fast allen Vögeln gerne gefressen. Apfel- oder Birnenstücke sind für viele Vögel ein Leckerbissen.

- den Garten **vogelfreundlich** gestalten: dichte, stachelige Hecken aus heimischen Gehölzen pflanzen, nicht alles Obst ernten, sondern Himbeeren oder Fallobst für die Tiere lassen.

- **Naturschutzorganisationen unterstützen,** die sich den Schutz heimischer Vögel und Insekten zur Aufgabe gemacht haben.

Auf botanoadopt.org kann man Pflanzen adoptieren oder zur Adoption freigeben. Auch im Büro kann man sich mit Kollegen zusammentun und Ableger oder Pflanzen tauschen.

- Beim Kauf von exotischen Zimmerpflanzen wie Sukkulenten oder Monstera-Pflanzen oder auch bei exotischen Schnittblumen sollte man **nachfragen, woher die Pflanzen** kommen und wie sie »produziert« wurden. Oft stammen sie nämlich aus Afrika und werden dort mithilfe von Pestiziden möglichst schnell hochgezogen. Es gibt weder für Zimmerpflanzen noch für Schnittblumen Grenzwerte für Pestizide. Wenn sich die Herkunft nicht ermitteln lässt, sollte man sie besser nicht kaufen. Manche Blumenläden beziehen ihre Pflanzen und Schnittblumen aus regionalem oder europäischem Anbau. Wer nachfragt, zeigt, dass Bedarf besteht, und unterstützt regionale Gärtner. Natürlich kann man, an-

statt diese Pflanzen neu zu kaufen, auch mit Freunden oder Nachbarn Pflanzen tauschen, Ableger machen oder auf Onlineplattformen (Kleinanzeigen, Flohmarkt) Pflanzen erstehen.

- Statt Schnittblumen kann man sich auch ein **Pflanzenterrarium** in die Wohnung stellen. Das ist sehr pflegeleicht und sieht fantastisch aus. Man kann das Terrarium selbst bepflanzen, und es ist auch ein wunderbares Geschenk.

6 Tipps für nachhaltigen Umgang mit Pflanzen
- Pflanzen retten
- Pflanzen tauschen
- Pflanzen selber ziehen
- Pflanzen, Samen und Schnittblumen aus guten Quellen kaufen
- regionale und saisonale Schnittblumen kaufen
- Blumentöpfe günstig auf Flohmärkten kaufen

05

—

Internet, Arbeit und Geld

Kurzer Klick mit langer Wirkung

Das Internet ist großartig, denn es ermöglicht uns, mit der ganzen Welt in einen Austausch zu treten. Wir informieren uns online über die Klimakrise, streamen Dokumentationen und Serien, hören Musik über Apps, erledigen unsere Bankgeschäfte online, kaufen online ein, teilen Inhalte mit anderen, scrollen durch Social Media, daten per App, machen Selfies und organisieren uns per E-Mail privat und im Berufsleben. Führt man sich vor Augen, wie viele Aktivitäten weltweit innerhalb einer Minute im Internet stattfinden, wird das Ausmaß der Internetnutzung erst richtig deutlich.

Aber eines vergessen wir dabei sehr oft: Jedes Foto, jeder Tweet, jeder Klick, jede E-Mail verbraucht Ressourcen. Die digitale Welt ermöglicht viel, aber sie verbraucht auch viel Energie. Allein in Deutschland verursacht die Nutzung des Internets etwa 33 Millionen Tonnen CO_2 im Jahr. Der globale Datenaustausch funktioniert, weil weltweit Milliarden von Servern in gigantischen Rechenzentren Daten speichern. Allein in Deutschland gibt es rund 53 000 solcher Rechenzentren.

Das Internet verursacht 830 Millionen Tonnen CO_2 pro Jahr. Das ist so viel wie der gesamte globale Flugverkehr.

Deren Server verbrauchen viel Strom. Und fast immer werden diese Anlagen auch von Klimaanlagen optimal temperiert, also gekühlt. Ein Drittel des Stromverbrauchs verursachen diese Klimaanlagen. Dabei gäbe

60 Sekunden im Internet

3,8 MIO. → Suchanfragen bei Google

800 000 → hochgeladene Dateien bei Dropbox

1,5 MIO. → gestreamte Songs bei Spotify

87 000 STD. → angesehene Videos auf Netflix

18 000 → Tinder-Matches

Wie wirken sich unsere digitalen Aktivitäten auf die Klimabilanz aus?

es klimafreundlichere Alternativen, wie zum Beispiel die Wasserkühlung, die aber bisher nur selten verwendet wird. Unsere digitalen Geräte werden zwar immer energieeffizienter, leider steigt jedoch die Nachfrage, und immer mehr Geräte werden produziert, was wiederum Energie und Ressourcen kostet. Und noch eine weitere Entwicklung trägt zum immensen Stromverbrauch bei: Sehr viel Speicherplatz und Rechenleistung kommen inzwischen aus der Cloud. Das bedeutet noch mehr Rechner, die Daten speichern und weltweit abrufbar machen, noch mehr Klimaanlagen und noch mehr Ressourcenverbrauch. Steffen Lange und Tilman Santarius haben in ihrem Buch »Smarte grüne Welt« diesen enormen Stromverbrauch in ein eindrückliches Bild gefasst. Wollte man die 2 500 Terawattstunden Strom, die alle Informations- und Kommunikationstechnologien weltweit pro Jahr verbrauchen, mithilfe von

Wäre das Internet ein Land, würde es laut Greenpeace beim Stromverbrauch an sechster Stelle stehen, gleich hinter China, den USA, der EU, Indien und Japan.

Quelle: Clicking Clean Report 2017

Heimtrainern (Pedelecs) erzeugen, müssten alle rund sieben Milliarden Menschen auf der Erde in drei aufeinanderfolgenden Achtstundenschichten in die Pedale treten. Laut Lange und Santarius macht der Stromverbrauch der Informations- und Kommunikationstechnologien bereits heute acht Prozent der Stromnachfrage in Deutschland aus und könnte bis 2030 sogar auf 30 oder gar 50 Prozent ansteigen. Der benötigte Strom stammt jedoch in Deutschland und auch global gesehen leider zu einem sehr kleinen Anteil aus erneuerbaren Energien.

Wir nutzen das Internet oft gedankenlos. Morgens auf dem Weg zur Arbeit hören wir Podcast oder gucken in der Bahn YouTube-Videos. Bei der Arbeit kommunizieren wir via Chat oder E-Mail, lassen uns Wörter übersetzen oder recherchieren online. Nach der Arbeit lassen wir uns den Weg zu unserer Verabredung von Google Maps zeigen oder gehen nach Hause, um Netflix zu gucken oder noch schnell eine Überweisung per Online-Banking zu erledigen. So mancher führt ein digitales Haushaltsbuch, trägt den Zyklus in eine App ein oder nutzt einen Fitnesstracker. Was kostet das alles an elektrischem Strom oder CO_2-Emissionen?

- 100 Suchanfragen bei Google entsprechen laut Google etwa 28 Minuten Stromverbrauch einer 60-Watt-Glühbirne und 20 g CO_2. Jede Suchanfrage verursacht demnach 0,2 g CO_2. Weltweit wird pro Tag circa 3,45 Milliarden Mal »gegoogelt« – Tendenz steigend.
- Eine E-Mail ohne Anhang verursacht circa 10 g CO_2-Emissionen. Das entspricht in etwa der Klimabilanz einer Plastiktüte. Ein Arbeitnehmer, der durchschnittlich 33 E-Mails empfängt und 55 E-Mails pro Tag sendet, verursacht Emissionen, die mit einer 11 km langen Autofahrt vergleichbar sind. Der Wasserverbrauch für die Klimaanlagen der Server ist dabei noch nicht mit eingerechnet.
- Ein Smartphone, bei dem mehrere Dutzend Apps im Hintergrund laufen, die sich laufend aktualisieren, hat einen Strombedarf wie ein bis zwei Kühlschränke.

- Laut einer Studie des »Shift Projects« hat 2018 weltweites Videostreaming 300 Millionen Tonnen CO_2-Äquivalente verursacht. Das ist ungefähr so viel, wie in ganz Spanien in einem Jahr anfallen.
- In Deutschland brauchen wir zehn mittlere Kraftwerke, nur um unseren digitalen Stromverbrauch zu decken. Pro Jahr sind das circa 55 Terawattstunden.

Die Digitalisierung ist kein abstraktes Wort, sondern verbraucht jeden Tag enorme Ressourcen. Natürlich bringt die Digitalisierung auch Chancen für die Nachhaltigkeit. Bibliotheken beispielsweise könnte man durch die Digitalisierung aller Medien auf wenige Festplatten zusammenschrumpfen und müsste nicht mehr riesige Gebäude voller Bücher betreiben. Auch eine Steigerung der Produktivität könnte ein positiver Nebeneffekt der Digitalisierung sein. Ich überlege oft, dass ich geschäftlich und privat wahrscheinlich nur einen Bruchteil meiner Kommunikation schaffen würde, wenn ich sie komplett per Brief erledigen müsste. Und ist es nicht besser, eine E-Mail zu schreiben, wenn ein Brief, der per Fahrzeug transportiert werden muss, immerhin 20 g und damit doppelt so viel CO_2 verursacht wie eine E-Mail? Wäre das nicht die beste Lösung, wenn die Geräte energieeffizienter wären? Die Antwort ist Nein. Denn wir schreiben viel mehr E-Mails, als wir Briefe schreiben würden. Man spricht dabei von einem »Rebound-Effekt«: Die Einsparung hebt sich auf, weil wir die Technologie intensiver nutzen. Auch bei Smartphones gibt es einen ähnlichen Effekt. Zwar werden sie immer energieeffizienter, aber laut Lange und Santarius ist der Energiebedarf für die Produktion so hoch wie der jährliche Strombedarf von Schweden oder Polen, nämlich rund 250 Terawattstunden für sieben Milliarden Smartphones.

Es geht also nicht nur darum, ob wir mal kurz eine E-Mail schreiben, unser Handy aufladen oder einen Router installieren. Das Problem liegt in der Häufigkeit der Nutzung, der Herstellung der Geräte und der immer kürzer werdenden Nutzungsdauer von Geräten. Insbesondere die kurze Nutzungsdauer von Smartphones bei relativ aufwendiger Produktion fällt in der Klimabilanz schwer ins Gewicht. Leider ist die Herstellung von immer besseren Geräten bisher auch mit einem steigenden Energieverbrauch verbunden.

Warum die Herstellung von Smartphones nicht smart ist

Ein neues Telefon ist ein haptisches Erlebnis. Es liegt glatt, glänzend und geschmeidig in der Hand. Leider sind die Materialien und Produktionsbedingungen des Telefons sowie auch anderer Geräte wie Spielekonsolen, Laptops, Tablets & Co. nicht so schön, wie sich das neue Gerät beim Auspacken anfühlt. Laut Statista wurden im Jahr 2018 weltweit mehr als 1,4 Milliarden Smartphones verkauft, 500 Millionen haben allein die zwei Branchenriesen Apple und Samsung umgesetzt. Wer einen Handyvertrag hat, kennt das: Nach spätestens zwei Jahren Nutzungsdauer meldet sich der Vertragspartner und bietet dem Kunden ein neues Telefon zum Schnäppchenpreis an. Das neue Handy kann natürlich mehr und ist vermeintlich noch cooler als das alte. Nach dem Tausch verschwindet das alte Handy in die Schublade. Und das ist bereits das erste Problem: Wird das alte Handy nicht recycelt, können die wertvollen Rohstoffe, die darin enthalten sind, nicht mehr genutzt werden. Generell stellen die Rohstoffe bei der Handyproduktion ein großes Problem dar. Denn es werden erstens sehr viele verschiedene gebraucht, die zweitens nicht unendlich

auf der Erde verfügbar sind. Rund 60 verschiedene Stoffe, davon circa die Hälfte Metalle wie Coltan, Kupfer, Kobalt, Zinn, Platin oder Nickel, sind in einem Handy verbaut. Viele dieser Metalle sind sehr selten. Für ihre Förderung werden Lebensräume zerstört, Menschen umgesiedelt und Wälder gerodet. Um die Edelmetalle zum Beispiel aus Gestein zu lösen, werden in den Minen giftige Stoffe eingesetzt, die dann in Flüsse und in den Boden gelangen. Beim Zinnabbau ist das oft der Fall. Sind die schädlichen Lösungsmittel in der Natur, schädigen sie nicht nur Tiere und Pflanzen, sondern auch die Menschen, die dort leben. Hinzu kommt, dass für die für den Abbau benötigten Maschinen und für den Transport der Rohstoffe viel Erdöl verbraucht wird, was wiederum in erheblichen Mengen CO_2 freisetzt. Als wäre das alles nicht schon schlimm genug, geschieht der Abbau nicht nur maschinell. Vielmehr arbeiten in den Minen viele Menschen, auch Kinder, unter schlechten Arbeitsbedingungen und hoher Gefahr für ihre Gesundheit. In der Demokratischen Republik Kongo hat der Abbau auch Auswirkungen auf die politische Situation, denn der dort herrschende Bürgerkrieg wird auch durch den Verkauf der seltenen Metalle Coltan, Zinn und Kobalt finanziert.

Die meisten Smartphones werden in asiatischen Ländern produziert. Dort sind die Löhne niedriger, und das Arbeitsrecht erlaubt längere Arbeitszeiten als in Europa. Die NGO »China Labour Watch« verurteilt

60

verschiedene Stoffe sind in einem Handy verbaut.

Arbeiter in der Smartphoneindustrie werden ausgebeutet, machen unbezahlte Überstunden, arbeiten unter hohem Zeitdruck in schlecht belüfteten Gebäuden ohne Schutzkleidung. Krank zu werden können sich viele nicht leisten, weil sie sonst ihre Arbeit verlieren und ihre Familie nicht mehr ernähren können.

besonders die Niedriglohnpolitik in diesen Ländern, die dazu führt, dass die Menschen viele Überstunden machen müssen, um überleben zu können. Oft gibt es keine richtigen Arbeitsverträge, also keine Sicherheiten für die Beschäftigten. Besonders der Hersteller Apple geriet deswegen in den letzten Jahren immer wieder in die Kritik. Tatsächlich sind aber Apple-Zulieferer wie Foxconn nicht selten auch Zulieferer für Dell, Amazon, Nintendo, HP, Huawei, Microsoft, Sony oder Nokia. Die Situation ist ähnlich wie in der Textilindustrie: Für bessere Margen werden die Arbeiter ausgebeutet, machen Überstunden, die oft nicht entlohnt werden, und arbeiten unter hohem Zeitdruck in schlecht belüfteten Gebäuden. Schutzkleidung ist nicht selbstverständlich, und krank zu werden können sich viele Arbeiter schlicht nicht leisten, weil sie sonst ihre Arbeit verlieren und ihre Familie nicht mehr ernähren können. Die

Fabriken konkurrieren um die Aufträge der großen Marken und versuchen, diesen Konkurrenzkampf mit niedrigen Preisen zu gewinnen. Auch das geschieht wieder auf Kosten der Arbeiter. Apple hat sich 2014 in einem Fortschrittsbericht geäußert und verpflichtet seine Zulieferer, die Menschenrechte einzuhalten. 2019 gibt Apple in seinem Fortschrittsbericht bekannt, dass die Bedingungen zu 96 Prozent eingehalten werden. Für die Arbeiter bedeutet das einen Ruhetag pro Woche, eine maximale Arbeitszeit von 60 Wochenstunden, wobei keine Überstunden angewiesen werden dürfen. Ob das alles der Realität entspricht, ist für uns Verbraucher nur schwer zu beurteilen.

Es gibt inzwischen faire Smartphone-Alternativen, beispielsweise Fairphone oder Shiftphone, die auch Wert auf das Design legen und langlebig sind, weil aufgrund ihres modularen Aufbaus kaputte Einzelteile ausgetauscht werden können. Welches der beiden am besten zu den eigenen Bedürfnissen passt, muss jeder selbst herausfinden. Das Fairphone kann repariert und aufgerüstet werden, verzichtet weitgehend auf den Einsatz gefährlicher Chemikalien und verwendet zum Beispiel recyceltes Wolfram. Es können Einzelteile ausgetauscht werden, diese waren aber in der Vergangenheit oft schon bald nicht mehr erhältlich. In wichtigen Rankings, zum Beispiel von Greenpeace, Germanwatch und Rank a Brand, landet es auf Platz eins. Das Shiftphone ist nur in der Germanwatch-Studie berücksichtigt worden. Das nordhessische Familienunternehmen ist noch nicht so bekannt, leistet aber einen großen Beitrag für faire Arbeitsbedingungen – dies allerdings, ohne es bisher offiziell belegen zu können. Das Shiftphone besteht aus zehn Modulen, die vom Nutzer selbst ausgetauscht werden können. Es verzichtet vollständig auf das Metall Coltan und verbaut nur Zinn, das konfliktfrei gewonnen wurde.

Die Germanwatch Studie von 2018 hat Smartphones hinsichtlich ihrer Nachhaltigkeit verglichen. Gewinner ist das Fairphone 2, gefolgt vom Shift5.3 und dem iPhone X.
Der Greenpeace-Report »Guide to greener Electronics« (2017) vergleicht Elektronikmarken wie HP, Dell, Apple, Huawei, LG, Amazon und viele andere hinsichtlich Energie- und Ressourcenverbrauch sowie Chemikalieneinsatz. Die Top drei sind Fairphone, Apple und Dell.

Tipps für den nachhaltigen Umgang mit dem Smartphone

- Nutze dein Handy so lange wie möglich, auch wenn es vielleicht nicht mehr ganz aktuell ist oder kleine Kratzer hat.
- Lass dir nicht alle zwei Jahre vom Mobilfunkanbieter ein neues Telefon verkaufen. Manchmal kann man stattdessen auch den Tarif neu verhandeln.
- Gib alte Telefone an Freunde und Familie weiter oder verkaufe sie in Handyläden, auf Kleinanzeigenportalen oder biete sie in Umsonst- oder Verschenke-Gruppen auf Social Media an. Fachhändler nehmen Handys zurück, um sie zu entsorgen oder zu spenden.
- Spende das Telefon, schicke es an den Hersteller zurück oder bring es zu einer Sammelstelle.
- Defekte Handys kann man reparieren lassen. Das geht nicht immer, aber man kann es in Handyläden zumindest versuchen. Wenn es klappt, ist es meist günstiger als ein neues Telefon.
- Wer neue Geräte kauft, kann auf nachhaltigere Varianten wie das Fairphone oder das Shiftphone umsteigen oder ein generalüberholtes gebrauchtes Gerät kaufen. Diese Geräte werden als »refurbished« angeboten und sind meist günstiger als ein Neugerät. Allerdings ist es bei Handys schwerer als bei Laptops oder Tablets, das richtige Gerät zu finden.
- Behandle dein Smartphone sorgsam, verwende eine Glasschutzfolie und eine Schutzhülle, um die Lebensdauer zu verlängern.
- Beschränke dich bei Apps auf die nötigsten und nutze sie seltener.
- Achte schon beim Kauf auf Nachhaltigkeit und Verwertung, frage beim Händler nach, was passiert, wenn das Handy defekt ist (Modularität), oder wie das Telefon produziert wurde. Nur wenn häufig nachgefragt wird, kann sich langfristig etwas verändern.
- Die meisten dieser Tipps kann man auch auf andere digitale Geräte übertragen.

Wie klimaschädlich ist Streaming?

Wir können nicht komplett auf digitale Technologien verzichten. Aber wir können sie anders und bewusster verwenden und unnötige Nutzung vermeiden. Der »Subscription-Video-on-Demand-Tracker« oder kurz »SVOD-Tracker« der Gesellschaft für Konsumforschung (GfK) kam zu dem Ergebnis, dass die Deutschen im ersten Quartal 2019 circa 1,2 Millionen Stunden Streaming-Angebote von Netflix, Amazon Prime Video oder Maxdome genutzt haben. Stellt man sich diese Unmengen

Eine Stunde Videostreamen verursacht ungefähr so viel CO_2 wie 1 km Autofahren.

an Stunden als DVDs vor, könnte man hoffen, dass dafür weniger DVDs und Plastikhüllen hergestellt und verkauft wurden. Höchstwahrscheinlich wurden auch weniger DVD-Geräte gekauft und benutzt. Aber führt das insgesamt zu einem geringeren CO_2-Ausstoß?

Eine Stunde Videostreamen verursacht ungefähr so viel CO_2 wie 1 km Autofahren. Ausschlaggebend kann die Energieeffizienz des Gerätes sein. Da Videos ein großes Datenvolumen haben, viel Serverkapazität belegen und Energie bei der Übertragung verbrauchen, hängt die CO_2-Menge beim Streaming von der Qualität der Datenübertragung und der Technik beim Anwender ab. Bei der DVD spielt der Anfahrtsweg eine große Rolle und ebenso die Technik beim Anwender. Wird die DVD per Fahrrad oder zu Fuß geholt, ist die Bilanz um einiges besser, als wenn man die DVD per Auto einkauft.

Das Problem liegt also darin, dass Streamen zum Binge Watching verleitet, also zum Dauergucken. Serien sind so angelegt, dass man nur schwer aufhören kann, und außerdem sind bei den großen Anbietern Filme und Serien quasi unbegrenzt verfügbar. Man ist nie »fertig«, sondern findet immer wieder neue Filme und Serien, auch weil die Anbieter von Subscription-Video-on-Demand wie Netflix, Amazon Prime Video oder Maxdome analysieren, was man gerne ansieht, die Daten auswerten und Empfehlungen geben, die auf dem basieren, was man vorher angeschaut hat. Auch hier liegt ein Rebound-Effekt vor. Wir schauen mehr, als wir vorher auf DVDs geschaut haben, und das mit einem unglaublichen CO_2-Ausstoß von mehr als 300 Millionen Tonnen pro Jahr!

Mit 34 Prozent den größten Anteil an unserem Videokonsum hat Video-

Vergleich der CO_2-Emissionen für jeweils eine Stunde Film schauen.

Streaming

↓

400 g

DVD per Post geliefert

↓

400 g

DVD aus dem Laden, Anfahrt mit dem Auto

↓

600 g

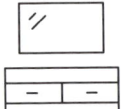

Videos bilden
insgesamt

60%

des gesamten
Datenstroms im
Netz ab.

34%

↓

Video-on-Demand
wie Netflix etc.

27%

↓

Pornografie wie
Pornhub oder
YouPorn

on-Demand, also Netflix, Amazon Prime Video und andere. Gleich
danach kommt die Pornografie, zum Beispiel Pornhub oder YouPorn, mit
27 Prozent, gefolgt von sogenannten Tubes wie YouTube oder Vimeo.
Der Rest verteilt sich auf Videos bei Social Media und anderen kleinen
Anbietern und Websites (18 Prozent). Insgesamt bilden Videos ganze
60 Prozent des gesamten Datenstroms im Netz ab.
Beim Streamen von Musik zum Beispiel über Spotify oder Apple Music

**Wir leben in einer Welt, in der nur eine digitale
Nutzungsart, nämlich das Online-Videostreaming,
60 Prozent des weltweiten Datenverkehrs und damit
über 300 Millionen Tonnen CO$_2$ pro Jahr verursacht.**

Quelle: The Shift Project

verhält es sich ähnlich. Natürlich können durch das Streamen CDs,
Schallplatten und deren Abspielgeräte eingespart werden. Da wir aber
meist zusätzlich zu unserer CD-Sammlung streamen, weil es einfach,
günstig und schnell ist, hat die Digitalisierung leider keinen positiven
Effekt. Eine Studie der Universitäten Glasgow und Oslo kam zu dem Ergebnis, dass die Nutzung von Musikstreamingdiensten wie Apple Music
oder Spotify in vielen Fällen klimaschädlicher ist als die Produktion und
Entsorgung von Musikträgern wie CDs oder Schallplatten.

Dennoch kann man einen Unterschied machen, wenn man darauf
achtet, welche Energiequellen die Streamingdienste nutzen. Apple,
Facebook und Google beziehen bereits einen Großteil ihrer Energie aus
Grünstrom, während Amazon sich erst Stück für Stück den erneuerbaren Energiequellen nähert. Twitter und Netflix sind noch nicht so
weit und nutzen Graustrom. Auch die Nutzungsdauer des jeweiligen
Mediums spielt eine Rolle. Ein E-Reader beispielsweise ist nur umweltfreundlicher, wenn damit je nach Umfang 30–60 Bücher ersetzt werden.
Liest man die analogen Bücher aber nicht ausschließlich selbst, sondern
gibt sie weiter, kann die Rechnung anders aussehen.

Wie lässt sich der eigene digitale Fußabdruck möglichst klein halten?

- Löschen, löschen, löschen. Jedes Foto, jede E-Mail, die nicht gelöscht wird, wird irgendwo gespeichert. Seien wir ehrlich: Wie viele der Fotos auf dem Handy schauen wir wirklich noch mal an? Und wären die wichtigen Fotos nicht ohnehin besser auf einer Festplatte aufgehoben?
- Datensparsamkeit: Stelle eine niedrigere Qualität für Fotos und Videos ein und produziere einfach weniger. Je höher die Auflösung von Fotos und Videos, desto größer sind Datenverkehr und Stromverbrauch.
- Achtsamkeit beim Teilen von Daten: Das Foto der letzten Betriebsfeier wird den Kollegen geschickt, die schicken es Freunden per WhatsApp, es landet in der Cloud, und schon ist ein einziges Foto dutzendfach gespeichert.
- Ungewollte Newsletter endlich abmelden!
- Musikstreamen verbraucht im Allgemeinen weniger Energie als Videostreamen.
- Musik nicht auf YouTube hören, da die Übertragung von Videos mehr verbraucht als Audio.
- Je kleiner der Bildschirm, desto weniger Energie wird verbraucht. Es ist also energiesparender, ein Video auf dem Smartphone anzuschauen, als es auf einem großen Bildschirm abzuspielen.
- Nichts anschauen, wofür man sich nicht interessiert. Fernseher und Internet nicht einfach nebenbei laufen lassen, sondern ausschalten, wenn sie nicht genutzt werden.
- Nicht mehrere Geräte gleichzeitig laufen lassen, also keine YouTube-Videos gucken, während der langweilige »Tatort« nebenbei läuft. Sich auf das Wesentliche konzentrieren.
- Achtsam sein bei der Häufigkeit, mit der man online ist. Muss man wirklich jede halbe Stunde Instagram oder Facebook durchscrollen, oder reicht einmal am Tag? Man kann übrigens bei Instagram einstellen, wie lange man es täglich nutzen will, und wird erinnert, sobald man die gewünschte Zeit überschreitet.

Es ist wichtig, dass wir die digitalen Selbstverständlichkeiten bewusster als Konsum und Verbrauch von Ressourcen wahrnehmen. Jeder Klick, jede Danke-E-Mail, jedes Foto macht in Summe etwas aus. Es liegt an uns, wie verschwenderisch wir sein möchten.

- Auch auf vielen Handys kann man einstellen und kontrollieren, wie lange man »online« ist. Als ich es das erste Mal gemessen habe, bin ich auf fast vier Stunden täglich gekommen. Geschätzt hätte ich 30 Minuten. Die zehn Minuten mal hier, mal dort werden also schnell mehr, als einem bewusst ist.
- Das Smartphone lieber mit WLAN nutzen als mit mobilen Daten. Das verbraucht weniger Energie und schont den Akku.
- Nicht alles per E-Mail schicken, und wenn es sein muss, dann auch auf die Datengröße von Anhängen achten. Muss man zum Beispiel wirklich bei manchen Mails noch »Danke« antworten? Kann man manches nicht auch persönlich mit dem Kollegen besprechen?

- Daten nicht nur in der Cloud speichern, sondern wenn möglich auf Festplatten.
- Bewusster die eigenen Suchanfragen ins World Wide Web werfen und zum Beispiel Lesezeichen setzen oder den Verlauf nutzen, anstatt bei einer Suchwiederholung alles noch mal zu suchen.
- Die nachhaltigen Suchmaschinen Ecosia oder Gexsi statt Google für Suchanfragen nutzen und somit Bäume pflanzen und tolle Projekte unterstützen. Auch der WWF hat eine Suche in Arbeit, die WWF-Projekte unterstützt: panda-search.org. Die Suche über Blackle macht den Bildschirm auf der Suchseite schwarz, zeigt die Schrift in Weiß und spart somit Energie.

Generalüberholte Geräte statt komplett neue Geräte zu kaufen ist nicht nur günstiger, sondern spart große Mengen Ressourcen.

- Beim Mobilfunkvertrag nachhaltige Anbieter wählen wie WEtell oder Goood. Sie setzen auf erneuerbare Energien oder spenden einen Teil der Grundgebühr an gemeinnützige Organisationen.
- Posteo und Mailbox sind nachhaltige Mail-Anbieter, die ihre Server mit 100 Prozent Ökostrom betreiben und ihre Konten bei fairen Banken haben.
- Apropos faire Banken: Auch (Online-)Banking ist nachhaltig möglich, zum Beispiel bei der Triodos Bank, der GLS Bank, der Ethikbank, bei Tomorrow oder bei der Umweltbank (siehe S. 224–226).
- Statt ein neues Gerät kann man auch ein generalüberholtes Gerät kaufen. Ein tolles Beispiel für IT-Refurbishing ist die Firma AfB, die mit ihrer Arbeit nicht nur Arbeitsplätze für Menschen mit Behinderung schafft, sondern auch etwas für das Klima tut. Im Jahr 2019 hat AfB nach eigenen Angaben mehr als 475 000 IT-Geräte aufgearbeitet und 65 Prozent davon wiedervermarktet. Dadurch konnten 17 000 000 kg CO_2 sowie darüber hinaus viele Rohstoffe und Energie eingespart und Abfall vermieden werden (www.afbshop.de).
- Beim Kauf von Geräten auf Obsoleszenz (Wie schnell veralten die Produkte oder ihre technischen Bauteile?) und Nachhaltigkeit achten und in hohe Qualität und somit Lebensdauer investieren.

Es bleibt zu hoffen, dass nicht nur wir Verbraucher, sondern auch die Hersteller und die Politik in Zukunft mehr tun. Die Hersteller könnten zum Beispiel darauf achten, dass neue Betriebssysteme auch noch auf älteren Geräten funktionieren, dass Teile ausgetauscht werden können, dass Zubehör einheitlich und kompatibel ist, dass Rechenzentren Energie effizienter nutzen und dass deren Energie aus erneuerbaren Energiequellen stammt. Die Politik könnte Unternehmen stärker dazu verpflichten, nachhaltig zu handeln, damit zum Beispiel Lieferketten für Rohstoffe transparenter und Produkte recyclingfähiger werden oder digitale Unternehmen und Rechenzentren Strom aus erneuerbaren Energiequellen nutzen.

Nico Tucher

Verantwortlich für technische Umsetzung, IT, Prozessoptimierung und Umsetzung des Alleinstellungsmerkmals Fairness und Transparenz bei WEtell

Das Freiburger Unternehmen WEtell setzt sich für nachhaltigen Mobilfunkverträge ein, in einem Markt, in dem es bisher keine nachhaltige Alternative gab.

Warum brauchen wir nachhaltige Mobilfunkverträge?

Wir brauchen Nachhaltigkeit in allen Lebensbereichen. Unserer Meinung nach sollte Klimaneutralität für alle Produkte und Dienstleistungen Standard sein. In vielen Bereichen gelingt das bereits sehr gut: klimaneutrales Mailing, Bio-Lebensmittel, ethische Banken, fair produzierte Kleidung. Auch Smartphones, bei denen ein großer Wert auf faire Arbeitsbedingungen gelegt wird, gibt es mittlerweile. Beim Thema Mobilfunkverträge gibt es bisher kein Angebot oder Unternehmen, das Nachhaltigkeit konsequent umsetzt. Daher machen wir das jetzt, denn Mobilfunk geht auch nachhaltig!

Was macht WEtell konkret anders?

Das Thema Nachhaltigkeit im Mobilfunk hat für uns drei wesentliche Aspekte: Klimaschutz, Datenschutz sowie Fairness und Transparenz. Konkret bedeutet das im Bereich Klimaschutz unter anderem den Einsatz von 100 Prozent erneuerbaren Energien für die gesamte eigene Geschäftstätigkeit. Für alle Emissionen, die wir nicht direkt beeinflussen können, zum Bei-

spiel durch den Betrieb der Mobilfunknetze, bauen wir Solaranlagen in Deutschland und schaffen so eine klimaneutrale Dienstleistung.

Datenschutz spielt im Mobilfunk eine große Rolle. Wer, wann, wo mit wem telefoniert – das sind sehr private, wertvolle Daten. Sie sollten unserer Meinung nach nicht für Werbezwecke analysiert werden. Daher versuchen wir das für alle unsere Kunden und Kundinnen so gut es geht zu verhindern. Wir geben die Daten nicht weiter und löschen sie sogar so schnell wir können. Fairness und Transparenz spielen eine wichtige Rolle auf mehreren Ebenen. Einfach gestaltete Verträge ohne versteckte Kosten, monatlich kündbar und ohne Mindestlaufzeit, sind wichtige Beispiele. Außerdem liegen alle Finanzmittel bei nachhaltigen Banken. Wir setzen voll auf ethisches Wirtschaften und einen fairen Umgang zwischen dem Unternehmen und seinen Kunden und Kundinnen. All das soll nicht nur dahingesagt sein, sondern nach Richtlinien der Gemeinwohlökonomie zertifiziert werden.

Findet man nicht Teile davon mittlerweile auch bei anderen Anbietern?

Ja klar, zum Glück. Monatlich kündbare Verträge findet man vereinzelt. Es gibt auch Ankündigungen von Unternehmen, so viel wie möglich auf erneuerbare Energien umzusteigen. Und es gibt Anbieter, bei denen der Service gut ist. Das ist alles sehr löblich und freut uns, denn es ist ja unser erklärtes Ziel, dass sich der Mobilfunkmarkt in eine positive Richtung verändert. Doch die genannten positiven Beispiele sind leider eher die Ausnahme als die Regel. Es gibt weiterhin meist 24 Monate Vertragslaufzeit und automatische Verlängerungen um zwölf Monate. Häufig wird dann sogar noch mal der Preis erhöht. Service auf Augenhöhe ist selten und eine ernsthaft klimafreundliche Denkweise auch. Von Themen wie Gemeinwohlorientierung will ich erst gar nicht anfangen. WEtell vereint konsequenten Klimaschutz, Datenschutz, Fairness und Transparenz. Wir sind auch nicht damit zufrieden, diese Themen »nur« bei uns selbst umzusetzen. Wir treten aktiv für unsere Werte ein, wann immer sich die Gelegenheit bietet. Das betrifft auch die Wahl von Dienstleistern wie Marketingagentur, Steuerberater oder Softwarelieferant. In allen Diskussionen sind Klimaschutz und Datenschutz zentrale Themen. Natürlich tragen wir die Themen auch bei Vorträgen und Podiumsdiskussionen weiter. Und nicht zuletzt bestimmen unsere Werte auch die Wahl der Kooperationspartner. Die kommen alle aus der Nachhaltigkeitsbranche, weil sie versuchen, gemeinsam mit uns den Wandel voranzutreiben. Das findet man im Mobilfunk bei keinem anderen Anbieter.

Kann ich von jedem herkömmlichen Vertrag zu euch wechseln? Und kann ich meine Rufnummer mitnehmen?

Der reine Mobilfunk funktioniert bei uns genau wie bei anderen Anbietern auch. Du kannst über unsere Homepage einen Vertrag abschließen und bekommst eine SIM-Karte zugeschickt. Die steckst du in dein Handy, und dann kann es auch schon losgehen. Telefonieren mit oder ohne Allnet Flat, Surfen mit LTE, Messenger, SMS – das geht alles wie gehabt. Und Rufnummernmitnahme natürlich auch. Für viele ist die Rufnummer wichtig, weil sie schon lange zur Person gehört oder geschäftlich genutzt wird. Die Möglichkeit zur Mitnahme ist daher absoluter Standard.

Kostet ein Vertrag bei WEtell mehr?

Das ist eine Frage der Perspektive. Klar, wir sind kein Discounter, und wir haben auch keinen Massenbetrieb am Laufen, sondern bauen gerade ein Unternehmen auf. Billigere Angebote gibt es also sicher. Aber wir sind gar nicht viel teurer als andere Anbieter im gleichen Netz, insbesondere, wenn man

versteckte Zusatzkosten oder Aufwand für ungewollte Buchungen mit einbezieht. Aber auch unabhängig davon: Mit dem konsequenten Einsatz für unsere Werte bieten wir in meinen Augen viel, viel mehr als andere Anbieter.

Hand aufs Herz, gibt es etwas, das ihr noch nicht so gut könnt?

Oh ja, es gibt vieles, das wir noch nicht so gut können. Aber wir lernen schnell. Als wir mit WEtell losgelegt haben, war die komplette Mobilfunkwelt neu für uns. Über Recherche und ein Netzwerk aus Partnern sprechen wir die Sprache der Mobilfunkwelt nun fließend. Insgesamt sehen wir es sogar als Vorteil, ein Gründungsteam zu haben, das ursprünglich aus dem Nachhaltigkeitsbereich kommt und mit dem Blick von außen in die Mobilfunkbranche einsteigt. Das macht es uns einfacher, Veränderungsmöglichkeiten zu erkennen und direkt anzugehen. Zu lernen gibt es für uns weiterhin viel.

Was würde euch echt weiterhelfen?

Wir wünschen uns nachhaltigen Wandel! Und im Mobilfunk wollen wir mit WEtell einen Beitrag dazu leisten. Wenn es gelingt, gemeinsam mit der Community WEtell zu einem Erfolg zu machen, dann werden andere Mobilfunkunternehmen kaum eine andere Wahl haben, als sich an unseren Werten ein Beispiel zu nehmen und sich selbst in Richtung Klimaschutz, Datenschutz, Fairness und Transparenz zu entwickeln. Die beste Unterstützung dabei ist es, Freunden, Bekannten, Familie und Kollegen von WEtell zu erzählen. Das klingt simpel, ist aber zentral für den Erfolg. Wie machen keine großen Werbekampagnen wie Fernsehspots oder Formel-1-Werbung. Als WEtell-Team vertreten wir mit aller Kraft unsere Werte und setzen voll darauf, dass die WEtell-Community diese Überzeugung weiterträgt. Worauf also warten? Du. Wir. WEtell.

Think Green – mehr Sinn und Nachhaltigkeit am Arbeitsplatz

Viele, die dieses Buch in der Hand halten, werden wie ich einen Großteil ihrer Arbeitszeit vor dem Rechner verbringen, vielleicht auch in einem Büro oder einer größeren Organisation. Arbeit ist digital, digital ist Arbeit. Arbeit ist aber noch viel mehr: im schlimmsten Fall nur ein Tausch von Zeit gegen Geld, im besten Fall aber ist Arbeit ein Sinnstifter und Motivator. Laut einer Studie der Boston Consulting Group kommt gerade Bewegung in die Arbeitswelt. Die neue Generation der Arbeitnehmer, die sogenannten Millennials oder auch Generation Y, die zwischen 1980 und 2000 geboren wurden, fordern und gestalten eine neue Art der Arbeit. Freizeit ist wichtig, im Zweifel sogar wichtiger als Geld. Strukturen werden hinterfragt. Leistungsorientierung und Life-Work-Balance sind kein Widerspruch, Flexibilität hinsichtlich der Arbeitszeit, Homeoffice und Kinderbetreuung stehen hoch im Kurs. Gleichberechtigung ist selbstverständlich, und vor allem eines motiviert: wenn der Job Sinn stiftet. Nachhaltigkeit ist ein ganzheitliches Konzept, und deswegen verwundert es nicht, dass Arbeit, Sinn und Nachhaltigkeit verschmelzen und nicht mehr so trennscharf sind wie früher. Ideen aus der New-Work-Bewegung begeistern inzwischen nicht nur junge Start-ups, sondern auch große Konzerne. Ich denke, dass sich viel mehr Menschen von den Werten der Millennials angesprochen fühlen als nur die Millennials selbst. Neben New Work und Agilität werden zwei weitere Begriffe für viele Unternehmen immer wichtiger: Corporate Social Responsibility (CSR) und unternehmerische Nachhaltigkeit. Ein Unternehmen mit Corporate Social Responsibility berücksichtigt freiwillig soziale und ökologische Belange bei seiner Tätigkeit sowie seinen Beziehungen zu Mitarbeitern und Stakeholdern.

Es gibt verschiedene Konzepte und Ansätze von Corporate Social Responsibility, die aber sehr oft ein Grundverständnis teilen: Ein Unternehmen sollte nicht nur Profit generieren, sondern hat auch eine unternehmerische Verantwortung, die sich in ökologischer Effektivität und sozialer Effektivität äußert. Zur ökologischen Effektivität gehören beispielsweise der Umweltschutz und die Energieeffizienz. Soziale Effektivität bezieht sich auf Betriebsklima, Leistungsgerechtigkeit, Arbeitssicherheit, Mitarbeiterzufriedenheit sowie Mindeststandards in Lieferketten. Je mehr das Thema

Wenn wir etwas tun, was für uns »Sinn stiftet«, erleichtert uns das nicht nur die Arbeit, es wirkt außerdem sehr motivierend.

Nachhaltigkeit aus der Nische kommt und endlich selbstverständlicher wird, desto mehr kommt es auch in Unternehmen zum Tragen. Gerade die großen Konzerne leisten sich CSR-Manager oder große Abteilungen, weil es unter anderem darum geht, Strategien und Aktionen zu hinterfragen und manchmal auch zu rechtfertigen. Ein schönes Beispiel ist Coca-Cola. Das Unternehmen muss sich heute mit der Frage beschäftigen, welchen Anteil es an der Verschmutzung der Weltmeere und der Umwelt hat. Denn immerhin hat Coca-Cola in den letzten Jahrzehnten Milliarden Plastikflaschen und Dosen weltweit in Umlauf gebracht. Wenn Arbeit mehr ist als nur Arbeit, dann bedeutet das für Unternehmen, transparent und offen zu werden und nicht nur eine CSR-Strategie zu haben, sondern auch deren Umsetzung transparent zu machen. Für viele Arbeitnehmer wird es immer wichtiger, ihren Arbeitsplatz mitzugestalten. CSR ist somit nicht nur ein nettes »Add-on«, sondern ein Muss für viele Arbeitnehmer. Deswegen lohnt

es sich auch, das Thema beim Arbeitgeber anzubringen, als Team darüber zu sprechen und sich zu überlegen, was man selbst als Arbeitnehmer dazu beitragen kann.

Nicht jeder Arbeitnehmer hat die Möglichkeit, morgen als Erstes beim Chef eine CSR-Strategie einzufordern. Aber es gibt doch viele Impulse, die man setzen kann, um den Arbeitsalltag, der bei vielen acht oder neun Stunden täglich umfasst, nachhaltiger zu gestalten. Eine gute CSR-Strategie kommt von innen und schafft Sinn für alle Beteiligten. Sie wächst und hat Raum, sich weiterzuentwickeln. Vielleicht sind nicht alle Ideen auf einmal umsetzbar. Aber wie so oft zählen auch schon kleine Maßnahmen, die unabhängig von der Branche und vom Budget und auch ohne CSR-Strategie die Nachhaltigkeit im Büro verbessern können. Die beiden folgenden Listen enthalten Vorschläge, die man gemeinsam im Team oder mit den Kollegen besprechen oder dem Chef oder der Chefin unterbreiten kann.

Was kann eine Firma für Nachhaltigkeit tun?

- [ ] zu Ökostrom wechseln, das geht schnell und tut auch finanziell nicht weh
- [ ] Zeitschaltuhren in den Toiletten und Fluren einbauen, denn dort wird gerne das Licht angelassen. Die Kosten amortisieren sich nach einiger Zeit, da die Beleuchtung kürzer angeschaltet ist und dadurch Geld einspart.
- [ ] kaputte Glühbirnen durch LEDs ersetzen
- [ ] Recyclingmaterialien oder nachhaltige Büromaterialien verwenden: Recyclingpapier, Recyclingbriefpapier, Recyclingtoilettenpapier sowie nachhaltige Stifte, Notizblöcke, Spülschwämme, Ablagen, Ordner oder nachhaltige Klarsichthüllen aus Papier

> memo.de ist ein Versandhandel für nachhaltigen Bürobedarf. Das Unternehmen ist übrigens auch Pionier für Mehrwegverpackung im Onlinehandel.

- [ ] Kurierfahrten innerhalb der Stadt so oft wie möglich mit dem Fahrradkurier erledigen lassen
- [ ] nachhaltige Reinigungsmittel und Spülmaschinentabs kaufen
- [ ] Handtücher statt Wegwerftücher auf den Toiletten. Da es ab einer bestimmten Betriebsgröße aus Hygienegründen Vorschriften gibt, kann man den Mitarbeitern zusätzlich Handtücher neben den Wegwerftüchern zur Verfügung stellen. So erfüllt man die Vorschrift, bietet aber auch eine nachhaltige Alternative.
- [ ] Bio-Seife auf den Toiletten; es gibt Bio-Flüssigseife zum Nachfüllen, oder man verwendet feste Seife
- [ ] Wenn Obst und Getränke zur Verfügung gestellt werden, kann man mit Fairtrade-Kaffee, Bio-Obst, Pflanzenmilch und alternativen Softdrinks und Saftschorlen nicht nur geschmacklich punkten.
- [ ] statt Mineralwasser in Flaschen jedem Mitarbeiter eine wiederverwendbare Trinkflasche schenken, damit Leitungswasser statt Mineralwasser getrunken wird. Alternativ können Mitarbeiter auch ihre eigene Flasche mitbringen. Für Meetings kann man Karaffen verwenden.
- [ ] statt einzeln verpackte Zucker-, Milch- oder Kekspackungen im Meeting lieber Nüsse und Obst sowie Zucker und Milch in Zuckerdose und Milchkännchen servieren
- [ ] Vieles fällt Menschen leichter, wenn es eine Infrastruktur gibt: Müll trennen klappt besser, wenn die passenden Mülleimer in der Küche und am Arbeitsplatz bereitstehen. Rechner und Bildschirm abends auszumachen ist leichter, wenn es eine Masterslave-Steckdose gibt, die mit einem Knopfdruck alles erledigt.
- [ ] die Büroatmosphäre durch Pflanzen verbessern. Sie sorgen für gute Luft und gute Stimmung.
- [ ] für Mutige: Eine Wurmkiste oder ein Bokashi-Komposter verarbeitet Essensreste und stellt gleichzeitig den Dünger für die Büropflanzen her. Meist finden sich auch Mitarbeiter, die sich gerne darum kümmern. Wenn man es richtig macht, stinkt es nicht.
- [ ] Wenn neue Möbel benötigt werden, kann man diese gebraucht kaufen oder mieten. Wenn gebrauchte Möbel nicht infrage kommen, dann in gute Qualität investieren, so kann man die Möbel lange benutzen oder selbst später weiterverkaufen.
- [ ] nachhaltige Geschenke für Mitarbeiter und Kollegen kaufen. Ein gutes Geschenk ist immer ein Gutschein von Geschäften, in denen jeder etwas findet, wie zum Beispiel Biomarkt oder Drogerie. So wird nichts Falsches verschenkt, was dann nur in der Ecke steht.

> Avocadostore ist ein Online-Marktplatz für nachhaltige Produkte. Hier findet man von Schreibwaren über Eco-Sneaker und Shirts bis hin zu Küchenutensilien und Fairtrade-Produkten für jedes herkömmliche Produkt eine nachhaltige und faire Alternative. Mit einem Avocadostore-Gutschein schenkt man also doppelt gut und überlässt es dem Beschenkten, auszuwählen, was er wirklich braucht.

- Merchandise-Artikel wie Kugelschreiber, Firmenshirts, Taschen oder Jacken in der nachhaltigen Variante besorgen. Bei Textilien kann man auf Bioqualität achten und schon im Designprozess überlegen, wie man es bedruckt, sodass die Sachen eine positive Werbewirkung haben, aber trotzdem gerne getragen werden. Weniger Werbung hat dabei manchmal mehr Wirkung.
- grüne Feste feiern, also auch vegane und vegetarische Gerichte anbieten, Bio-Catering bestellen und darauf achten, dass wenig Müll produziert wird. Echtes Geschirr statt Einmalgeschirr verwenden. Sollte das nicht ausreichend vorhanden sein, kann man es relativ günstig leihen oder jeden Mitarbeiter bitten, für die Veranstaltung Teller, Glas und Besteck mitzubringen.
- Falls es eine Kantine gibt, könnte man einen, zwei oder drei Veggie Days pro Woche anbieten.
- Eco-Modus von Spülmaschine und Kaffeemaschine nutzen. Wenn Kaffeevollautomaten genutzt werden, darauf achten, dass sie sich nach einer Zeit abschalten, um Strom zu sparen.
- das Unternehmen klimaneutral machen. Das ist gar nicht so schwierig und funktioniert so: Zuerst wird die CO_2-Bilanz des Unternehmens oder der Produkte ermittelt und festgestellt, wo es Verbesserungsbedarf gibt. Die Emissionen werden dann kompensiert, indem das Unternehmen Geld in anerkannte Klimaschutzprojekte investiert, die die Unternehmensemissionen ausgleichen. Das geht zum Beispiel mit ClimatePartner, natureOffice oder First Climate.
- sich in der Firma auf klimafreundliches Reisen verständigen und Flüge, wenn sie denn notwendig sind, kompensieren. Manche Firmen geben ihren Mitarbeitern mehr Urlaubstage, wenn sie sich verpflichten, klimafreundlich mit dem Zug und nicht mit dem Flugzeug zu reisen.

Was kann das Team für Nachhaltigkeit tun?

- die Büroatmosphäre durch Pflanzen verbessern. Im Idealfall hat der Arbeitgeber schon für Pflanzen gesorgt. Im Team lässt sich das ausbauen, indem man Ableger tauscht oder gemeinsam neue Pflanzen besorgt. Pflanzen sind übrigens gut für das Raumklima und das Wohlbefinden.
- in der Mittagspause zusammen rausgehen. Auch wenn man nicht essen geht, kann man sich gegenseitig zu einem kleinen Spaziergang ermuntern. Frische Luft ist gut für die Vitamin-D-Aufnahme, gute Laune, einen klaren Kopf und natürlich die Gesundheit.
- Gemeinsames Büro-Yoga oder Dehnübungen tun gut und sind auch ohne Sportkleidung möglich.
- sich auf eine für alle Teammitglieder angenehme Raumtemperatur im gemeinsam genutzten Zimmer einigen. Wenn man im Winter im T-Shirt vor dem Rechner sitzt, wird definitiv zu viel geheizt. Wenn Kollegen Jacke und Schal brauchen, um nicht zu frieren, ist es vielleicht zu kalt. Jedes Grad weniger spart Ressourcen (siehe S. 134), aber alle sollen sich trotzdem wohlfühlen.

☐ Nur weil eine Klimaanlage da ist, muss sie nicht laufen. Klimaanlagen wirbeln Staub auf und brauchen viel Energie. Wenn möglich, lieber ab und zu lüften und die Klimaanlage so wenig wie möglich nutzen. Keine Temperaturextreme herbeiführen: Wenn gekühlt wird, muss es im Sommer im Büro nicht 15 °C sein.

☐ Man kann sich als Team darauf verständigen und gegenseitig daran erinnern, dass man das Licht, die Heizung, die Rechner und Bildschirme ausmacht, wenn man den Meetingraum oder das Büro abends verlässt.

☐ Alle können beim Drucken auf umweltfreundliches Verhalten achten: möglichst viel schwarz-weiß drucken, beidseitig bedrucken und nur das Nötigste drucken; und natürlich alles auf Umweltpapier.

☐ Als Team kann man Tauschabende oder Tauschstationen organisieren, zum Beispiel eine Kleidertauschparty oder ein kleines Tauschregal mit Büchern, die andere sich nehmen können.

☐ Es ist energieeffizienter, den Rechner über ein Kabel mit dem Internet zu verbinden, als über WLAN; bei Handys ist WLAN besser als Mobilfunk.

☐ Überlegt im Team, was ihr braucht, um besser arbeiten zu können. Es sind manchmal auch die kleinen Dinge, wie das gemeinsame Feierabendbierchen, Verständnis für die gegenseitige Arbeit, der Umgangston oder weniger Zeitdruck. Nicht alles kann von den Vorgesetzten gesehen oder gelöst werden. Seid offen zueinander und sprecht untereinander Themen an. Auch das ist nachhaltig.

☐ Man kann als Team das Thema Nachhaltigkeit vorantreiben und sich regelmäßig dazu austauschen. Wenn man konkrete Vorschläge hat, kann man diese der Geschäftsführung, der Personalabteilung, Nachhaltigkeitsbeauftragten oder dem Vorgesetzten unterbreiten. Konkrete Vorschläge sind leichter zu akzeptieren und umzusetzen als abstrakte Forderungen.

☐ Sprecht an, wenn ihr merkt, dass im Unternehmen etwas schiefläuft. Vielleicht wird man nicht sofort gehört, aber viele Chefs und Chefinnen wollen tatsächlich glückliche und zufriedene Mitarbeiter, suchen selbst nach Sinn und Verbesserungsmöglichkeiten und freuen sich über Ideen und Vorschläge.

☐ Ehrenamt nach Feierabend oder sogar während der Arbeitszeit? Viele Firmen unterstützen das, und im Team macht es noch mehr Spaß. Vorschlagen schadet nicht, es gibt nichts zu verlieren.

Was kann jeder Einzelne im Job für Nachhaltigkeit tun?

☐ beim Bäcker auf die Papiertüte für das Frühstück verzichten. Wir sind Gewohnheitstiere: Wenn wir den Stoffbeutel immer dabeihaben, ist es total leicht, auf die Papiertüte zu verzichten – auch morgens vor dem ersten Kaffee.

☐ beim Lunch auf Plastikverpackungen (to go) verzichten. Das klappt besonders gut bei Stammlokalen, da man die Portionsgrößen kennt und weiß, welche Größe der mitgebrachte Behälter haben sollte. Manche Restaurants geben beim Mittagstisch sogar schon Rabatt, wenn man seinen eigenen Behälter mitbringt.

☐ den Müll im Büro genauso gewissenhaft trennen wie zu Hause

☐ Das typische Büroset für spontane Aktionen wie Marktbesuch, Salatbar im Supermarkt oder warme Gerichte zum Mitnehmen besteht aus einem Edelstahlbehälter, einem Stoffbeutel und einer Trinkflasche. Für Naschzeug habe ich immer ein Glas dabei, das ich beim Kiosk meines Vertrauens auffülle.

- Rechner und Bildschirm auch in der Mittagspause ausschalten.
- den Bildschirm runterdimmen und die Tastaturbeleuchtung abschalten, denn sie braucht Energie und ist eigentlich überflüssig. Falls man sie doch mal braucht, kann man sie schnell wieder anschalten.
- Die Schrift »Ecofont typeface« braucht beim Drucken bis zu 20 Prozent weniger Tinte; auch »Century Gothic« und »Garamond« sparen Tinte.
- so wenig wie möglich drucken, und wenn gedruckt werden muss, dann doppelseitig, auf Umweltpapier und schwarz-weiß drucken. Falsch bedruckte Seiten als Notizzettel zuschneiden oder die Rückseiten als Schmierpapier verwenden.
- auf Heizung und Licht achten. Wer als Letzter das Büro verlässt, macht eine Kontrollrunde, damit nichts über Nacht eingeschaltet bleibt.
- mit Kollegen und Vorgesetzten über Nachhaltigkeit reden, inspirieren und vorleben

Die Listen erheben keinen Anspruch auf Vollständigkeit. Sicherlich kann man noch viel mehr tun. Die Tipps sollen inspirieren und Lust machen, etwas zu bewegen. Manch einer denkt vielleicht beim Lesen: »zu teuer«, »zu kompliziert«, »das lehnt der Chef bestimmt ab« oder Ähnliches. Aber genau darum geht es. Von heute auf morgen alles umstellen zu wollen ist zu hoch gegriffen und birgt das Risiko zu scheitern. Nicht jedes Unternehmen kann es sich leisten, sofort nur noch in nachhaltige Maßnahmen zu investieren, denn das Überleben des Unternehmens hat nun mal Priorität. Es ist oft zunächst einmal eine finanzielle Investition, neben ökonomischen Faktoren auch ökologische und soziale Prioritäten im Unternehmen zu setzen. Gleichzeitig hängt der Preis auch vom Wert ab. Anders formuliert: Wenn der Wert für alle hoch ist, versteht man den Preis auch besser und findet Wege. Man wird Stück für Stück kleinere und größere Schritte gehen können, wenn Nachhaltigkeit Teil des Unternehmens und somit ein Mindestanspruch wird. Früher habe ich oft gesagt: »There is no social business without business«, um zu zeigen, dass auch Social Start-ups mit den Mechanismen des Marktes arbeiten müssen. Mehr und mehr Unternehmen zeigen, dass es kein Hindernis, sondern ein großer Vorteil ist, wenn es im Unternehmen um mehr als nur Wachstum geht. Hoffentlich kommen wir bald an den Punkt, wo wir sagen können: »There is no business without social business.«

Weißt du, was dein Geld alles kann?

Beim Thema Geld und Nachhaltigkeit machen wir oft einen großen gedanklichen Fehler: Wir glauben, wir müssten reich sein, um unser Geld gut und nachhaltig einzusetzen. Das stimmt aber nicht. Geld hat ein großes Potenzial für nachhaltige Veränderung, denn fast jeder von uns nutzt es: Wir bekommen unser Gehalt auf ein Konto, wir bestreiten unsere Ausgaben mit dem Geld, wir sparen es, verschenken es oder investieren es sogar. Und genau wie jede Konsumentscheidung eine Art Stimmzettel ist, ist es jeder Cent auf deinem Konto auch. Mit der Wahl der richtigen Bank können wir die Welt verbessern. Investiert man sein Geld jedoch bei der falschen Bank, unterstützt man möglicherweise Kernenergie, Rüstung, fossile Brennstoffe, Lebensmittelspekulationen, Kinderarbeit, Gentechnik, Menschenrechtsverletzungen, Massentierhaltung oder Kohlekraft, ohne es zu wissen. Wenn wir passiv sind im Umgang mit unserem Geld, kann das Konsequenzen haben, die genau das Gegenteil von dem bewirken, was wir wollen. Wie wäre es also, wenn wir gezielt unser Geld einsetzen würden, um Armut, Hunger und Ungleichheit in der Welt zu beenden, Menschenrechte zu schützen und den Erhalt unseres Planeten und seiner Ressourcen sicherzustellen? Das funktioniert auch ohne große Ersparnisse, denn ethisch-nachhaltige Geldanlagen und Versicherungen sind für jeden möglich.

Lasst uns grüne Zahlen schreiben!

Mit dem Geld, das auf unserem Girokonto liegt, arbeitet die Bank oder Sparkasse. Unser Geld wirkt also andauernd. Bei einer ethisch-nachhaltigen Bank oder Geldanlage sind die Standards dabei so angelegt, dass die eigene Unternehmensführung sowie die Produkte und Dienstleistungen nicht nur auf Rendite, Liquidität und Sicherheit abzielen, sondern auch die Ökologie und Sozialverträglichkeit berücksichtigen. Auch hier wirkt unser Geld, aber in anderen Bereichen.

Jeder Kauf ist ein Stimmzettel, aber jeder Cent auf deinem Konto auch!

Problematisch ist jedoch, dass die Begriffe »fair«, »sozial«, »ethisch« und »nachhaltig« im Finanzwesen nicht einheitlich und verbindlich definiert sind. Jede der nachhaltigen Banken, die es inzwischen gibt, darunter auch kirchliche, legt den nachhaltigen Ansatz daher für sich etwas anders aus. Mit dem Thema Nachhaltigkeit hat sich auch die Bundesanstalt für Finanzdienstleistungsaufsicht (BaFin) beschäftigt. Sie spricht von den sogenannten ESG-Risiken, die sich aus den 17 Nachhaltigkeitszielen der Vereinten Nationen (Sustainable Development Goals) ableiten lassen und die alle Unternehmen und Banken beachten sollten. Dabei steht das E für Environment (Umwelt), das S für Social (Soziales) und das G für Governance (Unternehmensführung). Die drei Buchstaben beschreiben die drei nachhaltigkeitsbezogenen Verantwortungsbereiche von Unternehmen, in denen bestimmte Ereignisse große und vor allem negative Konsequenzen für Finanzmarkt, Vermögenswerte, Erträge oder Unternehmen haben können. Grob zusammengefasst geht es im Verantwortungsbereich Umwelt um den Schutz der biologischen Vielfalt, den Klimaschutz, die nachhaltige Nutzung von Wasserressourcen, aber auch Themen wie Recycling oder Kreislaufwirtschaft. Beim Verantwortungsbereich Soziales stehen beispielsweise Sicherheit und Gesundheit von Arbeitnehmern, faire Arbeitsbedingungen, arbeitsrechtliche Standards, angemessene Entlohnung, Vermeidung von Kinder- oder Sklavenarbeit, Inklusion, aber auch Steuerehrlichkeit auf der Agenda. Der Verantwortungsbereich Unternehmensführung beinhaltet Aufsichtsstrukturen, Datenschutz, Transparenz und Maßnahmen zur Verhinderung von Korruption, aber es geht auch um das Thema Whistleblowing und Arbeitnehmerrechte und noch einiges mehr.

> Mehr Informationen zum Thema ESG-Risiken findest du offen und transparent dargelegt im »Merkblatt zum Umgang mit Nachhaltigkeitsrisiken« auf der BaFin-Website (www.bafin.de).

Was machen ethisch-nachhaltige Banken anders?

Die ESG-Risiken der BaFin sind eine Orientierungshilfe für Unternehmen, also unverbindlich und nicht verpflichtend. Und genau darin liegt das Problem. Wenn Unternehmen zu nichts verpflichtet werden können, sondern alles auf Freiwilligkeit beruht und wenn gleichzeitig der Begriff »Nachhaltigkeit« im Finanzwesen nicht klar definiert und geschützt ist: Wie soll man sich als Verbraucher, der sich nicht so gut auskennt, orientieren und verhindern, dass das eigene Geld von der Bank für Nahrungsmittelspekulation, Waffengeschäfte, Atomkraft, Kohleabbau, Kinderarbeit oder Gentechnik eingesetzt wird? Ein erster Schritt könnte sein, ein Girokonto bei einer nachhaltigen Bank zu eröffnen. Dies ist bereits ein starker Hebel, um mit dem eigenen Geld die richtigen Projekte zu unterstützen, und gelingt auch, wenn man sich mit Geldanlage, Aktien und Investments nicht auskennt. Das gilt für Privatkunden, aber auch für Geschäftskunden.

In Deutschland gibt es mehrere Banken, die wirklich ethisch-nachhaltig agieren. Was unterscheidet sie von den herkömmlichen Banken?

- **Ganzheitlichkeit** ist im Bereich der Nachhaltigkeit ein wichtiger Punkt. Deswegen sind ethische Banken auch in ihren Betriebsabläufen grün, das heißt, sie beziehen Ökostrom, achten im Betrieb auf Nachhaltigkeit und verwenden umweltfreundliche Büromaterialien.
- Ethisch-nachhaltige Banken haben ein komplett **nachhaltiges Portfolio**. Sie bieten also nicht nur ein grünes Girokonto an, sondern alle anderen angebotenen Produkte wie Kreditkarte oder Tagesgeldkonto sind immer auch nachhaltig und transparent in ihrer Wirkung.
- Ethisch-nachhaltige Banken sind **transparent**, das heißt, sie kommunizieren, für welche Projekte das Geld eingesetzt wird, und zeigen auch, wie und warum es dort wirkt.
- Ethisch-nachhaltige Banken haben **klare Positiv- und Negativkriterien** (zum Beispiel Ausschlusskriterien) für Kredite und Eigenanlagen, die sehr transparent kommuniziert werden. Das bedeutet, dass jeder Kunde weiß, in was investiert wird und in was nicht.
- Ökobanken unterstützen und finanzieren typischerweise Projekte in den Bereichen Umwelt, Klimaschutz, Bildung und Soziales. Kirchliche Banken investieren gern in karitative Projekte. Bei manchen Banken hat der Kunde ein **Mitspracherecht**, indem er Projekte auswählen kann, für die sein Geld eingesetzt wird.
- Der **Gewinn** steht bei Ökobanken weniger im Vordergrund, aber gerade in den letzten Finanzkrisen konnten die nachhaltig-ethischen Banken ein Wachstum in der Bilanzsumme aufweisen. Die Anlagestrategien funktionieren also, obwohl oder gerade

transparent aufzeigen. Da es in diesem Buch darum geht, schnell ins Handeln zu kommen, hier die bekanntesten ethisch-nachhaltigen Banken, die sich besonders für Girokonten sehr gut eignen:

- GLS Bank
- Triodos Bank
- EthikBank
- Umweltbank
- Tomorrow (Smartphone-App)
- KD-Bank (Bank für Kirche und Diakonie)

Im Internet findest du darüber hinaus Vergleiche der Banken, anhand derer du deine Kriterien prüfen und die richtige Bank für dich finden kannst.

Auf der Website www.geld-bewegt.de der Verbraucherzentrale findest du viele Informationen zum Thema, Porträts von ethisch-nachhaltigen Banken und sogar eine Übersicht zu den Anlagekriterien der ethisch-nachhaltigen Banken.

Ziele ethisch-nachhaltiger Banken sind: erneuerbare Energie statt fossile Energieträger, faire Unternehmen statt Menschenrechtsverletzungen, ökologische Landwirtschaft statt Genmanipulation, nachhaltiges Wirtschaften statt Waffenhandel, Umweltschutz statt Treibhausgase, zukunftsfähiges und langfristiges Wirtschaften statt schneller Spekulationen

weil sie eher **sicher und konservativ** und zusätzlich nach ökologischen, ethischen und sozialen Kriterien ausgewählt werden.
- Das Vorurteil, dass Kunden nachhaltiger Banken oder Geldanlagen mit weniger Rendite, geringeren Zinsen oder mehr Kosten rechnen müssen, hält sich hartnäckig. Tatsächlich waren jedoch nachhaltige Geldanlagen in den letzten Jahren sogar **gewinnbringender als konventionelle Investments**. Die Entscheidung für eine nachhaltige Bank hat keine versteckten Kosten im Ergebnis.

In Deutschland gibt es momentan immerhin 20 ethisch-nachhaltige Banken, darunter sind auch kirchliche Banken. Sie haben unterschiedliche Ausrichtungen und Ausschlusskriterien. Nicht alle dieser Banken haben Filialen oder bieten ihre Services kostenlos an. Man sollte wissen, was man sucht, und die Anbieter vergleichen. Das geht zum Glück schnell, weil die Banken ihre Konditionen sehr

Versicherungen, Altersvorsorge und Investments

Als ich erfahren habe, was bei den meisten herkömmlichen Banken mit meinem Geld passieren kann, wollte ich von meiner Bank wissen, wie sie beim Thema Nachhaltigkeit aufgestellt ist. Und zwar nicht nur beim Girokonto, sondern auch beim Tagesgeldkonto, über Investmentfonds bis hin zur Altersvorsorge und sogar meinen Versicherungen wie Haftpflicht- oder Berufsunfähigkeitsversicherung. Tatsächlich habe ich schnell einiges entdeckt, was ich nach und nach umstellen möchte. Bei manchen Verträgen sollte man jedoch genau prüfen, ob sich eine Umstellung lohnt oder nicht, weil man sonst Geld verliert. Das kann zum Beispiel bei einer Berufsunfähigkeitsversicherung der Fall sein. Wer sich unsicher ist, kann sich unabhängig beraten lassen. Dabei geht es zunächst einmal darum, eine Bestandsaufnahme zu machen. Anschließend sollte man ändern, was man ändern kann, und vor allem neue Verträge in Zukunft genauer hinterfragen.

Laut einer Studie von adelphi research werden pro 10 000 investierte Euro in konventionelle Kapitalanlageprodukte Treibhausgasemissionen in Höhe von fünf Tonnen mitfinanziert.

Das Thema Finanzen war früher nicht so wichtig für mich, was ich selbst im Nachhinein nicht mehr nachvollziehen kann. Ich dachte immer, dass man sich mit dem Thema Geldanlage nur beschäftigen muss, wenn man viel Geld investieren will. Außerdem hat mich die Komplexität des Themas abgeschreckt.

Beides war jedoch falsch. Denn wer Geld verdient, egal wie viel, kann damit auch positiven Wert schaffen. Wer sich nicht auskennt, lernt schnell dazu. Außerdem kann man sich beraten lassen. Je mehr man sich mit dem Thema Finanzen beschäftigt, desto mehr versteht man und desto mehr positiven Impact kann man schaffen. Der schwierigste Schritt ist der Anfang, ab dann wird es immer einfacher. Folgende Tipps und nützliche Adressen können dabei helfen.

- Mache in einem **Beratungsgespräch** mit der Bank deutlich, was du möchtest und was du nicht möchtest. Du kannst beispielsweise konkret sagen, dass du die Geschäftsfelder Rüstung oder Atomkraft nicht unterstützen möchtest. Bankberater haben Zugang zu den Informationen und sollten darüber Auskunft geben können. Wenn nicht, ist das auch schon eine Antwort.
- Wenn du Eltern und Verwandte fragst, ziehe sicherheitshalber immer zusätzlich eine **unabhängige Person** zurate. Häufig folgen wir dem Rat von Eltern oder anderen Familienmitgliedern zu schnell. Auch der Berater von der Bank ist nett, und wir kennen ihn, seitdem wir bei ihm als Kind unser erstes Konto eröffnet haben. Aber kennt er sich auch mit ethisch-nachhaltiger Geldanlage aus?
- Frage bei der Bank konkret nach **ethisch-nachhaltigen Produkten** und informiere dich darüber. Das geht übrigens nicht nur bei Banken, sondern auch bei unabhängigen Beratungen und Vermögensverwaltern. Ethisch-nachhaltige Banken haben hier einen großen Vorsprung!
- Das Ranking des **Fair Finance Guide** Deutschland (www.fairfinanceguide.de) zeigt, wie die eigene Bank abschneidet. Informiere dich, welche Praktiken die Nichtregierungsorganisation Facing Finance kritisiert (www.facing-finance.org/de/).
- Auf morningstar.de, faire-fonds.info (ebenfalls von Facing Finance), nachhaltiges-in-

vestment.org (Sustainable Business Institute), sustainalytics.com oder auf gabv.org (vom Netzwerk »Global Alliance – For Banking on Values«) kannst du **Investmentfonds** auf ihre Nachhaltigkeit checken.

- Auf coalexit.de, einer NGO-Datenbank (»urgewald«), findest du eine Liste von Unternehmen, deren Geschäfte auf **fossilen Brennstoffen** basieren. Diese kannst du dann in der eigenen Finanzplanung explizit ausschließen.
- Finde Profis, die dir helfen, die eigenen Finanzen und Versicherungen nachhaltig zu gestalten. Es gibt in vielen Städten gute Adressen, auf oekofinanz-21.org findest du ein bundesweites **Netzwerk von Beratern und Beraterinnen.**
- Auch **venga-ev.org** (Verein zur Förderung ethisch-nachhaltiger Geldanlagen) oder das **eco-Finanzcentrum** (ecoplanfinanz) Hamburg beziehungsweise Kiel können unterstützen und Informationen liefern. Sehr empfehlenswert für Menschen, die sich bisher mit dem Thema Geld noch nicht so viel beschäftigt haben.

17

Sustainable Development Goals (SDG) der Vereinten Nationen sollen eine nachhaltige Entwicklung sichern.

Andreas Enke, der Vorstand des Vereins zur Förderung ethisch-nachhaltiger Geldanlagen e. V. schlägt vor, die Ziele für die eigene Geldanlage anhand der 17 Sustainable Development Goals (SDG) der Vereinten Nationen zu definieren. Diese Ziele sollen eine nachhaltige Entwicklung auf ökonomischer, sozialer wie ökologischer Ebene sichern und haben eine Laufzeit bis 2030. Eigentlich sind diese Ziele für Staaten gedacht, aber sie bieten auch eine gute Orientierung für Unternehmen und Verbraucher. Beispielsweise könnte man festlegen, dass Rüstung in der Geldanlage ausgeschlossen werden soll, weil dies gegen SDG 3 und SDG 16 verstößt. Die 17 Sustainable Development Goals lauten in ihrer kürzesten Form:

- keine Armut
- kein Hunger
- Gesundheit und Wohlergehen
- hochwertige Bildung
- Geschlechtergleichheit
- sauberes Wasser und Sanitär-Einrichtungen
- bezahlbare und saubere Energie
- menschenwürdige Arbeit und Wirtschaftswachstum
- Industrie, Innovation und Infrastruktur
- weniger Ungleichheit
- nachhaltige Städte und Gemeinden
- nachhaltige/r Konsum und Produktion
- Maßnahmen zum Klimaschutz
- Leben unter Wasser
- Leben an Land
- Frieden, Gerechtigkeit und starke Institutionen
- Partnerschaften zur Erreichung der Ziele

Nachhaltige Fonds und Aktien

Wer sich mit Aktien nicht sehr gut auskennt oder nicht aktiv damit handelt und bislang nicht nach ethisch-nachhaltigen Richtlinien angelegt hat, investiert oft mit Produkten zur Altersvorsorge oder zum Sparen oder mit Wertpapieren indirekt in die Geschäftsfelder Rüstung, Atomkraft oder Kohlekraft. Vor allem wenn sich Indexfonds im Wertpapierdepot befinden, die die bekannten Aktienindizes DAX, EuroStoxx 50/600, Dow Jones Industrial oder

Wer zur Altersvorsorge oder zum Sparen in Indexfonds investiert, die die bekannten Aktienindizes DAX, EuroStoxx 50/600, Dow Jones Industrial oder S&P 500 abbilden, unterstützt damit oft indirekt die Geschäftsfelder Rüstung, Atomkraft oder Kohlekraft.

S&P 500 abbilden, ist das der Fall.
Leider ist es jedoch auch bei den über 500 nachhaltigen Fonds nicht ganz einfach, festzustellen, was davon wirklich nachhaltig ist. Ergänzend zu den bereits erwähnten Punkten gibt es bei Fonds drei Vorgehensweisen:

1. Man kann mit Ausschlusskriterien arbeiten. Dabei definiert man, dass man nichts unterstützen möchte, was beispielsweise Rüstung oder Massentierhaltung fördert.
2. Man macht eine Positivauswahl und überlegt sich, was man fördern möchte, zum Beispiel erneuerbare Energien oder Bildung.
3. Der sogenannte Best-in-Class-Ansatz ist von der Herangehensweise her eher pragmatisch. Dabei wählt man die besten einer Branche, beispielsweise für Soziales, und schließt dabei aber den Ölkonzern prinzipiell nicht aus. Für mich ist dieser Ansatz etwas zu pragmatisch, aber man kann damit großen Branchen zeigen, was gefragt ist, und setzt damit eventuell Impulse.

Letztlich wäre es wünschenswert, wenn von staatlicher Seite Mindestkriterien für nachhaltige Geldanlagen festgelegt werden und wenn große Organisationen und Unternehmen mit gutem Beispiel vorangehen würden. Momentan ist es leider so, dass beispielsweise die Riester-Rente als staatlich gefördertes Produkt nicht automatisch ethisch-nachhaltig wirkt. Der Bund hat für die nächsten Jahre Verbesserungen angekündigt, seit 2019 gibt es bereits einen Sustainable-Finance-Beirat. Bleibt zu hoffen, dass in den nächsten Jahren im Bereich grüne Finanzen auf allen Seiten mehr passieren wird.

Gibt es Siegel für nachhaltige Geldanlagen?

Wie schon erwähnt, fehlen verbindliche Definitionen, was eine Geldanlage zur nachhaltigen Geldanlage macht. Die häufig verwendeten Begriffe »ethisch«, »nachhaltig«, »ökologisch« oder »öko« sind nicht geschützt und können leider manchmal mehr Schein als Sein bedeuten. Es gab bereits mehrere Versuche, auch von der Bundesregierung, einen einheitlichen Kodex zu schaffen, zum Beispiel den Deutschen Nachhaltigkeitskodex (DNK). Die Richtlinien sind aber oft entweder nicht bekannt genug, um Orientierung zu geben, oder sie basieren auf Freiwilligkeit, was immer bedeutet, dass kein gutes Gesamtbild entsteht. Dennoch gibt es vier Siegel oder Nachweise, die Verbrauchern zumindest etwas Orientierung geben können.

PRI (Principles for Responsible Investment)
Von der UN unterstützte Initiative, die sechs Prinzipien für verantwortungsvolle Investments folgt.

Europäischer Transparenz Kodex für Nachhaltigkeitsfonds
Verpflichtung, Informationen zur Verfügung zu stellen, um es Kunden zu ermöglichen, die nachhaltige Geldanlage nachzuvollziehen.

FNG-Siegel
Vom Forum Nachhaltige Geldanlagen e. V. aufgestellte Mindeststandards mit Transparenzkriterien zu Arbeits- und Menschenrechten, Umweltschutz und Korruptionsbekämpfung. Einzelne Unternehmen werden hinsichtlich ihrer Nachhaltigkeitskriterien analysiert.

ECOreporter-Siegel
Siegel für nachhaltige Finanzprodukte, Banken und Anlageberatungen.

Eine andere, aber spannende Möglichkeit zu investieren ist Crowdinvesting. Das geht zum Beispiel auf bettervest, seedmatch oder companisto. Auf den Plattformen stellen sich konkrete Projekte vor, in die man investieren kann. Als Anleger muss man selbst Risiko und Rendite abschätzen. Auf keinen Fall sollte man sein Geld nur auf eine Karte setzen. Crowdfunding ist ähnlich, dabei geht es jedoch nicht um eine Anlage. Man bekommt also kein Geld und keine Rendite, sondern man unterstützt Ideen, Projekte, Start-ups und Produkte. Plattformen sind betterplace.org, startnext.de, leihdeinerumweltgeld.de, oekom-crowd.de, oneplanetcrowd.com, ecocrowd.de, eocligo.com oder wiwin.de.

Gibt es auch nachhaltige Versicherungen und Krankenkassen?

Auch der Wechsel zu nachhaltigen Versicherungen und Krankenkassen ist einfach und hat einen großen Einfluss auf unser nachhaltiges Leben. Nachhaltige Versicherungen sind etwa Waldenburger Versicherung, Barmenia Versicherungen, Concordia oeco, Pangaea Life. Nachhaltige Krankenkassen sind BKK24, BKK Pro Vita, Securvita BKK.

Nachhaltige Krankenkassen unterscheiden sich von anderen Krankenkassen beispielsweise dadurch, dass sie selbst nachhaltig arbeiten. Sie beziehen also zum Beispiel Ökostrom, investieren in nachhaltige Geldanlagen und haben umweltfreundliche Büros. Sie fördern darüber hinaus eine umweltfreundliche und gesunde Lebensweise bei den Mitgliedern, zum Beispiel durch Workshop-Angebote oder Beratungen zu Themen wie Zero Waste oder Veganismus, und sie unterstützen Naturheilmethoden und übernehmen in einem bestimmten Rahmen Kosten für Osteopathie oder homöopathische Behandlungen.

Zum Abschluss möchte ich darauf hinweisen, dass ich keine Finanz- oder Versicherungsprodukte empfehlen möchte und kann, sondern Denkanstöße gebe und weiterführende Quellen nenne, unter der Annahme, dass jeder, der etwas ändern möchte, sich mit den Adressen und Anbietern beschäftigt. Nur so kann jeder das Richtige für sich und seinen individuellen Bedarf finden. Und wie für alle anderen Bereich gilt auch hier: Schritt für Schritt vorzugehen ist besser, als alles auf einmal zu ändern. Es ist wahrscheinlich ein längerer Prozess, Versicherungen und Konten umzustellen. Aber ganz gleich, wie weit man kommt: Jeder Schritt fühlt sich gut an und motiviert, weiterzumachen.

> Wer sich zum Thema Versicherung und Rente beraten lassen möchte, kann dies über Ver.de, Grün versichert, MehrWert, Fibur, Greensurance, Ökoworld und VAV Transparente tun.

06
—
Mobilität und Reisen

Mobilität ist Luxus

552 MIO.

Quadratmeter Platz
verbrauchen alle
deutschen Autos

Der Verkehr ist für 19 Prozent des in Deutschland ausgestoßenen CO_2 verantwortlich. Pro gefahrenen Kilometer verursacht ein Auto im Durchschnitt 140 g/Pkm. Unter Umweltgesichtspunkten betrachtet ist Mobilität also ein Luxus. Angesichts unserer immer dichter besiedelten Städte ist sie aber auch räumlich ein Luxus. Man kann sich das verdeutlichen, indem man sich das eigene Viertel oder die Straße vor dem Büro einmal ohne Autos vorstellt. Der Platzgewinn wäre besonders in den Städten enorm. Ich durfte ein solches Szenario einmal live miterleben. Ich wohne in Hamburg Ottensen, direkt am Bahnhof Altona. Ottensen ist ein dicht besiedelter Stadtteil, den man definitiv als Knotenpunkt mit hohem Personen- und Verkehrsaufkommen bezeichnen kann. Ab September 2019 wurde dort fünf Monate lang ein Experiment durchgeführt, das sich »Ottensen macht Platz« nennt. Einige Straßen wurden als autofrei deklariert und zur Fußgängerzone gemacht. In der Straße vor meinem Haus parkten vorher auf beiden Seiten entlang der Fahrbahn Autos. Stattdessen standen dort nun Sitzgelegenheiten zum Verweilen, Bäume und Pflanzen in Kübeln und eine Tischtennisplatte. Viele Fußgänger tummelten sich dort. Zwei Dinge sind mir sofort aufgefallen. Trotz der vielen Menschen war es erstens viel ruhiger auf der Straße. Und zweitens: Es ist durch »Ottensen macht Platz« wirklich viel Platz freigeworden.

Autos sind ein räumlicher Luxus. Würde man alle Autos in Deutschland auf einem Platz parken, bräuchte man dafür die Fläche von 77 310 Fußballfeldern. Dabei sind die Rangierflächen, Einfahrten und Straßen nicht miteingerechnet.

Ein Auto ist mehrere Meter lang, und im Schnitt steht es 23 Stunden am Tag herum, ohne benutzt zu werden. 46 Millionen Autos – Tendenz leider weiterhin steigend – sind auf Deutschlands Straßen unterwegs oder stehen geparkt in unseren Städten, auf den Straßen und in unseren Garagen. Ein regulärer Standplatz für ein Auto misst 12 m². Auf ein Fußballfeld von 7 140 m² passen somit ganze 595 Autos. Würde man alle Autos in Deutschland auf Fußballfeldern parken, bräuchte man dafür 77 310 Fußballfelder oder 552 Millionen Quadratmeter Platz. Und das ist nur die

Parkfläche für die Autos. Nicht eingerechnet sind die Rangierflächen, die Einfahrten, die Zufahrten und natürlich alle Straßen und Autobahnen.

Wie verschwenderisch wir mit Platz für Autos umgehen, zeigt auch ein weiteres Gedankenexperiment. Beobachtet man die Autoschlange, die an einer roten Ampel steht, fällt auf, dass meist in jedem Auto nur eine Person sitzt. Würde man alle Personen zu viert oder fünft auf die Autos verteilen oder noch besser auf Busse, würde man ziemlich viel Platz auf der Straße gewinnen. Wir könnten so viel Raum für Parks, Gärten und andere Flächen schaffen, die für unser Wohlbefinden sicherlich gesünder sind als Stau und Verkehrslärm. Natürlich hätte auch die Umwelt gewonnen, denn Busse sparen nicht nur Platz, sondern schonen auch die Umwelt. Besonders Fernbusse haben eine gute Klimabilanz, weil sie in der Regel sehr gut besetzt sind. Je höher deren Auslastung ist, desto besser ist die Klimabilanz.

Auch Bahnfahren gilt als besonders umweltfreundlich. »Kein Verkehrsmittel ist so klimafreundlich wie unsere Züge«, wirbt die Deutsche Bahn auf ihrer Website. 2019 sind bereits 140 Millionen Bahreisende im Fernverkehr mit 100 Prozent Ökostrom befördert worden. 2038 sollen alle Züge mit Ökostrom fahren, und 2050 möchte die Bahn klimaneutral fahren. Tatsächlich schneidet die Bahn im Vergleich der durchschnittlichen Emissionen von Verkehrsmitteln wirklich gut ab. Allerdings berechnet die Bahn nicht alle Verbrauchsquellen, sondern nur die Emissionen, die für die Reise anfallen. Die Emissionen, die für die Instandhaltung der Strecke oder der Bahnhöfe anfallen, sind darin nicht enthalten.

Emissionsvergleich in Gramm pro Person und Kilometer

Flugzeug

Auto

214

140

Zug

Reisebus

36

32

Sharing is Caring?

Man muss kein Auto besitzen, um ein Auto nutzen zu können. Das ist der Grundgedanke von Carsharing-Modellen. Wenn man ein Auto mit verschiedenen Nutzern teilt, steht es nicht 23 Stunden pro Tag geparkt vor dem Haus, sondern kommt möglichst häufig zum Einsatz. Beim stationären Carsharing-Modell holt man ein Auto für den gewünschten Zeitraum an einer Station ab und muss das Fahrzeug auch dort wieder abgeben. Der bekannteste Anbieter für dieses Modell ist Cambio. Diese Variante ist sehr praktisch für alle, die so selten ein Auto brauchen, dass sich die Anschaffung eines eigenen nicht lohnt. Dieses Modell hat den Vorteil, dass sich weniger Menschen ein Auto kaufen. Der Nachteil ist, dass man das Auto wieder dorthin zurückfahren muss, wo die Fahrt begonnen hat. Die Anbieter von

Free-Floating-Carsharing, wie zum Beispiel SHARE NOW (vorher car2go und DriveNow), versuchen, das System zu verbessern, indem sie die Nutzung »one way« ermöglichen. Man steigt in das Auto ein, fährt zum Ziel und kann das Fahrzeug dort stehen lassen. Zumindest in der Theorie hat das erhebliches Einsparpotenzial, da der Weg zurück wegfällt.

2018 gab es in Deutschland 17 950 Carsharing-Fahrzeuge. Sie stellen immerhin fast ein halbes Prozent der Gesamtfahrzeugzahl in Deutschland. Mehr als zwei Millionen Nutzer sind bei Carsharing angemeldet, und die Anzahl wächst. Allerdings werden die Nutzer in der Statistik dreifach gezählt, wenn sie, so wie ich, bei Cambio, car2go und DriveNow (heute SHARE NOW) angemeldet sind.

Ist Carsharing wirklich die Lösung? Forscher vom Öko-Institut haben in der Studie »Share – wissenschaftliche Begleitforschung zu car2go mit batterieelektrischen und kon-

ventionellen Fahrzeugen« die Effekte von Carsharing untersucht und kamen zu folgenden Ergebnissen:
Die Nutzung von Carsharing trägt dazu bei, dass Pkws abgeschafft werden. Wer Carsharing häufig nutzt, schafft sich mit größerer Wahrscheinlichkeit kein Auto an beziehungsweise sein Auto eher ab. Das liegt allerdings nicht nur an den Free-Floating-Angeboten, sondern auch zu einem großen Anteil an den stationsbasierten Angeboten. Jeder, der SHARE NOW (früher: car2go oder DriveNow)

Die Nutzung von Carsharing trägt dazu bei, dass Pkws abgeschafft werden. Wer Carsharing häufig nutzt, schafft sich mit größerer Wahrscheinlichkeit kein Auto an beziehungsweise sein Auto eher ab.

schon mal genutzt hat, weiß: Immer, wenn man ein Auto braucht, ist keines da. Das ist bei den stationsbasierten Angeboten anders, denn dort kann man im Voraus buchen und den Abholort auswählen. Allerdings nennen in der Studie viele Nutzer als Grund, ihr Auto abgeschafft zu haben, auch die Kosten für einen Pkw. In diesen Fällen ist Carsharing nicht eindeutig als Ursache zu identifizieren, sondern füllt eher eine Lücke. Die Studie zeigt nämlich auch, dass unter Carsharing-Nutzern Pkw-Anschaffungen häufiger sind als unter Nichtnutzern von Carsharing. Man muss also davon ausgehen, dass Carsharing in einer Lebensphase genutzt wird, wo ein eigenes Auto vielleicht noch zu teuer ist. Denn ein höheres Einkommen oder der Berufseintritt erhöhen die Wahrscheinlichkeit eines Autokaufs. Im Ergebnis ist die Anzahl der in der Studie berechneten Pkw-Abschaffungen geringer als die Zahl der Carsharing-Fahrzeuge, sodass man leider nicht von einer Reduktion der Pkw auf den Straßen sprechen kann. Manche nehmen

auch spontan ein Free-Floating-Fahrzeug für Strecken, die sie sonst zu Fuß oder mit den öffentlichen Verkehrsmitteln zurückgelegt hätten, was wiederum zu mehr Verkehr führt.

Hat Carsharing einen Einfluss auf die CO_2-Reduktion? Leider wurde in der Studie keine Reduktion der CO_2-Emissionen festgestellt, obwohl auch Elektrofahrzeuge der Carsharing-Anbieter erfasst wurden. Hingegen hat die Studie zutage gefördert, dass manche Pkw-Besitzer für bestimmte Freizeitaktivitäten ein Free-Floating-Auto nutzen, mit dem sie aufgrund der One-Way-Regelung bequem zum Zielort kommen. Auf dem Rückweg nutzen sie dann jedoch öffentliche Verkehrsmittel und haben ihr eigenes Auto am nächsten Morgen dennoch zu Hause. Früher hätten sie den Hinweg zur Feier sehr wahrscheinlich auch mit dem öffentlichen Nahverkehr zurückgelegt. Trotzdem ist Carsharing ein guter Hebel, vor allem wenn es mit öffentlichen Verkehrsmitteln kombiniert wird, um die Nutzung des eigenen Pkw unattraktiv werden zu lassen. Darüber hinaus bietet Carsharing eine sehr gute und günstige Gelegenheit, das elektrische Fahren auszuprobieren und Hemmschwellen abzubauen. Laut Studie ist dies auch ein Grund für manche Anmeldungen.

Die für die Studie des Ökoinstituts verwendeten Daten stammen aus dem Zeitraum zwischen 2013 und 2015, sind also nicht aktuell. In der Zwischenzeit hat sich viel getan. Eine Studie des Karlsruher Instituts für Technologie aus dem Jahr 2018 besagt, dass jedes Carsharing-Fahrzeug von car2go (heute SHARE NOW) 15,8 Privatfahrzeuge ersetzt. Vielleicht ist also Carsharing eine Lösung, die nur noch etwas Zeit, mehr Elektrofahrzeuge und mehr Menschen braucht, die sie nutzen?

> Die Studie des Öko-Instituts findest du unter www.oeko.de.

Wie umweltfreundlich sind Elektroautos?

Ein Elektroauto, das mit erneuerbarer Energie aufgeladen ist, verursacht beim Fahren keine CO_2-Emissionen. Es stößt auch keine gesundheitsschädlichen Stickoxide aus wie mit Diesel oder Benzin betriebene Fahrzeuge. Doch wie so oft, wenn man über Nachhaltigkeit spricht, ist das Thema komplex. Um die Frage zu beantworten, wie umweltfreundlich Elektroautos sind, muss man nämlich darüber hinaus noch weitere Faktoren berücksichtigen: den Abbau der Rohstoffe, den Energieaufwand bei der Produktion, die Emissionen bei der Produktion (Treibhausgas, Luftschadstoffe, Partikel), die Art und Dauer der Nutzung und natürlich auch die Verwertung beziehungsweise das Recycling, wenn das Auto nicht mehr gefahren wird.

Beim Vergleich mit Verbrennungsmotoren hängt die Umweltfreundlichkeit des Elektroautos von dessen Größe ab und von dem Strom, der zum Laden der Batterie verwendet wurde. Je geringer das Fahrzeuggewicht und je mehr Strom aus erneuerbaren Energien verwendet wird, desto besser ist die Umweltbilanz. Ökologisch sinnlos sind daher Elektro-SUVs oder Elektro-Sportwagen.

Das Bundesministerium für Umwelt, Naturschutz und nukleare Sicherheit hat 2019 festgestellt, dass ein Elektroauto hinsichtlich des CO_2-Ausstoßes im Vergleich mit Dieselfahrzeugen um 16 Prozent und im Vergleich mit modernen Benzinern sogar um 27 Prozent besser abschneidet. Betrachtet man das für die Zukunft und den Lebensweg eines Fahrzeugs, heißt das, dass ein 2025 zugelassenes Elektroauto insgesamt sogar 32 Prozent weniger CO_2-Emissionen als ein Diesel und 40 Prozent weniger als ein Benziner verursachen wird.

Elektroautos sind abgasfrei, wenn sie gefahren werden, und deswegen »auf der Straße« klimafreundlich. Das Problem an unserem Konsum wie auch am Klimawandel ist aber, dass wir vor Ort mit unserem Verhalten Probleme verursachen, die ganz woanders auf der Welt spürbar werden. Der Klimawandel ist global und nimmt keine Rücksicht auf Ländergrenzen. Für die Herstellung der Batterien von Elektroautos werden ähnlich wie beim Smartphone (siehe S. 206) Rohstoffe wie Kobalt, Nickel, Mangan, Kupfer, Aluminium, Lithium und Graphit benötigt, die oft unter ökologisch und sozial bedenklichen Bedingungen abgebaut werden. Gelten für den Abbau dieser Rohstoffe hohe Umwelt- und Arbeitsstandards und wird gleichzeitig das Recycling der Batterien mitgedacht, lässt sich laut Greenpeace der ökologische Fußabdruck minimieren, was ungefähr mit 75 Prozent der Materialien momentan geschieht. Steigt der Marktanteil von Elektroautos, könnte sich diese Zahl noch verbessern.

Die Folgen unseres Konsums sind global und nehmen keine Rücksicht auf Ländergrenzen.

Ob die Arbeits- und Umweltstandards bei der Rohstoffgewinnung eingehalten werden, ist für den Verbraucher sehr schwer zu überprüfen. Man kann als Verbraucher nur immer wieder nachfragen und damit der Industrie klarmachen, dass nachhaltige Lieferketten ein wichtiges Kaufargument sind. Hersteller und Verkäufer weisen unter den Stichwörtern »Responsible Mining« oder »Due Diligence« auf ihre Verantwortung in der Lieferkette hin, geschieht das nicht, sollte man unbedingt nachhaken.

Überraschenderweise ist beim Elektroauto jedoch nicht die Produktion der Batterie der größte Minuspunkt auf dem Umweltkonto, sondern die Feinstaubemissionen während der Herstellung des gesamten Fahrzeugs. Diese fallen nämlich aufgrund des größeren Aufwands sehr hoch aus, und zwar dort, wo das Fahrzeug produziert wird, und nicht dort, wo später das Auto gefahren wird. In der Gesamtbilanz schneidet das Elektroauto trotzdem besser ab als Autos mit anderen Antrieben. Zusammengefasst kann man festhalten, dass

In der Gesamtbilanz schneidet das Elektroauto bei der Nachhaltigkeit besser ab als Autos mit Verbrennungsmotor.

Elektroautos im Herstellungsprozess CO_2-Emissionen verursachen. Betrachtet man diese jedoch über die gesamte Lebensdauer des Fahrzeugs, schneiden Elektroautos besser ab als Diesel und Benziner, auch wenn man berücksichtigt, dass Verbrennungsmotoren in den nächsten Jahren wahrscheinlich immer effizienter werden.

Neben der Klimafreundlichkeit spielen in der Gesamtbilanz von Elektroautos jedoch auch andere Faktoren eine Rolle, beispielsweise die geringe Geräuschemission und Feinstaubbelastung, die einen positiven Effekt auf die Gesundheit haben. Elektroautos sind viel leiser als Fahrzeuge mit Verbrennungsmotor, was insbesondere in Städten alle vom Verkehrslärm Betroffenen stark entlasten könnte. Darüber hinaus könnte in einer deutschen Großstadt lokal, nicht global betrachtet auch das Stickoxidproblem durch Elektroautos verringert und somit die Luftqualität erheblich verbessert werden.

Wenn Deutschland eine Verkehrswende schaffen möchte, dann bietet das Elektroauto eine gute Chance. Wer sich für ein Elektrofahrzeug entscheidet, sollte es unbedingt aus erneuerbaren Energien tanken, die Batterien gut pflegen, das Fahrzeug lange nutzen und sich nach der Nutzungsdauer um eine gute Entsorgung kümmern. Die ökologisch beste Nutzung für Elektrofahrzeuge findet beim Carsharing mit kleinen, leichten Fahrzeugen statt. Auch mit öffentlichen Verkehrsmitteln, die elektrisch betrieben werden, könnte man in Städten in Zukunft viel gegen den lokalen Feinstaub und die Lärmbelästigung tun. Andere Antriebsalternativen wie Brennstoffzellenfahrzeuge, die mit Wasserstoff betrieben werden, E-Fuels, Power-to-Liquid oder Power-to-Gas verbrauchen momentan insgesamt noch mehr Energie als Elektrofahrzeuge. Aber wer weiß, vielleicht schlummert hier eine Zukunftsperspektive, die nur noch weiterentwickelt werden muss.

SIND E-SCOOTER EINE NACHHALTIGE ALTERNATIVE?

E-Scooter sieht man seit 2019 in vielen Städten. Leider sind sie keine nachhaltige Alternative. Sie werden häufig von Leuten genutzt, die sonst mit öffentlichen Verkehrsmitteln gefahren wären oder den Weg zu Fuß zurückgelegt hätten. Nur wenige ersetzen eine Auto- oder Taxifahrt durch eine Fahrt mit dem E-Scooter. Laut einer Pariser Umfrage tun das nur acht Prozent der Nutzer. Außerdem entstehen bei der E-Scooter-Nutzung immerhin noch die Hälfte der Menge an klimaschädlichen Gasen pro Kilometer, die beim Autofahren verursacht werden. Darüber hinaus haben die Roller leider bisher keine ausreichend lange Nutzungsdauer, weil sie schnell kaputtgehen oder beispielsweise in Hamburg auch gerne mal in der Alster landen.

Reifenabrieb belastet die Umwelt

Ein Problem stellt sich bei allen Fahrzeugen mit Reifen, ganz gleich ob Elektroantrieb oder Verbrennungsmotor: der Reifenabrieb. Die Reifen von Lkw, Autos, Bussen, Motorrädern und sogar Fahrrädern verlieren beim Abrollen Gummipartikel. Und dies in hohen Mengen. 120 000 Tonnen Reifenabrieb entstehen pro Jahr in Deutschland. Bei Fahrrädern ist aufgrund des Reifengewichts und der Reifendicke der Abrieb nicht sehr groß, aber dennoch vorhanden.

1-1,5 KG

an Gewicht verliert ein Autoreifen während seiner Lebensdauer durch Reifenabrieb.

Der Reifenabrieb verursacht die Entstehung von Mikroplastik und Feinstaub. Darüber hinaus besteht der Abrieb nicht nur aus Gummi, sondern auch aus Blei, Cadmium, Weichmachern und Zink. Besonders auf Flächen entlang von Autobahnen, aber auch überall sonst, wo Fahrzeuge rollen, gelangen die Teilchen über den Regen in die Böden, werden von Tieren aufgenommen, landen in unserer Nahrungskette und auch im Meer.

In der Studie »Primary Microplastics in the Oceans: a Global Evaluation of the Sources« der Weltnaturschutzunion (IUCN) wird Reifenabrieb als eine der Hauptursachen für Mikroplastik in den Weltmeeren genannt. Zwar gibt es schon Auffangsysteme und Absatzbecken. Sie sind jedoch nicht in der Lage, alle Partikel aus der Umwelt zu holen. Da der Reifenabrieb bei jeder Benutzung eines Fahrzeugs entsteht, kann man ihn im Grunde nicht verhindern, sondern nur durch den richtigen Reifenfülldruck verringern.

Tipps für nachhaltige Mobilität

Der Wunsch, Autos von heute auf morgen abzuschaffen, ist nicht realistisch, denn Autos werden leider noch zu viel gebraucht. Dass wir Deutschen beim Thema Autofahren die Umwelt schnell vergessen, zeigt allein schon die zähe Diskussion um das Tempolimit. Dabei würde laut Deutscher Umwelthilfe die Reduzierung des Tempolimits auf Landstraßen von aktuell 100 km/h auf 80 km/h bis zu 15 Prozent CO_2-Emissionen einsparen. Ein Tempolimit auf Autobahnen könnte zusätzlich bis zu fünf Millionen Tonnen CO_2 einsparen. Anders gesagt: Die Verkehrswende ist in Deutschland ein sehr großer Hebel, um die Klimaschutzziele 2030 und 2050 zu erreichen. Bis es so weit ist, kann jeder von uns selbst etwas dazu beitragen, nachhaltiger mobil zu sein. Die folgenden Tipps sind natürlich von der Familiensituation, dem Einkommen und dem Wohnort abhängig. In Städten ist es relativ einfach, auf das Auto zu verzichten, auf dem Land ist es schwerer. Grundsätzlich gilt jedoch: Mobilität ist nicht selbstverständlich, und die Art und Weise, wie wir uns fortbewegen, sollte nicht nur aus Bequemlichkeit oder Zeitersparnis ausgewählt werden, sondern auch die Umweltfreundlichkeit berücksichtigen.

öfter das Rad nehmen

- öfter mal zu Fuß gehen. Das ist definitiv die nachhaltigste und gesündeste Fortbewegungsart. Viele Strecken erscheinen uns in der Vorstellung länger, als sie sind. Warum nicht mal etwas früher aufstehen und einen Spaziergang zur Arbeit machen und auf den anstrengenden Berufsverkehr verzichten?
- öfter mal das Fahrrad nehmen. Besonders bei Strecken unter 5 km lohnt sich das. Die wöchentlichen Familieneinkäufe lassen sich prima mit einem Lastenrad erledigen. Das hält nicht nur fit, sondern macht auch Spaß und ist im Grunde nur eine Sache der Gewohnheit. In manchen Städten kann man Lastenräder leihen oder sich deren Anschaffung fördern lassen.

öfter Bus und Bahn fahren

- öfter mal die öffentlichen Verkehrsmittel nutzen. Im Vergleich zum Auto sind sie die günstigere und umweltfreundlichere Alternative. Je mehr Fahrgäste in einem öffentlichen Verkehrsmittel sitzen, desto besser ist die Umweltbilanz. Vielleicht ein kleiner Trost, wenn die S-Bahn mal wieder übervoll ist.
- öfter mal Carsharing nutzen. Aber am besten nicht für diejenigen Strecken, die man sonst zu Fuß zurücklegen würde oder mit den öffentlichen Verkehrsmitteln bewältigen könnte. Am sinnvollsten ist Carsharing mit Elektrofahrzeugen und wenn man nicht allein fährt, sondern das Auto möglichst voll besetzt.
- öfter mal Bus und Bahn probieren, auch im Fernverkehr. Als Alternative zu Auto und Flugzeug sind sie die umweltfreundlichsten Alternativen. Hier gilt: Je voller der Bus ist, desto besser ist die Umweltbilanz. Nachtzüge sind in Europa komfortabel und ein kleines Abenteuer, sodass der Urlaub schon am Bahnhof startet. Wer früh bucht, bekommt faire Preise.

- ehrlich zu sich selbst sein und sich fragen, ob man wirklich ein Auto braucht oder ob der wahre Grund Bequemlichkeit ist. Viele Haushalte haben zwei oder sogar drei Autos; vielleicht kommt man ja mit einem Auto aus oder kann teilweise auf Carsharing umsteigen?
- Fahrgemeinschaften bilden, so oft wie möglich.

Tipps für umweltfreund-licheres und spritsparendes Fahren für alle, die auf das Auto nicht verzichten können

- den Motor bei mehr als 30 Sekunden Standzeit ausmachen
- das Auto im Winter nicht warmlaufen lassen, bevor man losfährt
- das Auto regelmäßig warten lassen
- auf den optimalen Reifendruck achten, das spart Sprit und Reifenabrieb

mit niedrigen Dreh-zahlen fahren

- Leichtlaufreifen und Leichtlauföl sind eine lohnende Investition, denn sie sparen Sprit
- vorausschauend fahren und beispielsweise nicht noch kurz vor der Ampel Gas geben, wenn die Ampel schon gelb ist
- mit niedrigen Drehzahlen fahren, also so früh wie möglich in den nächsthöheren Gang schalten
- so oft wie möglich eine konstante Geschwindigkeit halten; es ist besser, auf der Auto-

bahn 100–130 km/h zu halten, als abwechselnd zu bremsen und zu beschleunigen
- die Fenster und das Schiebedach bei der Fahrt geschlossen halten; offene Fenster erhöhen den Luftwiderstand des Fahrzeugs dramatisch und führen dadurch zu erheblich höherem Spritverbrauch

einen Spritspar-kurs machen

- überflüssiges Gewicht wie Wasserkästen im Kofferraum, Gepäckträger, Dachträger, Fahrradhalterung nicht lange Zeit nutzlos herumfahren
- Klimaanlage, Sitzheizung und andere elektronische Geräte möglichst wenig oder gar nicht nutzen, denn sie sind Energiefresser.
- einen Spritsparkurs machen; die Kurse werden in vielen Städten angeboten und machen nicht nur Spaß, sondern helfen beim Sprit sparen
- Kurzstreckenfahrten vermeiden; alle Wege unter 5 km kann man vielleicht auch zu Fuß oder mit dem Fahrrad zurücklegen.

> Auf Plattformen wie getaround (vorher Drivy; www.getaround.com) oder Snapp-car (vorher Tamyca; www.snappcar.de) kann man sein eigenes Auto an andere Nutzer verleihen und damit auch etwas Geld verdienen.

Zug vs. Flugzeug

Reisezeiten

3 ½ STD.

Hamburg Zentrum – Flughafen: 30 Minuten
Security: 15 Minuten
Warten auf Boarding: 30–45 Minuten
Boarding: 15 Minuten
Flugzeit: 1 Stunde 15 Minuten
Aussteigen: 15 Minuten
Flughafen – Frankfurt Zentrum: 30 Minuten

Zeit, in der man entspannt lesen oder
arbeiten kann: **1 Stunde**

3 ¾ STD.

Hamburg Zentrum – Hauptbahnhof: 5–10 Minuten
Reisezeit im Zug: 3 Stunden 30 Minuten
Hauptbahnhof – Frankfurt Zentrum: 5–10 Minuten

Zeit, in der man entspannt lesen oder arbeiten
kann: **3 Stunden 30 Minuten**

CO_2-Ausstoß
pro Person

Hamburg–Frankfurt

106 KG CO_2

München–Mallorca

284 KG CO_2

Berlin–Tel Aviv

674 KG CO_2

Frankfurt–Lima

3.670 KG CO_2

Hamburg–München

18,7 KG CO_2

Warum Fliegen schlecht fürs Klima ist

Wenn man in die Ferne schweifen möchte, fällt es schwer, auf das Fliegen zu verzichten, denn es gibt dazu kaum Alternativen. Für Strecken innerhalb Deutschlands jedoch ist Fliegen meist schon allein aus Zeitgründen nicht die bessere Wahl. Legt man die Strecke Hamburg–Frankfurt mit dem Flugzeug zurück, beträgt die Gesamtreisezeit »von Haustür zu Haustür« ohne Check-in etwa dreieinhalb Stunden. Davon entfallen eine Stunde und 15 Minuten auf die reine Flugzeit, die Zeit also, in der man entspannt lesen oder arbeiten kann. Legt man dieselbe Strecke mit dem Zug zurück, dauert die Reise 20 Minuten länger, die Zeit im Zug, in der man produktiv sein kann, ist jedoch mit dreieinhalb Stunden deutlich länger als bei der Flugreise (siehe Infografik). Bei der Strecke Hamburg–München wird der Unterschied noch deutlicher: Die Gesamtreisezeit mit dem Flugzeug umfasst vier Stunden, davon beträgt die reine Flugzeit, die man produktiv nutzen kann, eine Stunde und 20 Minuten. Vom Stadtzentrum Hamburg bis zum Münchner Hauptbahnhof reist man mit dem Zug in nicht einmal sechs Stunden. Man braucht zwei Stunden mehr als mit dem Flugzeug, hat dafür aber im Vergleich zum Flug über fünf Stunden produktive Reisezeit im Zug.

Abgesehen davon, dass Fliegen viel zu günstig ist, wenn man berücksichtigt, dass es unseren Planeten wirklich viel kostet, ist Fliegen auf vielen Strecken wie eben gezeigt nicht sinnvoll. Dennoch nutzen vor allem Geschäftsreisende auf innerdeutschen Strecken häufig das Flugzeug, manchmal sogar mehrmals in der Woche. Finanziell gesehen ist eines der Hauptprobleme für Unternehmen sicherlich, dass Bahnfahren auf vielen Strecken teurer ist als Fliegen. Leider ist das Fliegen jedoch auch eine Art Statussymbol. Wichtige Manager fliegen nun mal. Es ist jedoch Zeit für ein Umdenken, denn zur Produktivität trägt ein Flug sicherlich nicht bei. In der Bahn kann man immerhin arbeiten – manche Menschen, wie ich beispielsweise, sogar besonders gut. Und muss man darüber hinaus wirklich morgens zum Kunden hin- und am selben Tag noch zurückfliegen? Ginge das nicht auch etwas entschleunigter? Ich wage zu behaupten, dass viele dieser Treffen als Telefon- oder Videokonferenz möglich wären. Der Corona-Lockdown hat uns gezeigt, dass Videokonferenzen eine sehr gute und effiziente Alternative zu persönlichen Treffen darstellen.

> **Für Strecken innerhalb Deutschlands ist Fliegen allein aus Zeitgründen nicht die bessere Wahl, denn im Zug hat man viel mehr Zeit, die man produktiv nutzen kann.**

Fliegen ist die klimaschädlichste Art zu reisen. Flugzeuge werden mit Kerosin betrieben, und davon brauchen sie viel: rund vier Liter Kerosin pro Fluggast auf 100 km. Kerosin wird aus Erdöl hergestellt. Es entsteht in der Raffinerie als Nebenprodukt bei der Dieselherstellung. Weil es billiger ist als Benzin oder Diesel, aber auch aufgrund seines niedrigen Gefrierpunkts, seines speziellen Flammpunkts sowie seiner Viskosität wird es als Treibstoff für Flugzeuge verwendet. Kerosin bringt jedoch erhebliche Nachteile für das Klima mit sich, denn bei der Verbrennung entstehen neben Kohlendioxid Wasserdampf, Stickoxide und Aerosole. Sie tragen zum Treibhauseffekt bei, denn in großer Höhe bauen sie sich langsamer ab. Stickoxide bilden in der Höhe und durch

Aufgrund der Flughöhe und der Sonneneinstrahlung verstärken sich die klimaschädlichen Effekte der von Flugzeugen ausgestoßenen Treibhausgase um das Zwei- bis Fünffache.

Sonneneinstrahlung außerdem Ozon und Methan, Aerosole wirken sich auf die natürliche Wolkenbildung aus, und insgesamt verstärken sich diese Effekte dermaßen, dass die schädliche Auswirkung des Fliegens eben nicht nur die direkte CO_2-Emission ist, sondern eine Wirkung, die doppelt so hoch bis fünfmal so hoch sein kann. So verursacht ein Flug von Hamburg nach Frankfurt pro Fluggast 106 kg CO_2, beim Flug von Hamburg nach München sind es sogar schon 155 kg CO_2. Bei der Bahnreise von Hamburg nach München reduziert sich der Wert auf 18,7 kg CO_2. Langstreckenflüge nach Südamerika oder Asien schlagen schnell mit mehreren Tausend Kilogramm CO_2 pro Person zu Buche.

Was bedeutet das global gesehen? Der Flugverkehr verursacht je nach zugrunde gelegter Studie zwei bis fünf Prozent der vom Menschen verursachten Kohlendioxid-Emissionen. Rechnet man die Nebeneffekte hinzu, sind es auf jeden Fall fünf Prozent und mehr. Wir Deutschen sind wohlhabend und fliegen gerne in den Urlaub. Laut Umweltbundesamt hat das Fliegen 2017 3,3 Prozent der deutschen CO_2-Emissionen verursacht, berücksichtigt man die verstärkenden Effekte, ist der Anteil mindestens doppelt so hoch, also über 6,6 Prozent. Das klingt zunächst einmal nicht so wahnsinnig viel. Wenn man dieselben Zahlen in einen anderen Zusammenhang stellt, sehen sie schnell anders aus: Atmosfair (www.atmosfair.de) hat berechnet, dass unser persönliches Klimabudget pro Person und pro Jahr bei 2 300 kg liegt, wenn wir die durchschnittliche Erderwärmung auf zwei Grad Celsius gegenüber dem vorindustriellen Niveau begrenzen wollen. Das globale Emissionsbudget liegt dann bei circa 750 Milliarden Tonnen CO_2. So betrachtet wird klar, dass manchmal eine einzelne Reise das CO_2-Jahresbudget verbrauchen kann. Übrigens haben Billigflieger keine schlechtere Klimabilanz als andere Flugzeuge, aber sie bringen viele Menschen dazu zu fliegen, anstatt die Bahn zu nehmen, weil die Flugtickets oft billiger als die Bahntickets sind.

Wir sollten uns also fragen, in welchem Verhältnis eine Flugreise steht, und das Ganze dementsprechend einordnen. Vielleicht muss es nicht der Städtetrip mit der besten Freundin im europäischen Ausland sein, sondern ein Wellnesswochenende an der Nordsee wäre genauso schön. Wir sollten das Fliegen nicht als selbstverständlich betrachten, sondern uns immer die Kosten fürs Klima bewusst machen.

Für viele Strecken gibt es nachhaltigere Alternativen, die vielleicht mehr Zeit in Anspruch nehmen, aber andere Vorteile mit sich bringen und eben nicht nur Nachteile. Weitere Strecken lassen sich beispielsweise mit dem Nachtzug zurücklegen.

Der CO2-Fußabdruck pro Person im Vergleich

Quelle: Umweltbundesamt, UBA-CO2-Rechner, adelphi, Global Carbon Atlas, Weltbank

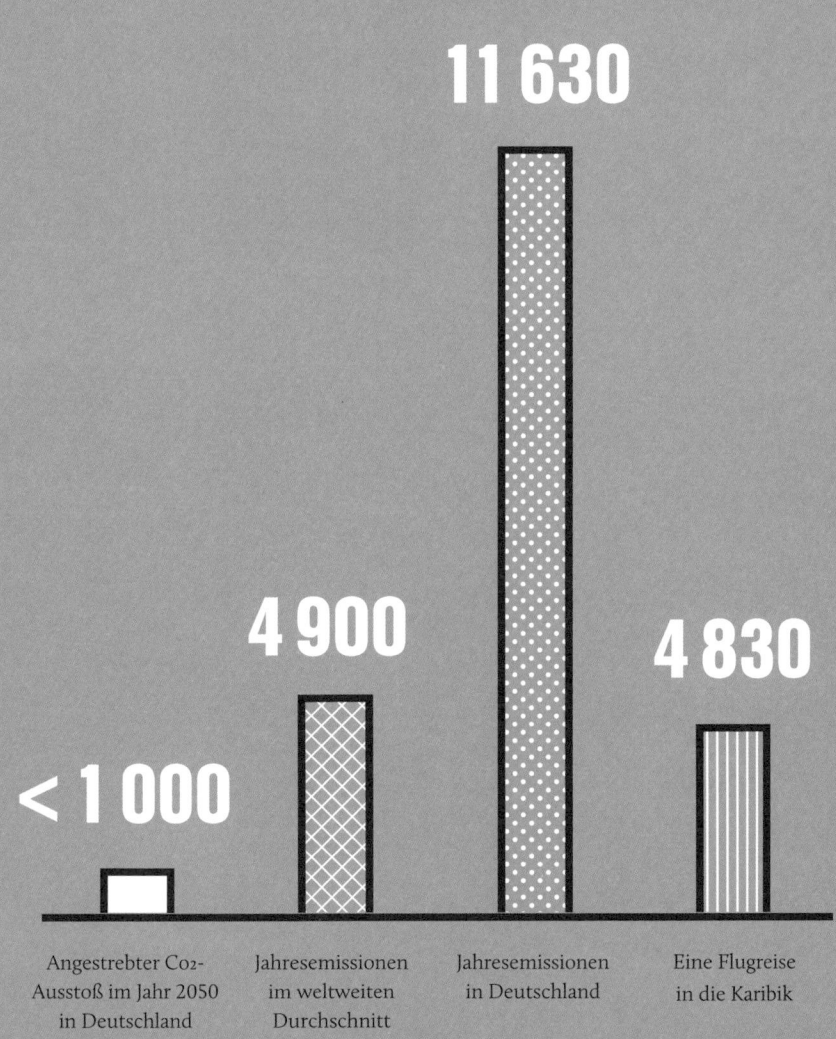

< 1 000	4 900	11 630	4 830
Angestrebter CO2-Ausstoß im Jahr 2050 in Deutschland	Jahresemissionen im weltweiten Durchschnitt	Jahresemissionen in Deutschland	Eine Flugreise in die Karibik

Auch Kreuz-fahrtschiffe haben keine bessere Ökobilanz

Wer eine Woche auf einem Kreuzfahrtschiff Urlaub macht, verursacht pro Person circa 1833 kg CO_2-Emissionen. Dafür könnte man ein Jahr lang oder rund 12000 km mit einem Mittelklassewagen fahren. Kreuzfahrten sind nicht umweltfreundlich, was auch am Treibstoff Schweröl und am Dieselgenerator liegt, der läuft, wenn das Schiff nicht auf See ist. Problematisch ist darüber hinaus auch der verursachte Müll, der häufig einfach über Bord geworfen wird, der hohe Wasserverbrauch, die nicht immer regelkonforme Entsorgung des Abwassers, eine relativ hohe Lebensmittelverschwendung an Bord, zum Beispiel durch große Buffet- und Speisenangebote, und die leider auf vielen Schiffen oft schlechten Arbeitsbedingungen für die Crew. Immer mehr Reedereien nehmen den Begriff Nachhaltigkeit als Verkaufsargument in ihre Broschüren auf oder setzen auf neue Antriebstechnologien. Trotzdem sind Kreuzfahrten bisher noch keine umweltverträgliche Art zu reisen. Es werden bereits Schiffe mit Flüssiggasantrieb gebaut. Ob das die Lösung ist, bleibt abzuwarten. Auch vegane Kreuzfahrten gibt es bereits. Sie lösen allerdings nicht das Problem des Treibstoffs, des Mülls, des Abwassers, der Arbeitsbedingungen und höchstwahrscheinlich auch nicht das Problem der Lebensmittelverschwendung. Darüber hinaus müssen Reisende, die nicht in der Nähe des Abreisehafens wohnen, dorthin reisen, was leider oft mit dem Flugzeug geschieht.

TIPPS FÜR FERNREISEN
- weniger fliegen
- auf Kreuzfahrten verzichten, solange sich im Hinblick auf Umweltbilanz und Arbeitsbedingungen an Bord nichts Wesentliches verändert
- Strecken unter 800 km wenn möglich mit der Bahn zurücklegen
- weniger Fernreisen unternehmen: Längere Reisen sind klimaschädlicher, weil das Flugzeug auf Langstrecken höher fliegt und klimaschädliche Effekte der Treibhausgase dort stärker eintreten.
- möglichst direkt, also ohne Zwischenlandung, fliegen, denn beim Start wird am meisten Kerosin verbraucht; zwei Starts erhöhen also die Emissionen
- Urlaubslänge, Reisezeit und Entfernung sollten in einem vertretbaren Verhältnis stehen.
- Flüge kompensieren (siehe S. 249).

Kompensieren – wie geht das?

Wenn sich eine Flugreise nicht vermeiden lässt, kann man den Flug kompensieren und dadurch etwas zum Klimaschutz beitragen. Auch die CO_2-Emissionen vieler anderen Produkte oder Dienstleistungen, wie beispielsweise Events oder die CO_2-Emissionen einer Firma, lassen sich kompensieren. Flüge zu kompensieren funktioniert ganz einfach. Man gibt auf der Website des Anbieters den Startflughafen und den Zielflughafen ein. Darauf wird automatisch ausgerechnet, wie viel CO_2 durch den Flug verursacht wurde. Die Menge wird in eine bestimmte Geldsumme umgewandelt, die man dem Anbieter als Kompensation überweist. Das Geld wird in Klimaschutzprojekte investiert, mit deren Umsetzung die verursachte Menge CO_2 wieder eingespart wird. Das können Baumpflanzprojekte sein, aber auch Projekte, die Windkraft, Solarenergie, Umweltbildung oder Energieeffizienz fördern. Manche Projekte fördern beispielsweise den Bau energieeffizienter Öfen in Nepal oder Nigeria, womit Entwaldung oder auch Erosionen gestoppt werden und nicht zuletzt die Gesundheit der Menschen gefördert wird. Meist kann man sogar selbst wählen, für welches Projekt das Geld eingesetzt werden soll. Kompensieren kannst du online bei Atmosfair (auch für Kreuzfahrten), Arktik, Naturefund, myclimate, ClimateFair, ClimatePartner, Klima-Kollekte, Primaklima oder TheCompensators.

> Wer seine Flüge kompensiert, kann den CO_2-Ausgleich von der Steuer absetzen.

Kompensation sollte nicht als eine Art Ablasshandel verstanden werden – am besten ist es immer noch, nicht zu fliegen. Trotzdem kann man mit der Kompensation einen positiven Beitrag leisten, vor allem wenn es noch keine Alternative beispielsweise zu einer Flugreise gibt. Vermeiden und Reduzieren steht jedoch immer vor Kompensieren! Es hat keinen Sinn, seinen Fleischverzehr zu kompensieren. Dann ist es besser, kein Fleisch zu essen, denn es gibt genug Alternativen. Die Kompensation hat jedoch auch ihre natürlichen Grenzen. Wir können global gesehen nicht alles so weit kompensieren, dass wir am Ende bei null rauskommen. Für die Kompensation gibt es Standards, die die Kontrolle des wirklich eingesparten CO_2 sicherstellen (CDM-Standard) und darüber hinaus prüfen, dass keine anderen Umweltaspekte vernachlässigt werden (Goldstandard). Die Infos dazu findest du auf den Webseiten der Anbieter.

Wie kann man beim Reisen zum Klimaschutz beitragen?

1. Vermeiden

So oft wie möglich CO_2-Emissionen vermeiden, indem man zum Beispiel nicht fliegt.

2. Reduzieren

Wenn sich die CO_2-Emissionen nicht vermeiden lassen, sollte man sie reduzieren, indem man zum Beispiel weniger fliegt oder die Bahn als Verkehrsmittel wählt

3. Kompensieren

Lassen sich die CO_2-Emissionen nicht vermeiden, kann man sie kompensieren, indem man zum Beispiel Geld für Klimaschutzprojekte auf den oben genannten Websites bezahlt.

Elias & Matthias Bohun

Inhaber von Traivelling

Dass es Alternativen zum Flugzeug gibt und manchmal der Weg auch schon das Ziel sein kann, wissen Matthias und Elias Bohun von Traivelling besonders gut. Sie sind nämlich das allererste konsequent klimafreundliche Bahnreisebüro. Sie planen und buchen Ticketpakete für Reisen in Europa und in entfernteste Erdwinkel.

Ihr seid das konsequent klimafreundliche Reisebüro. Erklärt doch bitte kurz, warum.

Weil wir nur Reisen mit Bahn, Bus oder Fähre vermitteln, aber keine Flüge oder Kreuzfahrten, die ja bekanntlich mehr Schadstoffe produzieren. Ein weiterer positiver Nebeneffekt: Wenn Reisende nicht über die Grenzen und Menschen hinwegfliegen, sondern Zug fahren, zum Beispiel durch viele Länder bis nach Bangkok, dann bleibt auch die Wertschöpfung im wahrsten Sinne des Wortes am Boden, nämlich bei den einfachen Menschen, die auf der Reiseroute leben. Das fördert die Erhaltung und Verbesserung der lokalen Bahn- und anderer klimafreundlicher Infrastruktur, was nicht nur den Menschen vor Ort, sondern auch dem Klima hilft. Deshalb lieber Bahnfahren als Fliegen.

Wie funktioniert das genau?

Auf deine Anfrage und deinen Reisewunsch hin erstellen wir dir ein Angebot. Wenn du einverstanden bist, buchst du. Sobald du das Geld überwiesen hast, beginnen wir mit dem Buchen der Einzeltickets. Wir kümmern uns um alle Tickets, die du brauchst, um die Gesamtstrecke quer durch Europa oder bis nach Asien zusammenzustellen. Du bekommst die gesammelten Tickets (in Form von E-Tickets oder Abholcodes) per Mail oder Post. Manchmal werden einzelne Tickets für dich vor Ort, zum Beispiel in Kasachstan, hinterlegt oder persönlich übergeben. So kommst du ohne Probleme sogar bis Tokio, Hanoi oder Bangkok.

Was ist die beliebteste Strecke bisher?

In Europa Lissabon und außerhalb Europas die »großen Drei«: Hanoi, Bangkok und Tokio.

Was ist die längste Strecke, die ihr im Angebot habt?

Die längste Strecke ist bis Singapur und von dort mit der Fähre weiter zu den indonesischen Inseln wie beispielsweise Bali.

Deshalb ist es unsachlich, Bahnpreise und Flugpreise einfach so zu vergleichen. Außerdem ist das Reisen mit dem Flugzeug umständlich: Man muss zum Flughafen, durch Sicherheitskontrollen, hat Wartezeiten, Flugverspätungen, Stress usw. Beim Bahnfahren startest du im Stadtzentrum und kommst im Zentrum an. Da ersparst du dir vieles.

Trotzdem ist Bahnfahren bei Traivelling sehr günstig, denn wir geben gute Einkaufspreise transparent weiter und schlagen nur eine dem Arbeitsaufwand entsprechend geringe Vermittlungsgebühr drauf. Bei einer Asienreise mit vielen Übernachtungen im Schlafwagen und Aufenthalten in den Städten und der kasachischen Wüste erspart man sich viele Hotelnächte!

Welche Reise plant ihr selbst als Nächstes?

Wir wollen gemeinsam nach Hanoi und Bangkok. Das ist eine sehr abwechslungsreiche Weltreise mit viel Kontakt zu Menschen vor Ort. In Vietnam und Thailand ist man normalerweise in den typischen Touristenhostels: lauter Touristen aus dem Westen, die allerdings eingeflogen sind und deshalb gar nicht wirklich viel erlebt haben werden – wenig Authentisches jedenfalls, wenn sie dann wieder nach Hause fliegen. Deswegen wollen wir die entschleunigte Art, Asien zu entdecken, wählen, also quasi ein Betriebsausflug.

Was möchtet ihr allen, die nachhaltig reisen möchten, noch sagen?

Wir haben ein großes Team an Unterstützern, suchen gerade einen CTO, der sich um die technischen Angelegenheiten kümmert, und vergeben Volontariate. Wir freuen uns über Kontaktaufnahme mit uns, Unterstützungsangebote und positives Feedback. Liebe Leute, folgt doch den Storys unserer Traiveller auf Instagram. Gemeinsam können wir langfristig die Anliegen aller Bahnfahrer besser wahrnehmbar machen.

Wem würdet ihr diese Art zu reisen empfehlen?

Sie ist eigentlich für alle Menschen empfehlenswert. Besonders viele Anfragen kommen von Paaren und Einzelpersonen jeden Alters, aber es sind auch viele Familien mit Kindern dabei. Und natürlich Rentner und Rentnerinnen, die viel Zeit haben und neue Abenteuer suchen.

Wie sieht es preislich aus?

Uns muss bewusst sein, dass die nächsten Generationen rückblickend kein Verständnis dafür haben werden, dass unsere Entscheidungsträger es heutzutage zulassen, dass es so etwas wie Billigfluglinien und Billigflüge gibt. Wenn ich für 50 Euro nach Barcelona fliege, weiß ich gefühlsmäßig doch, dass das ein Betrug ist und ich andere Menschen und das Klima für meine Eskapade zahlen lasse.

Schon mal fair-reist?

Noch nie sind so viele Menschen verreist wie im letzten Jahrzehnt. Fernreisen sind so günstig wie noch nie, und der Tourismus ist einer der weltweit größten Wirtschaftszweige. Neben der Anreise an den Urlaubsort, die meistens den Ausstoß klimaschädlicher Gase verursacht, sind aber auch der Wasserverbrauch, der Flächenverbrauch (für den Bau von Hotels), der Verlust von Biodiversität und der entstandene Müll vor Ort große Nachteile des Reisens. Touristen verbrauchen und verursachen von all dem durchschnittlich mehr als die Einheimischen. Die Einheimischen sind es aber, die mit den Folgen langfristig konfrontiert sind, denn sie leben das ganze Jahr über dort und nicht nur für zwei Wochen. Wie kann man sich unterwegs möglichst nachhaltig verhalten?

Wasser und Strom

Besonders in ärmeren Ländern gibt es einfach nicht die Infrastruktur, die wir aus Deutschland kennen. Damit Touristen aber kommen und sich wohlfühlen, werden Hotels nach westlichem Standard gebaut, in denen dann auch Wasser und Strom nach westlichem Standard verbraucht werden. Es gibt Touristenorte, wo in den Hotels alles super wirkt, aber die Einheimischen unter Wassermangel leiden und keinen Strom in ihren Häusern zur Verfügung haben. Deswegen sollte man am Urlaubsort
- achtsam mit Ressourcen umgehen
- sich über die Wasserverhältnisse vor Ort informieren
- duschen statt baden

BAMBU

- Klimaanlage oder Heizung nur anmachen, wenn es wirklich nötig ist
- Beleuchtung und Klimaanlage ausschalten, wenn man das Zimmer verlässt

Müll und Müllvermeidung

Wenn man unterwegs ist, ist man angewiesen auf das, was man in den Geschäften oder Restaurants bekommt. Gerade bei Wasserflaschen und beim Essen ist Plastik leider immer noch allgegenwärtig. Aber es geht auch anders. Ich habe immer, wenn ich unterwegs oder auf Reisen bin, ein paar Dinge dabei, mit denen ich viel Müll vermeiden kann:

- ein Besteckset in einem Täschchen oder den »Spork« (Gabel und Löffel in einem), um Einmalbesteck zu vermeiden
- eine Trinkflasche, um Plastikflaschen und Glasflaschen zu vermeiden. Wo möglich, trinke ich nur Leitungswasser.
- eine Edelstahldose für To-go-Mahlzeiten
- ein oder mehrere Minihandtücher, um in öffentlichen Toiletten die Hände abtrocknen zu können, oder auch mal als Serviettenersatz. Diese Idee, die Tonnen an Papier, Einmalhandtüchern und Servietten spart, kommt übrigens aus Japan und ist dort ganz normal für alle Menschen.

- einen Stoffbeutel oder ein Einkaufsnetz, um Tüten zu vermeiden.
- auf Strohhalme verzichte ich einfach, aber wer das nicht möchte, kann Strohhalme aus Glas oder Edelstahl in sein Bestecktäschchen legen
- Müll immer entsorgen und nicht in die Natur oder auf die Straße werfen

Unterkunft

Airbnb, Hotel, Luxushotel, Hostel oder Pension – was ist eine nachhaltige Unterkunft? Dass Airbnb eine Alternative zu Hotelketten ist, hat sich inzwischen herumgesprochen. Leider gibt es auch in einigen Großstädten viele Wohnungen, die nur für Airbnb genutzt werden, obwohl sie dringend als Wohnraum benötigt werden. Manche Städte haben bereits Verbote erlassen oder arbeiten mit Airbnb zusammen, damit nicht mehr komplette Wohnungen an Touristen vermietet werden dürfen, sondern nur Teile einer bewohnten Wohnung. In Deutschland kann man die Situation vielleicht noch einschätzen, aber wie gehe ich bei einer Auslandsreise vor oder einer Fernreise? Welche Unterkunft wählt man unter Nachhaltigkeitsgesichtspunkten am besten?

- Wenn du dich für Airbnb entscheidest, achte in Städten darauf, dass du keine reine Airbnb-Wohnung mietest, sondern eine bewohnte Wohnung. Das hat auch den Vorteil, dass man Kontakt zu den Bewohnern hat und keine anonyme Unterkunft bucht.
- Große Hotelketten funktionieren wie Konzerne und sind meist profitorientiert.
- Kleine und mittelständische Hotels gehören oft den Betreibern und kommen somit der Region zugute.

- Es gibt Unterkünfte, die mit Nachhaltigkeitssiegeln ausgezeichnet sind, zum Beispiel dem TourCert-Siegel. Diese sind auf jeden Fall hinsichtlich der Klimafreundlichkeit zu empfehlen.
- Es ist durchaus sinnvoll, Bewertungen im Internet zur Unterkunft zu lesen. Manchmal liest man zwischen den Zeilen auch heraus, wie das Personal dort behandelt wird oder ob es faire Löhne oder Kinderarbeit gibt.
- Viele Hotelangestellte sind auf Trinkgelder angewiesen. Man muss jedoch nicht dauernd etwas geben, sondern kann bei der Abreise einen Betrag im Zimmer liegen lassen oder an der Rezeption ein Trinkgeld hinterlassen.
- Wer Kinderarbeit, mangelhaften Umgang mit Müll oder Wasser oder Ähnliches beobachtet, sollte das auch beim Hotelbesitzer oder Reiseveranstalter ansprechen. Der Ton macht die Musik.

Souvenirs

Ich durfte dieses Jahr einige Wochen durch Peru reisen. Alpakas und Lamas sind in den Souvenirläden omnipräsent: von Kuscheltieren, über Kühlschrankmagnete bis hin zu Decken, Socken, Pullovern und Strickjacken. Weil das Geschäft anscheinend gut läuft, gibt es wirklich sehr viele Souvenirläden in Peru. Stutzig wurde ich nur, als uns unser Guide nebenbei erklärte, dass das nicht alles peruanisches Handwerk sei, sondern auch einige Souvenirs aus Fernost kommen. Ab diesem Moment habe ich besser auf die Qualität und die Herkunft geachtet und versucht, fair gehandelte und regionale Produkte zu kaufen. Mit diesem Beispiel möchte ich verdeutlichen, dass Souvenir nicht gleich Souvenir ist. Worauf sollten wir beim Kauf von Souvenirs achten?

- Mit dem Kauf von lokal produzierten Souvenirs stärkt man die regionale Wirtschaft des Reiselandes und unterstützt das Handwerk.
- Antiquitäten sollte man lieber im Land lassen, denn man weiß nie, woher sie wirklich stammen.
- Alle Souvenirs aus Pflanzen oder Tieren sollte man lieber nicht kaufen. Es könnte sich um gefährdete Arten handeln. Aber woher weiß man, was gefährdet ist? Ich werde immer skeptisch, wenn etwas ehemals Lebendiges in Massen als Souvenir verkauft wird. Spätestens dann ist diese Art doch gefährdet, möchte man denken. Wenn ich es nicht genau weiß, kaufe ich solche Souvenirs lieber nicht.

Trinkgeld, fliegende Händler, Bettler und Kinder

Ein sehr schwieriges Thema, weil Theorie und Praxis oft nicht zusammenpassen. Das Trinkgeldgeben ist im Urlaub noch ein relativ einfaches Thema. Gerade in Hotels und Restaurants sind die Beschäftigten meist auf Trinkgeld angewiesen. Am besten, man informiert sich vorab darüber, wie viel Trinkgeld üblich ist. Fliegende Händler versuchen in der Regel, den Unterhalt für ihre Familie zu verdienen. Man darf nicht vergessen, dass der Tourismus eine große Chance ist, am »Arbeitsleben« teilzuhaben. Das gilt insbesondere für Menschen, die keine Schule besuchen durften und sonst keine Chance haben, Geld zu verdienen. Beim Handeln haben viele keine großen Gewinnspannen, und was für uns nur ein paar Cent sind, kann für jemand anderen entscheiden, ob er seine Familie ernähren kann oder nicht. Am besten also nicht bis zum bitteren Ende handeln, sondern auch mal ein Auge zudrücken.

Das kann auch für das Taxifahren gelten. Als ich in Nepal mit dem Taxi unterwegs sein musste, habe ich mich vorher informiert, wie viel die Fahrt auf den Strecke ungefähr kosten sollte. Fast jeder Taxifahrer wollte von mir das Doppelte. Natürlich ist es ärgerlich, wenn man das Gefühl hat, als Tourist abgezockt zu werden. Andererseits waren es für mich nur ein bis zwei Euro mehr, denn die Taxifahrt war insgesamt sehr günstig. Mit den meisten Taxifahrern habe ich mich auf einen Betrag in der Mitte geeinigt, und ich habe das einfach akzeptiert, ohne mich zu ärgern oder weiter zu handeln. Touristen werden in ärmeren Ländern als wohlhabend wahrgenommen. Und auch, wenn ich das in Deutschland nicht wirklich bin, bin ich es in diesem Land in diesem Moment schon.

Nicht jedes Land schafft es, Menschen mit Behinderung zu integrieren oder sie in einem sozialen Netz aufzufangen. Menschen mit Behinderung werden daher in vielen Ländern gesellschaftlich ausgeschlossen, auch vom Arbeitsleben. Das hat zur Folge, dass diese Menschen betteln gehen müssen, wenn sie nicht von ihrer Familie unterstützt werden. Vor allem Leprakranke werden in vielen Ländern, selbst wenn sie geheilt sind, aus der Gesellschaft ausgestoßen, sind aber gleichzeitig körperlich nicht in der Lage zu arbeiten. Mit einer Spende kann man diese Menschen unterstützen und tut in diesem Fall wirklich was Gutes. Nicht unterstützen sollte man jedoch bettelnde Kinder. Denn je mehr Erfolg sie mit dem Betteln haben, desto höher ist die Wahrscheinlichkeit, dass sie auch weiterhin betteln gehen müssen, anstatt beispielsweise eine Schule zu besuchen. Wer trotzdem helfen möchte, kann an anerkannte Kinderschutz- und Hilfsprojekte spenden.

Mehr Tipps für nachhaltiges Reisen

- Wer in andere Länder reist, sollte sich vorbereiten und sich über das Land informieren. Wer die Geschichte des Gastlandes zumindest ein wenig kennt, versteht vieles besser. Auch ein paar Worte in der Landessprache zu kennen schadet nicht.
- Essen und Getränke aus der Region sind nachhaltiger als Softdrinks und Fastfood, die weit gereist sind. Regionales Essen passt auch oft gut zu den klimatischen Gegebenheiten, und man tut seinem Körper damit etwas Gutes. Wer Angst vor Bakterien und Durchfallerkrankungen hat, sollte sich bei den Lebensmitteln an folgende Regel halten: Cook it, peel it or leave it.

> Mit der App HappyCow findest du unterwegs vegane oder vegetarische Restaurants.

- Freizeitaktivitäten, die im wahrsten Sinne des Wortes auf dem Rücken der Tiere ausgetragen werden, wie zum Beispiel Kamel- oder Elefantenreiten, sollte man unbedingt vermeiden. Generell sollte man immer skeptisch sein, wenn Tiere in eine Aktivität involviert sind, und darauf achten, ob es den Tieren gut geht.
- (Motorisierte) Freizeitaktivitäten in der Natur wie Jetski oder Offroadfahren sollten nicht auf Kosten der Natur gehen. Für alle Naturaktivitäten gilt: auf den Wegen bleiben und die Natur respektieren.
- In anderen Ländern die öffentlichen Verkehrsmittel zu nutzen ist nicht nur nachhaltig, sondern ein kleines Abenteuer, das einem Land und Leute näherbringt.

- Wer es sich zeitlich leisten kann, sollte in der Nebensaison reisen. So sind die Urlaubsorte in der Hauptsaison nicht überstrapaziert, und die Einheimischen haben ein stabiles Einkommen und nicht nur in der Hochsaison einen Verdienst.

Die Prognosen gehen davon aus, dass die Tourismuszahlen weiter ansteigen werden. 2017 unternahmen allein wir Deutschen mehr als 70 Millionen Urlaubsreisen, die länger als fünf Tage waren. Davon gingen 50 Millionen Reisen ins Ausland. Rund fünf Prozent aller klimaschädlichen Emissionen weltweit entstehen durch den Tourismus, das ist mehr als eine Milliarde Tonnen CO_2-Emissionen (Umweltbundesamt). Momentan entstehen circa 40 Prozent davon durch das Fliegen, 32 Prozent durch den Autoverkehr und 21 Prozent durch die Unterkünfte.

Wir haben in der Art, wie wir reisen, zahlreiche Möglichkeiten, unseren Urlaub sozialverträglicher und umweltfreundlicher zu gestalten. Laut einem Test von Booking.com werden jedoch Hotels, die als umweltfreundlich gekennzeichnet sind, weniger gebucht als die ohne Kennzeichnung. Warum ist das so? Vielleicht haben wir immer noch in unseren Köpfen, dass Produkte und Dienstleistungen, die mit dem Adjektiv »nachhaltig« verbunden sind, einen Nachteil mit sich bringen? Dabei hat sich das nachhaltige Angebot vergrößert, und die Vielfalt der verschiedenen Angebote ist breiter geworden. Es ist für jeden etwas dabei, von der Singlereise über Paarurlaub und Familienhotel bis hin zum Hostel. Nachhaltiger Tourismus möchte ökonomische, ökologische und soziokulturelle Aspekte miteinander verbinden. Und wenn das gelingt, haben auch die Menschen und die Natur im Reiseland etwas davon.

Frank Herrmann

Sachbuchautor, Experte
für Fairen Handel und
nachhaltiges Reisen

**Frank Herrmann hat mehr als 20 Jahre in
Mittel- und Südamerika gelebt, wo er unter
anderem als Entwicklungsexperte und
Reiseleiter tätig war. In dieser Zeit entstan-
den die Stefan Loose Travel Handbücher
»Peru Westbolivien« und »Guatemala«.
Nach vielen Jahren des Reisens und des
Zusammenlebens mit indigenen Klein-
bauern schrieb er den Einkaufsratgeber
»Fair einkaufen – aber wie?« und später
»FAIRreisen: Das Handbuch für alle, die
umweltbewusst unterwegs sein wollen«.
Er ist begeisterter Radfahrer und Erfinder
der »Fairen Biketour«, einer Kombination
aus Fahrradtour und Vorträgen zu nachhal-
tigen Themen.**

Was bedeutet nachhaltiges Reisen für dich in einem Satz?

Nachhaltiges Reisen bedeutet, nur einen
minimalen ökologischen Fußabdruck zu hinterlassen, die Bereisten vor Ort als gleichwertige
Partner zu betrachten und sich allgemein so
zu verhalten, dass auch zukünftige Generationen die Erde so erleben können, wie wir sie
erleben durften.

Wie wichtig ist der Klimaschutz beim nachhaltigen Reisen?

Das Thema Reisen und seine Auswirkungen
auf das globale Klima rücken zwar immer stärker in den Fokus. Das ist gut und wichtig. Aber
wer nachhaltig unterwegs sein möchte, sollte
darüber hinaus nicht vergessen, dass der Tou-

rismus auch noch andere Folgen hat. Hierzu
zählen die Verletzung von Menschenrechten,
zum Beispiel wenn einheimische Fischer für
den Bau von Hotelanlagen von ihrem Land
vertrieben werden, die Ausbeutung von Tieren,
aber auch Kinderarbeit und Niedriglöhne. Für
einen umfassenden nachhaltigen Tourismus
reicht es also nicht aus, wenn wir klimaneutral
fliegen, aber die anderen Folgen vor Ort aus-
blenden.

Worauf kann ich achten, wenn ich nachhaltiger verreisen möchte? Hast du Tipps oder Empfehlungen?

Vor der Reise sollte man sich ausführlich über
das Gastland informieren. Hilfreich hierfür
sind die günstigen »Sympathiemagazine« des
Studienkreises für Tourismus und Entwicklung
(www.sympathiemagazin.de). Bei politisch
umstrittenen Reisezielen (Türkei, Myanmar,
China, Kuba etc.) sollte man die Länderberich-
te von Amnesty International zurate ziehen.
Auf Schnäppchenangebote und All-inclusive-
Angebote verzichten. Hintergrundinfos kann
man bei fairunterwegs.org und tourism-watch.
de einholen.

Idealerweise plant man die An- und Abreise auf dem Landweg mit Bahn und Reisebus, zum Beispiel über de.omio.com. Auf Kreuzfahrten sollte man verzichten und selten fliegen. Falls doch mal geflogen wird, am besten vor der Buchung in den Atmosfair Airline Index schauen (www.atmosfair.de) und sich für die sauberste Airline entscheiden.

Wer organisiert reisen möchte, sollte einen nachhaltigen Veranstalter des forum anders reisen (www.forumandersreisen.de) wählen. Alle Mitglieder des Verbands müssen nachhaltige Kriterien erfüllen und das TourCert-Siegel vorweisen. Dieses Siegel prüft die Nachhaltigkeit entlang der gesamten Wertschöpfungskette. Einige Veranstalter des Forums integrieren die CO_2-Kompensation bereits in den Reisepreis. Das gilt auch, wenn man seine Reise über GutBuerger.Reisen (https://gutbuerger.reisen) bucht. Nachhaltige Unterkünfte finden sich unter anderem bei biohotels.info, klima-hotels.com, naturfreunde-haeuser.net und goodtravel.de, Öko-Campingplätze bei ecocamping.net und nachhaltige Jugendherbergen unter jugendherberge.de.

Während der Reise und am Urlaubsort sollte man sich ähnlich umweltbewusst verhalten wie zu Hause, also Stofftüten für den Einkauf und die Wasserflasche zum Auffüllen mitbringen, sparsam mit Wasser und Strom umgehen, lokale Anbieter, öffentliche Verkehrsmittel, Taxis und Restaurants bevorzugen, Kunsthandwerk direkt beim Produzenten kaufen und an ein Trinkgeld, zum Beispiel auch fürs Zimmermädchen, denken.

Nach der Rückkehr kann man Kommentare zum nachhaltigen Urlaub posten und Familie, Bekannten oder Arbeitskollegen entsprechende Tipps geben. Feedback an den Veranstalter nicht vergessen! Die gesamten CO_2-Emissionen der Reise über gemeinnützige Organisationen wie Atmosfair, Klima-Kollekte oder myclimate kompensieren. Die Spende kann man steuerlich absetzen.

Was würdest du für die viel besuchten Touristenmagnete wie beispielsweise Machu Picchu in Peru oder Angkor Wat in Kambodscha empfehlen: Wie löst man als Tourist das Dilemma, dass man diese Stätten besuchen möchte, aber durch einen Besuch vielleicht auch Teil des zerstörerischen Massentourismus wird?

Es ist kein Dilemma, sondern ein Kernproblem des Massentourismus. Besuche ich überlaufene Ziele, habe ich meinen Anteil an der Zerstörung, Punkt! Wer bewusst reist, lässt den Besuch dieser Ziele außen vor und sucht stattdessen Alternativen. Wer unbedingt zu touristischen Hotspots möchte, könnte zumindest eine Ausgleichzahlung an lokale NGOs leisten, die sich um die Milderung der Schäden vor Ort bemühen. Zudem sollte man die Hauptreisezeiten vermeiden.

Hat der Tourismus aus deiner Sicht auch positive Auswirkungen?

Ja, natürlich. Der Tourismus ist weltweit ein wichtiger Wirtschaftsfaktor – besonders in ärmeren Ländern. Er hat dort vielen Menschen einen Weg aus der Armut gezeigt, ihnen ermöglicht, einen Beruf zu ergreifen, sich weiterzubilden. Er stimuliert lokale Investitionen, und er verbindet Kulturen. Außerdem hat er vielerorts Naturreservate geschützt, die ohne Touristen den Kettensägen oder Baggern zum Opfer gefallen wären. Nicht zuletzt trägt der Tourismus zur Gleichberechtigung bei: In Dienstleistungsbranchen wie Hotels oder Gastronomie haben Frauen in vielen Ländern erstmals einen bezahlten Job gefunden.

> Mehr zu Franks lesenswerten Büchern und zur »Fairen Biketour« findest du unter: www.faireinkaufenaberwie.blogspot.de

200 Tipps für einen nachhaltigen Lebensstil

Nachhaltiger zu leben ist ein Prozess. Manche Dinge fallen uns leichter, andere schwerer. Wo du anfängst, musst du für dich selbst entscheiden. Am besten fängst du da an, wo es dir persönlich nicht so wehtut, und tastest dich dann langsam vor. Das Schöne daran ist, dass man selten wieder zurückwill. Was sich etabliert hat, bleibt, weil es aus Überzeugung geschieht. Hier die 200 einfachsten Tipps zur Inspiration und um schnell ins Handeln zu kommen. Genauere Infos findest du jeweils in den einzelnen Kapiteln.

1. regional kaufen
2. saisonal kaufen, den Saisonkalender zurate ziehen
3. regionale Tomate schlägt importierte Bio-Tomate
4. Einkaufszettel schreiben und wirklich nur kaufen, was man braucht
5. beim Bäcker auf die Brottüte verzichten

regionales Obst und Gemüse kaufen

6. die Einkaufstasche immer dabeihaben
7. Gemüse und Obst lose kaufen, auf Plastik- und Papiertüten verzichten, lieber selbst Beutel mitbringen
8. wenn möglich auf Kassenbons verzichten
9. Setze ein Zeichen gegen überflüssigen Müll und lass Verpackungen im Supermarkt
10. Mehrweg statt Einweg

11. einen Unverpackt-Laden ausprobieren
12. Eierkarton wiederverwenden oder Eier lose kaufen
13. Honig nur im Glas kaufen
14. auch krummes Gemüse kaufen
15. in Alu verpackte Süßigkeiten vermeiden
16. einzeln abgepackte Süßigkeiten oder Bonbons vermeiden
17. lieber größere Verpackungen als viele kleine
18. regionale Produkte statt exotische Superfoods
19. wenn du mit dem Auto zum Einkaufen fahren musst: lieber einmal wöchentlich einkaufen als viele kleine Einkäufe
20. samenfeste Obst- und Gemüsesorten kaufen, auch bekannt unter »alte Sorten«

Gemüse, Kräuter oder Obst selbst anbauen

21. vegane Gummibärchen kaufen, schmecken lecker!
22. Schokolade aus fairem Handel, in Bio-Qualität und ohne Palmöl kaufen
23. palmölfreie Produkte kaufen oder zumindest Produkte mit Bio-Palmöl
24. öfter vegetarisch oder vegan essen
25. weniger Milch trinken, zum Beispiel Cappuccino statt Latte macchiato
26. lieber regionale Hafermilch als Mandelmilch
27. weniger Butter, Käse, Fleisch und Fisch konsumieren
28. wenn Fleisch, dann in Bio-Qualität und hochwertig; weniger, aber besser!
29. Gemüse, Kräuter oder Obst auch selbst anbauen
30. Bienenwachsfolie statt Frischhaltefolie oder Alufolie
31. immer mit Deckel auf dem Topf kochen

32. Wasser im Wasserkocher erhitzen statt auf dem Herd
33. Lebensmittel wie Ketchup oder Marmelade selbst herstellen
34. öfter frisch kochen
35. Mehrwegkapseln statt Einwegkapseln in der Kaffeemaschine
36. Kaffeesatz als Dünger oder Peeling verwenden

Papier- und Plastiktüten mehrmals verwenden

37. Lebensmittel mit überschrittenem Mindesthaltbarkeitsdatum nicht gleich wegwerfen, sondern probieren, ob sie noch gut sind
38. Lebensmittelverschwendung vermeiden
39. den Kühlschrank verstehen: nicht zu kühl einstellen und richtig einräumen
40. Kühlschranktür seltener öffnen und schneller schließen
41. regelmäßig Kühlschrank und Tiefkühlfach abtauen
42. keine Bio-Müllsäcke für Biomüll verwenden
43. Müll richtig trennen
44. Papier- und Plastiktüten so oft wie möglich verwenden
45. gelesene Zeitschriften weitergeben, zum Beispiel an Altenheime, Kindergärten (zum Basteln) oder in Tauschboxen
46. wenn Plastiktüten als Mülleimertüte verwendet werden, diese dann trotzdem in der gelben Tonne entsorgen
47. nicht rauchen; und wenn, dann zumindest Zigarettenkippen im Restmüll entsorgen und nicht auf den Boden werfen
48. lieber in Gläsern einfrieren statt in Gefrierbeuteln

49. auf Lieferservice verzichten
50. weniger Geräte kaufen, selten genutzte lieber beim Nachbarn leihen
51. Putzmittel selbst herstellen
52. Putzschwämme durch Holzbürsten und Kürbisschwämme ersetzen
53. recycelte Spüllappen nutzen
54. Ökostrom beziehen
55. Licht ausmachen, wenn man den Raum länger als drei Minuten verlässt
56. auf LED-Leuchtmittel umstellen
57. jedes Grad weniger beim Heizen spart Energie
58. lieber öfter stoßlüften, als das Fenster lange gekippt halten
59. energiesparende Geräte kaufen
60. Standby-Modus bei Geräten so oft wie möglich ausschalten
61. auf Klimaanlagen verzichten
62. Wassersparbrause in der Dusche
63. duschen statt baden
64. kürzer und weniger heiß duschen
65. Bambuszahnbürste statt Plastikzahnbürste

LED-Leuchtmittel verwenden

66. Naturkosmetik ausprobieren
67. Deocreme statt Deoroller spart Verpackungsmüll
68. Rasierhobel statt Einwegrasierer
69. Menstruationstasse statt Tampons und Binden
70. Biotampons statt konventionelle Tampons
71. Stoffbinden statt konventionelle Binden
72. Recyclingklopapier verwenden
73. die Stopptaste bei der Wasserspülung betätigen
74. Waschlappen statt Feuchttücher

75. Haare an der Luft trocknen lassen statt
    föhnen
76. Haarbürsten, Make-up-Pinsel und Co.
    aus Holz statt aus Plastik
77. »Keine Werbung«-Schild auf den
    Briefkasten kleben
78. Geschirrspülmaschine und
    Waschmaschine immer voll machen
79. weniger Waschmittel benutzen
80. Wäsche weniger heiß waschen
81. auf Weichspüler verzichten
82. Wäsche an der Luft trocknen statt im
    Wäschetrockner
83. weniger Seife benutzen
84. Hände mit kaltem Wasser waschen oder
    nicht so häufig mit warmem Wasser
85. reparieren statt neu kaufen
86. Stofftaschentücher statt Papiertaschen-
    tücher, sofern man nicht krank ist
87. Silvester ohne Böller
88. Alternativen zum Weihnachtsbaum
    bevorzugen oder den Baum zumindest
    aus regionalem Anbau kaufen
89. an Feiertagen weniger schenken und die
    Familie für die Idee begeistern
90. Zeit und gemeinsame Unternehmungen
    schenken

Wäsche weniger
heiß waschen

91. Zeitungspapier und Stoffreste statt
    Geschenkpapier nutzen
92. Nachhaltigkeit bedeutet nicht unbedingt
    Verzicht: statt normalem Glitzer einfach
    Ökoglitzer verwenden
93. keine oder nachhaltige Luftballons
    kaufen
94. keine To-go-Speisen und -Getränke ohne
    Mehrwegbehälter

95. selbst gemachte Stulle für unterwegs
    statt fertiges Brötchen kaufen
96. Fastfood vermeiden
97. Döner oder Falafelsandwich ohne
    Alufolie bestellen
98. beim Asiaten auf Einwegstäbchen
    verzichten und eigene mitbringen
99. Reisebesteck immer dabeihaben
100. Trinkflasche zum Auffüllen dabeihaben
101. keine Einwegstrohhalme
102. Bahn statt Flug, für weite Strecken den
     Nachtzug nehmen

Eis in der
Waffel essen

103. Bahntickets nicht ausdrucken, sondern
     mobil dabeihaben
104. (Lasten-)Fahrrad statt Auto, zum Beispiel
     beim Wocheneinkauf
105. Nein sagen zu Flyern und Werbematerial
106. Flüge kompensieren
107. keine Flüge innerhalb Deutschlands
108. keine Einwegservietten oder
     Trockentücher benutzen, zum Beispiel
     im Restaurant
109. immer ein kleines (Hand-)Tuch für
     unterwegs dabeihaben
110. in der Bahn den Kaffee im Bordbistro
     trinken statt to go
111. Urlaub in Deutschland oder Europa
     machen
112. wenn möglich, Fahrgemeinschaften
     bilden
113. auf Skifahren und Snowboarden
     verzichten
114. langsameres Autofahren spart Sprit und
     Feinstaub
115. inhabergeführte Hotels bevorzugen
116. Handtücher im Hotel nicht jeden Tag
     waschen lassen

117. ein Bio-Hotel ausprobieren
118. Eis in der Waffel und nicht im Becher essen
119. Klamotten tauschen
120. Secondhand als Option nutzen, sowohl für Einkauf als auch für Verkauf
121. Wer weniger kauft, produziert später weniger Müll (gilt nicht nur für Mode)
122. Capsule Wardrobe aufbauen
123. Nachhaltige Socken und Unterwäsche fühlen sich super an und sind perfekt, um mit Eco Fair Fashion zu starten
124. aussortierte Textilien, die sich nicht tauschen oder verschenken lassen, als Putzlappen nutzen
125. Bio-Baumwolle statt Polyester
126. kein Fleece kaufen
127. bei jedem Kaufimpuls fragen: Brauche ich das? Woher kommt es? Wie wird es produziert? Was verursache ich mit meinem Kauf?
128. auf Kleidung, die bügelfrei und schnell trocknend ist, verzichten
129. bei Outdoorkleidung besonders auf Nachhaltigkeit achten
130. weniger Retouren im Onlinehandel
131. Kartons aus Onlinebestellungen noch mal verwenden

nachhaltige Socken und Unterwäsche

132. Kleidung zwei Jahre statt nur ein Jahr zu tragen reduziert den CO_2-Abdruck um 24 Prozent
133. auf Siegel achten
134. Kollegen und Arbeitgeber zu mehr Nachhaltigkeit im Büro inspirieren
135. schwarz-weiß drucken, farbig nur, wenn nötig
136. doppelseitig drucken
137. Recyclingpapier verwenden in der Schule, an der Uni, im Büro
138. keine Notiz- oder Klebezettel kaufen, lieber Rückseiten von Ausdrucken verwenden
139. nachhaltige Büromaterialien verwenden, keine Klarsichthüllen, keine Billigkugelschreiber
140. Konverter statt Patronen für den Füller benutzen

lieber WLAN als mobile Daten

141. nur die nötigsten Apps nutzen
142. downloaden statt streamen
143. Handy- und Computerzeit reduzieren
144. Stecker des Ladekabels aus der Steckdose ziehen, wenn es nicht genutzt wird
145. tragbare Telefone zu Hause vermeiden, lieber ein altes Kabeltelefon verwenden
146. Masterslave-Steckdosen nutzen
147. nicht notwendige Beleuchtung im Büro immer ausschalten oder Bewegungsmelder oder Zeitschaltuhren installieren
148. nicht genutzte Bildschirme ausschalten, wenn sie nicht genutzt werden
149. unnötige E-Mails vermeiden
150. lieber Festplatte als Cloud
151. nachhaltiges E-Mail-Konto einrichten
152. Akkus statt Batterien nutzen
153. Ecosia statt Google als Suchmaschine verwenden
154. Tickets für Kino, Theater und Konzerte mobil mitnehmen, nicht ausdrucken
155. Handys gut pflegen, Schutzhülle verwenden und richtig laden, um die Lebensdauer zu verlängern
156. alte Handys richtig entsorgen, verschenken oder verkaufen
157. Energiesparmodus beim Handy anschalten

158. lieber WLAN als mobile Daten
159. beim Computer lieber mit Kabel ins Internet als mit WLAN
160. Handys und Computer so lange wie möglich nutzen
161. einen refurbished Computer statt einen neuen Computer kaufen
162. Laptops sind umweltfreundlicher als PCs
163. im Büro im Winter so heizen, dass man im Pullover nicht schwitzt
164. kleinere Bildschirme verbrauchen weniger Strom als große
165. weniger fernsehen
166. weniger Social Media nutzen
167. weniger streamen, vor allem Videostreaming reduzieren
168. Musik nicht per YouTube hören, denn Video verbraucht mehr Energie
169. nachhaltiges Girokonto
170. nachhaltige Geldanlage
171. nachhaltige (Kranken-)Versicherung
172. Vereine, NGOs und andere nachhaltige Organisationen durch Spenden unterstützen
173. einen oder mehrere Bäume pflanzen
174. heimische Pflanzen bevorzugen, auch in

Mach Nachhaltigkeit zum Thema

der Wohnung
175. Plastiktöpfe von gekauften Pflanzen weiterverwenden
176. torffreie Erde benutzen
177. im Garten eine Wiese wachsen lassen
178. Obst- und Gemüsesorten von früher wieder anpflanzen, da freuen sich Bienen und andere Insekten
179. Bio-Saatgut verwenden
180. regional angebaute Blumensträuße kaufen, beim Blumenhändler nachfragen

181. keine Laubbläser benutzen
182. Regenwasser auffangen
183. kleine Öko-Mehrweg-Grills statt herkömmlicher Einweggrills verwenden
184. Grillkohle ist oft aus Tropenholz, es gibt nachhaltige Alternativen
185. Ökogrillanzünder statt Kerosin
186. Einweggeschirr aus Plastik durch Einweggeschirr aus Palmblatt ersetzen oder Porzellangeschirr verwenden
187. auf Bambus- oder Maisplastikgeschirr verzichten
188. Urlaub daheim machen und sich überraschen lassen, was die Umgebung zu bieten hat
189. Ein Insektenhotel bauen
190. den eigenen CO_2-Abdruck ausrechnen
191. Bereiche identifizieren, in denen es dir leichtfällt, etwas für das Klima zu tun
192. lieber viele kleine Ziele setzen als ein Großes – das motiviert
193. sich in Büchern, auf Blogs oder Websites oder mithilfe von Studien (siehe Serviceteil) über Nachhaltigkeit informieren
194. andere über das, was du gelernt hast, informieren: Mach Nachhaltigkeit zum Thema, in der Familie, bei Freunden, im Büro oder sogar darüber hinaus
195. Anbieter von Produkten wissen lassen, dass du nach nachhaltigen Alternativen suchst; die Nachfrage bestimmt sehr wohl den Markt!
196. wählen gehen: Wenn du nichts veränderst, verändert sich nichts!
197. andere, die sich engagieren, mit Zeit oder Geld unterstützen
198. Dinge, wann immer es möglich ist, gebraucht kaufen
199. eine Tauschbox für Bücher, Klamotten oder Ähnliches im Büro oder der Nachbarschaft aufstellen
200. aussortierte Dinge verkaufen, tauschen oder verschenken, statt sie wegzuwerfen, sodass sie weiter genutzt werden können

Inspiration

Podcasts
- Ankerblatt
- Change & Perspective – Nachhaltig neu gedacht
- Cleanelectric
- Conscious Chatter
- Dariadaria – a mindfull mess
- Don't waste, be happy Podcast
- ECO CHIC
- Fairquatscht – Der Nachhaltigkeits-Podcast
- Fashion Revolution Podcast
- Global Podcast (SWR)
- Green Dreamer
- Greenpeace Podcast – Geht doch!
- Green Vibes Podcast
- Ideen bewegen
- King Kong Klima
- Landwirtschaft und Umwelt (BR)
- LifeVERDE-Podcast
- Morgenmacher
- Planet A – Nur mal kurz die Welt retten
- Sustaynme – Sustainable Stories Podcast
- Talking Tastebuds
- Tonspur N
- SWR Umweltnews Podcast
- Umwelt und Verbraucher (Deutschlandfunk)
- Vom Feld ins Regal – Podcast
- Wardrobe Crisis
- ZWEI vor ZWÖLF

Filme
- Die grüne Lüge
- The True Cost – Der Preis der Mode
- Fair Traders
- Made in Bangladesh
- Unravel
- Sneaker Stories
- Plastic Planet
- A Plastic Ocean
- Tomorrow – Die Welt ist voller Lösungen
- Before the Flood
- Bottled Life
- Cowspiracy
- More than Honey
- Taste the Waste
- 10 Milliarden – Wie werden wir alle satt?
- RiverBlue
- UDITA (Arise)

> Mehr zu Nachhaltigkeit und Film unter:
> filmsfortheearth.org

Mode
- avocadostore.de (Infos + Online-Marktplatz)
- diekonsumentin.com (Blog + Instagram)
- fairknallt.de (Blog + Instagram)
- fairwertung.de
- fashionrevolution.org
- getchanged.de
- glore.de (Onlineshop)
- kirstenbrodde.de (Blog)
- modeprotest.de
- peppermynta.de
- saubere-kleidung.de
- sloris.de (Blog + Instagram)
- sustainablefashionmatterz.com (Blog + Instagram)
- stay-awhile.de (Mode leihen)

Kosmetik
- lisascharff.com
- haut.de
- natrue.org
- weleda.de

Ernährung
- deutsches-obst-und-gemüse.de
- deutschlandistvegan.de
- fischratgeber.wwf.de
- foodsharing.de
- mundraub.org
- regional-saisonal.de
- resterechner.de
- sirplus.de
- solidarische-landwirtschaft.org

- sophiahoffmann.com
- veggie-love.de
- zugutfuerdietonne.de

Wohnen
- allnatura.de
- avocadostore.de
- grueneerde.de
- memo.de
- stromeffizienz.de
- stromverbrauchinfo.de
- wastelandrebel.com (Blog)

Digital, Arbeit, Geld
- facing-finance.org
- fairfashionguide.de
- forum-ng.org
- geld-bewegt.de
- geldmitsinn.de
- germanwatch.org
- goodelectronics.org
- greenpanda.de
- murks-nein-danke.de
- urgewald.org

Reisen
- atmosfair.de
- biohotels.info
- fairunterwegs.de
- forumandersreisen.de
- goodtravel.de
- klima-hotels.com
- naturfreunde-haeuser.net
- sustainabletrip.org
- tourism-watch.de
- vertraeglich-reisen.de
- traivelling.com

Allgemeine Infos
- bund.de
- co2online.de
- duh.de
- eingutertag.org
- eco-age.com
- ecogood.org

- enorm-magazin.de
- greenpeace.de
- klimaretter.info
- theminimalists.com
- nabu.de
- nachhaltiger-warenkorb.de
- nachhaltigkeit.info
- nachhaltig-sein.info
- oeko.de
- original-unverpackt.de
- peta.de
- plastic-planet.de
- reset.org
- trashisfortossers.com (Blog + Instagram)
- utopia.de
- umweltbundesamt.de
- umweltdialog.de
- umweltinstitut.org
- verbraucherzentrale.de
- verpackung.org
- wwf.de
- zerowastelifestyle.de

Hilfreiche Apps
- ToxFox (Kosmetik)
- CodeCheck (Kosmetik, Ernährung und mehr)
- Think Dirty (Kosmetik)
- Barcoo.com (Kosmetik)
- BlablaCar (Mobilität)
- Too good to go (Food)
- HappyCow (Food / veggie und vegan)
- Such dich grün (Einkauf / Inhaltsstoffe)
- MarkenDetektive (Einkauf)
- NABU Siegel-Check (Food)
- Eco Challenge (Lifestyle)
- Eco Traveller (Reisen)
- Energiecheck (Wohnen)
- Essbare Wildpflanzen (Food)
- Fair Fashion (Mode)
- Foodsharing (Food)
- Kleiderkreisel (Second Hand Mode)
- VEBU App (Food / veggie und vegan)
- Vegan Scanner (Food)
- WWF Fischratgeber (Food)

Quellen & Studien

MODE

Fair Fashion Guide von Femnet:
- https://femnet.de/index. php/themen/oeko-faire-kleidung/751-21-04-2017-neuer-fair-fashion-guide-alle-hintergru-ende-zu-nachhaltiger-mode-und-wie-sie-oeko-fair-hergestellt-wird

Greenpeace über Modekonsum und Konsumkollaps:
- https://www.greenpeace.de/sites/www.greenpeace.de/files/publications/20151123_green-peace_modekonsum_flyer.pdf
- https://www.greenpeace.de/sites/www.greenpeace.de/files/publications/mode-unter-jugend-lichen-greenpeace-umfrage_zu-sammenfassung_1.pdf
- https://greenwire.greenpeace.de/system/files/2019-04/s01951_greenpeace_report_kon-sumkollaps_fast_fashion.pdf

Löhne von Textilarbeitern und Produktion von Textilien:
- https://workerdiaries.org/
- https://www.fairfashionguide.de/index.php/infoboxen/item/23-was-kostet-mein-t-shirt#
- http://www.bpb.de/politik/hin-tergrund-aktuell/268127/vor-fu-enf-jahren-textilfabrik-rana-plaza-in-bangladesch-eingestuerzt
- https://www.fashion-revolution.org/

Fairer Handel:
- https://wfto.com
- https://www.fairtrade-deutsch-land.de/einkaufen/online-shop-pingliste.html

Onlineshopping:
- https://www.sueddeutsche.de/wirtschaft/online-shopping-co2-klima-laden-1.4429396

Bio-Baumwolle:
- https://textileexchange.org/quick-guide-to-organic-cotton/

Andere Materialien:
- https://textileexchange.org/

Verwertung:
- https://www.fairwertung.de/zahlen.2/index.html

Bücher
- Ellen Köhrer, Magdalena Schaffrin: Fashion Made Fair: Modern – innovativ – nachhaltig, Prestel Verlag 2016.
- Imke Müller-Hellmann: Leute machen Kleider. Eine Reise durch die globale Textilindustrie, Osburg Verlag 2017.
- Anna Bronowski, Juliana Holtz-heimer: Minimal Fashion. Den eigenen Stil finden, Kleidung bewusst einkaufen und clever kombinieren, Dorling Kindersley Verlag 2018.
- Anuschka Rees: Das Kleider-schrank-Projekt: Systematisch zum eigenen Stil und zu be-wusstem Modekonsum, DuMont Buchverlag 2018.
- Kirsten Brodde, Alf-Tobias Zahn: Einfach anziehend. Der Guide für alle, die Wegwerfmode satthaben, Oekom Verlag 2018.
- Gisela Burckhardt: Todschick. Edle Labels, billige Mode – unmenschlich produziert, Heyne 2014.
- Jana Braumüller, Vreni Jäckle, Nina Lorenzen: Fashion Chan-gers: Wie wir mit fairer Mode die Welt verändern können, Knese-beck Verlag, 2020

KOSMETIK

Über das Schönheitsempfinden bei Jugendlichen:
- https://www.ikw-jugend-studie.org/
- Kala Senathirajah, Thava Palani-sami: How Much Microplastic Are We Ingesting: Estimation Of The Mass of Microplastic Ingested, The University of Newcastle, Autralia, 2019.
- https://www.newcastle.edu.au/newsroom/featured/plastic-in-gestion-by-people-could-be-equa-ting-to-a-credit-card-a-week/how-much-microplastics-are-we-ingesting-estimation-of-the-mass-of-microplastics-ingested

BUND Einkaufsführer Mikroplastik:
- https://www.bund.net/filead-min/user_upload_bund/publika-tionen/meere/meere_mikroplas-tik_einkaufsfuehrer.pdf

Serie Kosmetik-Check von ZEIT ONLINE:
- https://www.zeit.de/wissen/gesundheit/2016-02/kosmetik-produkte-wirksamkeit-dermato-logisch-getestet-studien-falten-haut-haare
- https://www.zeit.de/wissen/gesundheit/2016-02/kosmetik-check-schadstoffe-gift
- https://www.zeit.de/wissen/gesundheit/2016-03/kosmetik-check-bio-naturkosme-tik-selber-machen
- https://www.zeit.de/wissen/gesundheit/2016-03/pflegepro-dukte-wirkung-kosmetik-schoen-heitsideale

Die Stiftung Warentest über Weichmacher in Kosmetik und in anderen Produkten:

- https://www.test.de/FAQ-Phthalate-Was-Sie-ueber-die-Weichmacher-wissen-sollten-5368775-0/#question-0

Gründe für Naturkosmetik und Infos zu Naturkosmetik-Siegeln:

- https://schrotundkorn.de/gesundheitwohlfuehlen/lesen/201310w01.html

Zahlen, Daten und Fakten über Kosmetik und Kosmetiknutzung:

- Welche dieser Kosmetik-, Haar- und Körperpflegeprodukte haben Sie (Frauen) in den letzten 7 Tagen verwendet? IfD Allensbach (2019). https://de.statista.com/statistik/daten/studie/170996/umfrage/von-frauen-verwendete-kosmetikprodukte-und-koerperpflegeprodukte/
- Umsatz im deutschen Kosmetik- und Körperpflegemarkt in den Jahren 2012 bis 2019 (in Millionen Euro). Statista (2019) https://de.statista.com/statistik/daten/studie/699406/umfrage/umsatz-prognose-im-deutschen-kosmetik-und-koerperpflegemarkt/
- Umsatz mit Fairtrade-Kosmetik in Deutschland in den Jahren 2015 bis 2018 (in Euro). TransFair (2019). https://de.statista.com/statistik/daten/studie/861455/umfrage/umsatz-mit-fairtrade-kosmetik-in-deutschland/
- Nach welchen Kriterien wählen Sie in der Regel Ihre Kosmetik- und Körperpflegeprodukte aus? Statista (2019). https://de.statista.com/prognosen/999828/umfrage-in-deutschland-zu-kaufkriterien-fuer-koerperpflegeprodukte

ERNÄHRUNG

Ernährungsreport 2018 des Bundesministeriums für Ernährung und Landwirtschaft:

- https://www.bmel.de/SharedDocs/Downloads/Broschueren/Ernaehrungsreport2018.pdf?__blob=publicationFile

Zahlen über die Kosten von Ernährung weltweit:

- https://www.welt.de/wirtschaft/article164926260/Warum-Reiche-immer-weniger-fuer-Essen-ausgeben.html

Der Wasserfußabdruck Deutschlands:

- http://mobil.wwf.de/fileadmin/fm-wwf/Publikationen-PDF/wwf_studie_wasserfussabdruck.pdf J. Poore, T. Nemecek: Reudcing food's environmental impacts through producers and consumers, in: Science 1 June 2018 (Volume 360, Issue 6392). https://science.sciencemag.org/content/360/6392/987.full
- Institut für Demoskopie Allensbach: AWA 2016 – Allensbacher Marktanalyse Werbeträgeranalyse https://www.ifd-allensbach.de/fileadmin/AWA/AWA2016/Codebuchausschnitte/AWA2016_Codebuch_Essen_Trinken_Rauchen.pdf

Zahlen, Daten und Fakten über Veganismus in Deutschland:

- https://www.skopos-group.de/news/13-millionen-deutsche-leben-vegan.html

Greenpeace Magazin: Essen spezial (2011; alle anderen Ausgaben sind auch sehr lesenswert!):

- https://www.greenpeace-magazin.de/warenhaus/produkt/essen-spezial-greenpeace-magazin-511

Greenpeace über Palmöl:

- https://www.greenpeace.de/sites/www.greenpeace.de/files/publications/fs_palmoel_aus_indonesien_2018_neu.pdf

Die Verbraucherzentrale über Klimaschutz beim Essen und Einkaufen:

- https://www.verbraucherzentrale.de/wissen/lebensmittel/gesund-ernaehren/klimaschutz-beim-essen-und-einkaufen-10442

Essen für den Klimaschutz. Infos, Zahlen und Studien:

- https://www.nabu.de/umwelt-und-ressourcen/oekologisch-leben/essen-und-trinken/fleisch/10842.html
- https://www.verbraucherzentrale.de/wissen/lebensmittel/gesund-ernaehren/klimaschutz-beim-essen-und-einkaufen-10442
- https://www.klimatarier.com/de/Werde_Klimatarier/Hintergruende_Studien

Klimabilanzen für Nahrungsmittel beim Einkauf im Handel, konventionell vs. ökologisch:

- https://www.bmu.de/themen/wirtschaft-produkte-ressourcen-tourismus/produkte-und-konsum/produktbereiche/konsum-und-ernaehrung/

Report über Lebensmittelverschwendung:

- https://www.zugutfuerdietonne.de/fileadmin/Neuigkeiten/Thuenen_Baseline/Baseline_bf.pdf

Panelstudie der GfK zu Lebensmittelverschwendung und MHD:

- https://www.bmel.de/SharedDocs/Downloads/Ernaehrung/WvL/Studie_GfK.pdf;jsessionid=5A14E9E5CF2714C5BE-D9085A3F85E085.2_cid385?__blob=publicationFile

Über Bio-Eier und deren Klimabilanz:

- https://www.klima-sucht-schutz.de/klimaschutz/klimabilanz/klimabilanz-der-privathaushalte/

Über Tofu und Soja:

- https://www.geo.de/natur/nachhaltigkeit/16337-rtkl-ernaehrung-und-nachhaltigkeit-ist-tofu-schlecht-fuer-die-umwelt

Die Veganz Ernährungsumfrage 2019:

- https://veganz.de/veganzernahrungsumfrage/

Über die Planetary Health Diet:

- https://eatforum.org/a-weekly-planetary-health-menu/
- https://www.bzfe.de/inhalt/planetary-health-diet-33656.html
- https://www.thelancet.com/journals/lancet/article/PIIS0140-6736(18)31788-4/fulltext?fbclid=IwAR2ftk_lpUKIVbQ-B93qUXmWnm6bA4dfFA5paV-FCG0vExt5c516oikYOCsk

Bücher

- Martina Hahn, Frank Herrmann: Fair einkaufen – aber wie? Das Handbuch für fairen Konsum, Brandes & Apsel Verlag 2019.

WOHNEN

- B. Orlowsky, Arjen Ysbert Hoekstra, L. Gudmundsson, S.I. Seneviratne: Today's virtual water consumption and trade under future scarcity, in: Environmental Research Letters 2014 (Volume 9, Number 7). https://research.utwente.nl/en/publications/todays-virtual-water-consumption-and-trade-under-future-water-sca

Über virtuellen Wasserverbrauch und Wassersparen:

- http://www.virtuelles-wasser.de/was-ist-virtuelles-wasser/
- https://www.geo.de/natur/nachhaltigkeit/5507-rtkl-virtuelles-wasser-25-badewannen-taeglich

- https://www.umweltbundesamt.de/themen/wasser/wasser-bewirtschaften/wassersparen
- https://www.wwf.de/themen-projekte/fluesse-seen/wasserverbrauch/wasser-fussabdruck/

Sonstige Infos zum Thema Wohnen und Möbel:

- https://www.oeko.de/fileadmin/oekodoc/Klimavertraeglich-leben-im-Jahr-2050.pdf
- https://www.nachhaltiger-warenkorb.de/themen/umweltfreundliche-bodenbelaege/
- https://www.nachhaltiger-warenkorb.de/themen/nachhaltige-moebel-finden/

Über die Nutzung von Menstruationsprodukten:

- https://de.statista.com/statistik/daten/studie/176561/umfrage/verwendung-von-tampons-waehrend-der-menstruation/

Plastikatlas 2019:

- https://www.boell.de/sites/default/files/2019-11/Plastikatlas_2019_3._Auflage.pdf?dimension1=ds_plastic_atlas

Abfall und Recycling:

- https://www.gruene-bundestag.de/themen/umwelt/deutschland-ist-nicht-recyclingweltmeister
- https://www.spiegel.de/wissenschaft/technik/plastikmuell-deutschland-recycelt-nur-5-6-prozent-des-abfalls-a-1248715.html
- https://www.umweltbundesamt.de/daten/ressourcen-abfall/abfallaufkommen#textpart-3
- https://www.sueddeutsche.de/wissen/muell-kreislauf-das-deutsche-recycling-maerchen-1.3491734

Über Getränkekartons:

- https://www.duh.de/getraenkekartons/

Naturschutz, Insekten, Bienen, Vögel:

- http://journals.plos.org/plosone/article?id=10.1371/journal.pone.0185809
- https://www.nabu.de/tiere-und-pflanzen/voegel/gefaehrdungen/24661.html
- https://permakultur.de/was-ist-permakultur/

Bücher:

- Petra Pinzler, Günther Wessel: Vier fürs Klima. Wie unsere Familie versucht, CO_2-neutral zu leben, Droemer Verlag 2018.
- Susanne Mierau, Milena Glimbovski: Einfach Familie leben, Knesebeck Verlag 2019.
- Alexander Neubacher: Ökofimmel. Wie wir versuchen, die Welt zu retten – und was wir damit anrichten, Wilhelm Goldmann Verlag 2013.
- Lina Jachmann: Einfach leben. Der Guide für einen minimalistischen Lebensstil, Knesebeck Verlag 2017.
- Harald Welzer: Selbst denken. Eine Anleitung zum Widerstand, S. Fischer Verlag 2013.
- Olga Witt: Ein Leben ohne Müll. Mein Weg mit Zero Waste, Tectum Verlag 2019.
- Verena Klaus: Müllkommanix. Ohne Abfall lebt's sich leichter, Bastei Lübbe 2018.
- Caspar Dohmen: Das Prinzip Fairtrade. Vom Weltladen in den Supermarkt, orange-press 2017.
- Michael Kopatz: Ökoroutine. Damit wir tun, was wir für richtig halten, Oekom Verlag 2016.
- Gerda Raidt: Müll. Alles über die lästigste Sache der Welt, Beltz & Gelberg 2019.
- Elise Timm: Zero Waste. Alles rund um ein Leben fast ohne Müll, frechverlag 2019.
- Milena Glimbovski: Ohne Wenn und Abfall: Wie ich dem Verpackungswahn entkam. KiWi-Taschenbuch 2017.

- Sarah Wyndham Lewis: Pflanzen für Honigbienen. Wie Sie Ihren Garten zum Summen bringen, Gerstenberg Verlag 2018.
- Bruno P. Kremer: Mein Garten - ein Bienenparadies. Die 200 besten Bienenpflanzen, Haupt Verlag 2018.
- Bill Mollison, David Holmgren: Permaculture One: A Perennial Agriculture for Human Settlements, Transworld 1978.

INTERNET, ARBEIT & GELD

Studien über Internetnutzung, Energieeinsatz und Klimabilanz:
- https://theshiftproject.org/en/article/unsustainable-use-online-video/
- https://www.gla.ac.uk/news/archiveofnews/2019/april/headline_643297_en.html
- https://www.greenpeace.de/sites/www.greenpeace.de/files/publications/20170110_greenpeace_clicking_clean.pdf
- https://www.greenpeace.org/usa/reports/greener-electronics-2017/
- https://www.bmwi.de/Redaktion/DE/Downloads/E/entwicklung-des-ikt-bedingten-strombedarfs-in-deutschland-abschlussbericht.html
- https://www.bmu.de/fileadmin/Daten_BMU/Pools/Forschungsdatenbank/fkz_3708_93_302_materialbestand_rechenzentren_bf.pdf

Digitalisierung und Nachhaltigkeit:
- https://www.arte.tv/de/videos/081327-059-A/die-e-mail-erzeugerin-von-treibhausgasen/
- https://www.swr.de/odysso/oekobilanz-des-internets/-/id=1046894/did=21791748/nid=1046894/1jsu4be/index.html
- https://mobil.wwf.de/fileadmin/fm-wwf/Publikationen-PDF/Studie_Suehlmann-Faul_Rammler_180406_final_pdf_protected.pdf

- https://page-online.de/branche-karriere/lasst-uns-das-internet-gruener-machen/#
- https://meedia.de/2019/06/06/volkssport-streaming-netflix-prime-video-co-wachsen-in-deutschland-laut-gfk-rasant/

Smartphone-Herstellung:
- https://www.umwelt-im-unterricht.de/hintergrund/handy-produktion-umweltfolgen-und-arbeitsbedingungen/
- Germanwatch-Studie zum Vergleich von Fairphone 2, Shift5.3, iPhone X und Samsung Galaxy S8: https://germanwatch.org/sites/germanwatch.org/files/publication/22188.pdf

Arbeit heute:
- https://www.spiegel.de/karriere/generation-y-so-haben-die-millennials-die-arbeitswelt-bereits-veraendert-a-1195595.html

Marktbericht Forum Nachhaltige Geldanlage:
- https://www.forum-ng.org/images/stories/Publikationen/fng-marktbericht_2019.pdf
- Andreas Enke: Die Sustainable Development Goals in der Geldanlage. Eine Handreichung für Verbraucher*innen zur Beurteilung der Nachhaltigkeit von Geldanlagen, hrsg. v. RENN Nord, 2019.
- Merkblatt der BaFin zum Umgang mit Nachhaltigkeitsrisiken: https://www.bafin.de/SharedDocs/Downloads/DE/Merkblatt/dl_mb_Nachhaltigkeitsrisiken.pdf?__blob=publicationFile&v=9

Die SDG's, Sustainable Development Goals:
- https://sustainabledevelopment.un.org/?menu=1300
- https://www.geld-bewegt.de/nachhaltige-bank
- https://www.fairfinanceguide.de
- https://www.dontbankonthebomb.com/2018_about-the-report/

- https://www.adelphi.de/de/projekt/co2-bilanz-von-kapitalanlagen
- https://www.careelite.de/nachhaltige-krankenversicherung-gesetzlich/
- https://utopia.de/ratgeber/nachhaltige-versicherung-gruene-rente-krankenkasse/

Finanzen speziell für Frauen:
- https://www.femalefinanceforum.de/downloads/ (ohne Nachhaltigkeitsfokus)
- https://madamemoneypenny.de/?s=Nachhaltigkeit

Bücher:
- Steffen Lange, Tilman Santarius: Smarte grüne Welt. Digitalisierung zwischen Überwachung, Konsum und Nachhaltigkeit, Oekom Verlag 2018.

MOBILITÄT UND REISEN

Verkehr und Mobilität:
- https://de.statista.com/statistik/daten/studie/255179/umfrage/bestand-an-pkw-in-berlin/
- https://www.bahn.de/p/view/service/umwelt/index.shtml
- https://www.umweltbundesamt.de/umwelttipps-fuer-den-alltag/mobilitaet/bus-bahn-fahren#textpart-3
- https://www.umweltbundesamt.de/sites/default/files/medien/366/bilder/dateien/vergleich_der_durchschnittlichen_emissionen_einzelner_verkehrsmittel_im_personenverkehr_bezugsjahr_2018.pdf
- https://www.klimareporter.de/advertorials/wie-viel-platz-nehmen-pkw-in-staedten-ein

Carsharing:
- https://www.oeko.de/fileadmin/oekodoc/share-Wissenschaftliche-Begleitforschung-zu-car2go-mit-batterieelektrischen-und-konventionellen-Fahrzeugen.pdf
- https://www.car2go.com/media/data/ger-

many/microsite-press/
files/180907_presseinformation_
studie_flexibles-carsharing-redu-
ziert-verkehr-und-luftverschmut-
zung-in-berlin-massiv.pdf

Elektroauto:
- https://www.greenpeace.
de/themen/energiewende/
mobilitaet/wie-stehts-mit-dem-
e-auto?BannerID=0818013015
001047&gclid=EAIaIQobChMIj-
He3trs5gIVhuh3Ch28NQjhEAAY-
AyAAEgKyA_D_BwE
- https://www.bmu.de/fileadmin/
Daten_BMU/Pools/Broschue-
ren/elektroautos_bf.pdf
- https://www.oeko.de/fileadmin/
oekodoc/share-Wissenschaftli-
che-Begleitforschung-zu-car2go-
mit-batterieelektrischen-und-kon-
ventionellen-Fahrzeugen.pdf

Reifenabrieb und Autofahren:
- Julien Boucher, Carole Dubois,
Anna Kounina, Philippe Puydar-
rieux: Review of plastic footprint
methodologies. Laying the
foundation for the development
of standardized plastic footprint
measurements, International
Union for Conservation of Nature
(IUCN) 2019.https://portals.iucn.
org/library/sites/library/files/
documents/2019-027-En.pdf
- https://www.duh.de/tempolimit/

Tipps für faires Reisen:
- http://fair-reisen.brot-fuer-die-
welt.de/fileadmin/baukaesten/
tourism-watch/downloads/bro-
schuere_fair-reisen.pdf
- https://www.atmosfair.de/de/
gruenreisen/persoenliches_kli-
mabudget/
- https://www.umweltbundesamt.
de/themen/freiwillige-co2-kom-
pensation

Bücher:
- Frank Herrmann: FAIRreisen. Das
Handbuch für alle, die umwelt-
bewusst unterwegs sein wollen,
Oekom Verlag 2016.

AUSSERDEM
- Dennis & Donella Meadows,
Jorgen Randers: Die Grenzen des
Wachstums, Bericht des Club of
Rome zur Lage der Menschheit,
dva Verlag 1993.
- Valentin Beck: Eine Theorie der
globalen Verantwortung. Was
wir Menschen in extremer Armut
schulden, Suhrkamp Verlag 2016.
- Ulrich Grober: Die Entdeckung
der Nachhaltigkeit. Kulturge-
schichte eines Begriffs, Antje
Kunstmann Verlag 2010.
- Pia Ratzesberger: Plastik. 100
Seiten, Reclam Verlag 2019.
- Veronica Frenzel: Just share it!
Der Guide zum Teilen, Tauschen,
Leihen, Knesebeck Verlag 2019.
- Esther Gonstalla: Das Klimabuch.
Alles, was man wissen muss in 50
Grafiken, Oekom Verlag 2019.
- Jonathan Safran Foer: Wir sind
das Klima! Wie wir unseren Plane-
ten schon beim Frühstück retten
können, Verlag Kiepenheuer &
Witsch 2019.
- Marieke Eyskoot: This is a Good
Guide – for a sustainable lifestyle,
BIS Publishers 2018.

Danke

Danke an alle Label, die dieses Buch mit Produkten und Fotos unterstützt haben, insbesondere bleed clothing, HYDROPHIL, terrorists of beauty, Rotholz, KnowledgeCotton Apparel, NINE TO FIVE, Lasalina, Nina Rein, ME&MAY, PHYNE, LOVJOI, Froy & Dind, SKFK, Swedish Stockings, Lily Balou, Band of Rascals, Veja, Nudie Jeans, Lanius, Mandala, Lotuscrafts, Hafendieb, LangerChen, Flamingos' Life, Bahatika, Jyoti, ONO, Alma, gitti, Kings of Indigo, Wild Fawn Jewellery, O My Bag, JAN 'N JUNE, Bridge&Tunnel, Avocadostore, Die Wurmkiste

Danke an alle Gründer, Label, Start-ups und Pioniere, die es geschafft haben, durch tolle Produkte uns alle zu einem nachhaltigeren Lebensstil zu inspirieren.

Danke an alle Models: Anica, Klara, Mona, Axel, Ricarda, Irma, Meike, Jenny, Luk, Stenmar, Livia und natürlich dem Fotografen Flo für sein gutes Auge und seine charmante Gelassenheit.

Danke an die Locations für den Support: Mindspace Hamburg, Gazoline Bar Ottensen, Stückgut Ottensen, Weltevreden Headquarter und Familie Kirchner-Supongpun

Danke an alle Interviewpartner für den tollen Input und die spannenden Interviews:

Bernd Hausmann von Glore, Jette Ladiges von der WFTO, Ann-Christine Bansleben von Deepmellow, Lisa Scharff, Janine Werth von Werte Freunde, Dr. Stefan Siemer von Weleda, Niko Rittenau, Laure Berment von Too good to go, Johann Schmidt von Greenpeace Energy, Xenia Rosengart vom Minimarkt, Cordelia Röders-Arnold von einhorn, Nico Tucher von WEtell, Elias und Matthias Bohun von Traivelling sowie Frank Herrmann.

Danke an Markus aka Tatütata für Geduld, Zucker, Kohlenhydrate, Bestärkung und konstruktive Fragen, Chachacha und Gregor für Zahlen und Hirn sowie an Jenny, Irma, Tine, Ninna, Paulchen, Thombom, Petra, Ute, Sabine M., Rüdiger, Lior, Noa und Sarah P. für eure Freundschaft und Unterstützung, nicht nur beim Buchprojekt. Danke an Omi und Opi.

Danke außerdem an Jakob und Darren für Mut und Ideen und den Knesebeck Verlag für Feedback, Mitdenken und die Möglichkeit, dieses Projekt zu machen! Und an Oscho, Christopher und Till, die im richtigen Moment »ja« gesagt haben.

Danke an das großartige Avocadostore-Team, das mit Rat und Tat zur Seite stand!

Bildnachweis

Julian Essink (S. 2, 6, 15 unten, 30 unten und Mitte rechts), William Moreland/Unsplash (S. 3 oben, 117), Roman Dachsel/Terrorists of Beauty (S. 3 unten, 70, 72, 75, 87), Charles Deluvio/Unsplash (S. 4 oben, 218), David Becker/Unsplash (S. 4 unten, 142), David Marcu/Unsplash (S. 5, 256), Markus Püttmann, Hamburg (S. 9), Alina Karpenko/Unsplash (S. 10), Priscilla du Preez/Unsplash (S. 12), Bleed Clothing (S. 15 oben, 23, 27, 31, 39, 42, 46, 102), Milavert (S. 16), Jette Ladiges (S. 24), People Tree (S. 25, 26), Patagonia (S. 30 oben links, 42), Veja (S. 30 oben rechts, 42, 47 unten rechts), Hafendieb (S. 30 Mitte links, 42),Parker Burchfield/Unsplash (S. 36), Rotholz (S. 38), Glore/ Bernd Hausmann (S. 40, 41), Continental Clothing (S. 42), ThokkThokk (S. 42), KnowledgeCotton Apparel (S. 42), Lov Joi (S. 42), Nudie Jeans (S. 42), Recolution (S. 42, 44 oben links), Erlich Textil (S. 42), Living Crafts (S. 42), Armedangels (S. 42), My Marini (S. 41), Jaya (S. 42, 43 oben), Mandala (S. 42), Langerchen (S. 42, 43 unten links), Kleiderhelden (S. 42), Simaru (S. 42), People Wearing Organic (S. 42), Bill, Bill & Bill (S. 42), Nine to Five (S. 42, 45), Greenbomb (S. 42), Jan 'n June (S. 42, 44 unten links), Me & May, Franziska Ambach (S. 43 unten rechts), Boochen (S. 44 Mitte), Pikfine (S. 44 oben rechts), Flamingos' Life (S. 44 unten rechts), Manitober (S. 47 oben), Living Crafts (S. 47 links), Houdinme (S. 47 Mitte), Andreas Troitsch (S. 49), Deepmello (S. 48, 50), Florian Gobetz, Hamburg (S. 51–61), Becca Mchaffie/Unsplash (S. 65), Lamazuna (S. 73 oben, 83), Terrorists of Beauty (S. 73 unten), Alex Maloney/Unsplash (S. 76), Werte Freunde (S. 88, 89), Elena Zaucke(S. 96, 98), Dr. Stefan Siemer (S. 99), Weleda (S. 101), Annie Spratt (S. 104, 197, 202), Rebecca Orlov/Unsplash (S. 109), Markus Winkler/Unsplash (S. 111 oben), Heather Barnes/Unsplash (S. 111 unten), Lars Walther (S. 112), Stephanie Studer/Unsplash (S. 114), Clint Mckoy/Unsplash (S. 115), Alejandro Duarte/Unsplash (S. 116), Spencer Pugh/Unsplash (S. 123), Nick Clement/Unsplash (S. 129), Esther Wilhelmsson/Unsplash (S. 130), Ehud Neuhaus/Unsplash (S. 132), Torsten Kellermann/ Unsplash (S. 134), Graes Magazine/Unsplash (S. 135 oben), David Dvoracek/Unsplash (S. 135 unten), Enver Hirsch/Greenpeace Energy (S. 136), Gonz/ Unsplash (S. 139), Shane Rounce/Unsplash (S. 140), Curology/Unsplash (S. 144), Markus Spiske/Unsplash (S. 145, 229), Alessandro Fazari/Unsplash (S. 146), Nathan Dumlao/Unsplash (S. 147), Allie Smith/Unsplash (S. 148), Alex Loup/Unsplash (S. 149), Semen Borisov/Unsplash (S. 150), Side by Side (S. 151, 152), Yoann Siloine/Unsplash (S. 154), Sarah Buth für femtastics (S. 156), Minimarkt (S. 157), Room in a Box (S. 158), erlich Textil/Avocadostore (S. 161), 4Betterdays (S. 162), Kadolis (S. 165), Eco You/Avocadostore (S. 166), einhorn/Verena Brandt (S. 170), einhorn (S. 172), Sylvie Tittel/Unsplash (S. 173), Laura Mitulla/Unsplash (S. 179), Ella Olsson/Unsplash (S. 180), Tracey Hocking/Unsplash (S. 181), Till Zimmermann (S. 182), Jilbert Ebrahimi/Unsplash (S. 184), Etienne Girardet/Unsplash (S. 188), Die Wurmkiste (S. 191), Daiga Ellaby/Unsplash (S. 192), Crema Joe/ Unsplash (S. 195), Chris Barbalys/Unsplash (S. 196), Alfred Kennealy/Unsplash (S. 199), Nielsen Ramon/ Unsplash (S. 201), humphery/Shutterstock (S. 207), Fishman64/Shutterstock (S. 209), Oleg Magni/ Unsplash (S. 210), Mollie Sivaram/Unsplash (S. 212), Marvin Meyer/Unsplash (S. 215), You X Ventures/Unsplash (S. 219), Amy Hirschi/Unsplash (S. 223), Clay Banks/Unsplash (S. 226), LStockStudio/Shutterstock (S. 231), Madeleine Ragsdale/Unsplash (S. 232), Getty Images (S. 236), Uwe Aranas/Shutterstock (S. 239), liewluck/Shutterstock (S. 241), Steve Halama/Unsplash (S. 245), Billy Pasco/Unsplash (S. 248), Elias Bohun (S. 250), Spork/Bambu (S. 252)

Impressum

Deutsche Originalausgabe
Copyright © 2020 von dem Knesebeck GmbH & Co. Verlag KG, München
Ein Unternehmen der Média Participations

Projektleitung: Dr. Thomas Hagen, Anja Sommerfeld, Knesebeck Verlag
Lektorat: Christine Schlitt, Worms
Layout und Satz: Jakob Kratzmann, Darren Beard
Umschlaggestaltung: Jakob Kratzmann, Darren Beard
Herstellung: Arnold & Domnick, Leipzig
Lithografie: Reproline-Mediateam, Unterföhring
Druck: Gugler
Printed in Austria

ISBN 978-3-95728-408-2
Alle Rechte vorbehalten, auch auszugsweise.
www.knesebeck-verlag.de

Gesund. Rückstandsfrei. Klimapositiv.
Der Knesebeck Verlag schützt das Klima und intakte Ökosysteme durch den Druck dieses Buches beim Ökopionier gugler*, dem weltweit ersten zertifizierten Anbieter für Cradle to Cradle Certified™ Druckprodukte. Dieses Buch enthält nur gesunde Substanzen und kann daher – anders als herkömmliche Bücher – zu 100 % wiederverwertet werden. Alle CO_2-Emissionen, die beim Druck dieses Buches entstanden sind, wurden zu 110 % kompensiert. In der Produktion kam ausschließlich Ökostrom zum Einsatz. Das Cradle to Cradle Certified™-Zertifikat bestätigt das.

*www.gugler.at

Cradle to Cradle Certified™ Pureprint
innovated by gugler*
Gesund. Rückstandsfrei. Klimapositiv.
www.gugler.at
Umschlag und Bindung ausgenommen

MIX
Papier aus verantwor-
tungsvollen Quellen
FSC® C005108